Die Stasi, der König und der Zimmermann

Petra Riemann
Unter Mitarbeit von Torsten Sasse

Die Stasi, der König und der Zimmermann

Eine Geschichte von Verrat

METROPOL

Gedruckt mit freundlicher Unterstützung des Landesbeauftragten des Freistaats Thüringen zur Aufarbeitung der SED-Diktatur

Umschlagabbildung:
Roger Nastoll, Mitte der 1980er-Jahre
Foto: privat, mit freundlicher Genehmigung von Thomas Nastoll
Umschlaggestaltung:
Christiane Weigel Grafikdesign/Fotodesign Berlin,
https://christiane-weigel.de/

Alle Fotos in diesem Buch, sofern nicht anders angegeben:
Petra Riemann

ISBN: 978-3-86331-465-1
ISBN (E-Book): 978-3-86331-915-1

2. Auflage 2023

Ansbacher Straße 70 · D–10777 Berlin
www.metropol-verlag.de

Druck: AALEXX Druck Produktion, Großburgwedel

Inhalt

Für Pu und Sa und alle Ungenannten

»Bei gleicher Umgebung lebt doch jeder in einer anderen Welt.«
Arthur Schopenhauer (1788–1860)

»Jeder Vorgang ist ein Dokument über das Wirken der Geheimpolizei, der Staatssicherheit der DDR. So wohlorganisiert der Apparat auch war, es waren Menschen, die in den Strukturen gehandelt haben. Die Akten sind Zeugnisse menschlichen Handelns. Zeugnisse des Verrats, der Bespitzelung, des Opportunismus, der Unterwerfung. Das war die Spezialität der SED Diktatur, dass sie die Böswilligkeit von Menschen herauslockte, um die Bevölkerung zu kontrollieren. Die Akten dokumentieren aber auch genau das Gegenteil. Sie zeigen Menschen, die sich ihren Freiheitswillen nicht nehmen lassen wollten…«
Aus dem Vorwort von Roland Jahn in: Ein ganz normaler Feind. Das Leben des Peter Wulkau in den Akten der Stasi. Zusammengestellt von Heike Bachelier, München 2012, S. 7

»Der Leser sei gewarnt: Stasi-Berichte sind harte Kost, wenn man sie sich in längeren Passagen zu Gemüte führt; grammatikalisch, stilistisch und inhaltlich sind sie nur schwer zu verdauen. Doch manchmal ist es notwendig, sich durch den drögen Wust der Denunziationen hindurchzubeißen, denn nur so lässt sich die Verachtung gegenüber Andersdenkenden wenigstens erahnen.«
Petra Riemann, Januar 2018

Danksagung

Mein Dank gilt zuallererst Christian Dietrich, bis Ende Oktober 2018 Landesbeauftragter des Freistaats Thüringen zur Aufarbeitung der SED-Diktatur, für die Förderung meines Buchprojektes, sowie dem Metropol Verlag für die Bereitschaft, aus meinem Manuskript ein Buch zu machen.

Die Behörde des Bundesbeauftragten für die Unterlagen des Staatssicherheitsdienstes der ehemaligen DDR (BStU) gewährte Einsicht in wichtige Dokumente, ein Dank geht stellvertretend an Raphaela Schröder und Beate Vajen.

Christoph Albers von der Berliner Staatsbibliothek sowie Stefan Lichius von der DuMont Service GmbH Köln stöberten erfolgreich nach eigentlich unauffindbaren Zeitungsartikeln, und Thomas Radtke, Programmverwertung DRA/RBB-Media, unterstützte mich entgegenkommend bei der Gewährung von Bildrechten, ihnen allen habe ich zu danken.

Du, lieber Wolfgang Welsch, hab Dank für das einfühlsame Vorwort. Ich habe Hochachtung vor deiner außergewöhnlichen Lebensleistung!

Lieber Tom Nastoll, ohne Dich hätte ich dieses Buch so nicht schreiben können, Du hast mir vertraut, auch nach so vielen Jahren – danke dafür!

Gertrud und Peer Steinbrück sowie Bärbel und Wolfgang Hocke sage ich herzlichen Dank für ihre Gastfreundschaft, Offenheit und Auskunftsbereitschaft.

Die verschiedenen Stufen bis zur endgültigen Fassung des Manuskriptes haben mit Rat, Vertrauen und professioneller Unterstützung begleitet: Torsten Barthel, Max Dehmel, Heike und Roland Flaschka, Manfred Hausmann, Freya Klier, Manfred Krug (†), Hannelore Nastoll, Petra Reinfelder, Franz Ritschel, Regina Scheer und Christiane Weigel (Grafikdesign/Fotodesign Berlin). Besonders hilfreich und mehr als selbstverständlich waren die Hinweise von Dagmar Hovestädt, Pressesprecherin der Behörde des Bundesbeauftragten für die Unterlagen des Staatssicherheitsdienstes der ehemaligen DDR (BStU).

Tief ins eigene Leben einzutauchen kostet Überwindung. Diese Vergangenheit darüber hinaus öffentlich zu machen erfordert Mut. Darum gebührt Dank meinem Mann, Torsten Sasse, der stets die »Räuberleiter« machte, um mich über die nächste Hürde zu hieven.

Petra Riemann im März 2019

Zum Geleit

Seit geraumer Zeit gelten die Geschichte der DDR und mit ihr auch das Wirken des Ministeriums für Staatssicherheit (MfS) weitgehend als »durchforscht«, obwohl Historiker verschiedenster Fachrichtungen ganz anderer Meinung sind. Das vorliegende Buch von Petra Riemann unterscheidet sich von der Fülle autobiografischer Erzählungen und Berichte durch eine neue, bisher nicht beachtete Komponente: Der ehemalige Kanzlerkandidat der SPD, Peer Steinbrück, war Zielobjekt der Stasi-Arbeit im Westen. Peer Steinbrück ist der Onkel von Petra Riemann. Ihr Vater, der bekannte DDR-Film- und Bühnendarsteller Lutz Riemann, spielte bei der Bespitzelung Steinbrücks eine fragwürdige Rolle. Für Petra Riemann war diese Erkenntnis ein Schock. Aufgewachsen in Thüringen, in einer sozialistisch geprägten, aber dennoch liberalen Familie, erlebte sie eine glückliche und von Zwängen weitgehend befreite Kindheit und Jugend.

1999 teilte ihr der Vater auf einem Zettel lapidar mit, dass er für die HV A, den DDR-Auslandsgeheimdienst, gearbeitet hatte. Noch heute wundert sich Petra Riemann über ihr eigenes Schweigen, über ihre Unfähigkeit, Fragen zu stellen. Lutz Riemann war ein Schauspieler am Meininger Theater, bekannt auch durch zahlreiche Filmrollen, so im Polizeiruf 110 als »Oberleutnant Zimmermann«. Weiterhin verkörperte er »Ernst Thälmann« in dem DDR-Fernsehfilm »Das Ermittlungsverfahren«. Erst im Jahr 2013 gelangte seine Stasi-Tätigkeit durch den Artikel der WELT »Peer Steinbrück, die Stasi und die ›Freunde‹« an die Öffentlichkeit.[1] Peer Steinbrück seinerseits ging offen und proaktiv mit diesem Thema um. Bei Petra Riemann hinterließ diese Enthüllung tiefe Spuren und Wunden.

1 Dirk Banse/Michael Behrendt, Steinbrück, die Stasi und die »Freunde«, in: Die Welt, 18. 8. 2013, http://investigativ.welt.de/2013/08/18/steinbrueck-die-stasi-und-die-freunde/ [20. 3. 2019].

Wie so häufig auch in anderen Fällen schweigen die Täter, zeigen wenig oder überhaupt keine Reue und hinterlassen Freunde und Familie sprach- und ratlos. Lutz Riemann war offenkundig ein »Überzeugungstäter«, freiwillig und wissentlich bediente er die Spionageabteilung der Staatssicherheit mit Material über Kollegen und Freunde. Petra Riemann gelingt es, ihre Ratlosigkeit durch viele lange Gespräche mit ihrem Partner und Co-Autor Torsten Sasse weitgehend zu überwinden. Die Konzeption des Buches beruht auf eben diesen Gesprächen, in denen sie nicht nur ihre Familiengeschichte, sondern auch große Teile des DDR-Alltags aufblättert und schrittweise auch für sich selbst rekapituliert. Alle Erkenntnisse, Behauptungen und Folgerungen werden durch umfangreiches Aktenmaterial belegt und zwar bis in kleinste Details, sodass nicht der leiseste Zweifel an der Richtigkeit ihrer Aussagen entstehen kann. Manchmal scheint es so, dass sie sich selbst immer wieder des unglaublichen Verhaltens ihres Vaters vergewissern muss, und immer wieder ist sie erstaunt über ihre eigene Naivität hinsichtlich des Unrechtscharakters der DDR. Ihr Text ist nicht verwissenschaftlicht, sondern persönlich, spannend, und dennoch sachlich formuliert. Er steht exemplarisch für die Zerrissenheit familiärer Bindungen in der DDR und damit auch für die durch den Unrechtsstaat entstandenen gesellschaftlichen Brüche. Die Konfrontation mit der Wahrheit verursacht Schmerzen, und das betrifft nicht nur Petra Riemann und ihre Familie, sondern sie war symptomatisch für eine Generation, die in weiten Teilen glaubte, im besseren Teil Deutschlands zu leben.

Ich kann dieses Buch insbesondere denen empfehlen, die sich der Erkenntnis, dass die DDR von Beginn an keine Demokratie war, und der Wahrheit, dass die DDR aufgrund einer menschenverachtenden Ideologie gescheitert ist, bis heute verweigern. Verweigerung führt aber ins Vergessen. Erinnerung ist das Geheimnis der Freiheit.

Wolfgang Welsch, Publizist, ehemaliger Fluchthelfer, im Januar 2018

Die Stasi, der König und der Zimmermann

Agent Orange

Ost-Berlin Johannisthal, 1985. Ein Klassenzimmer im DEFA-Kopierwerk. Mein erstes Lehrjahr. Fotografische Grundausbildung. Heute auf der Tagesordnung: sozialistische Agitation. Thema: der imperialistische Krieg der USA in Vietnam. Die Ausbilderin Frau Hoppe[1] hat zu einem längeren Vortrag angesetzt, der jedoch nur auf zurückhaltendes Interesse der Lehrlinge stößt. Alle verhalten sich dennoch sehr diszipliniert. Ich blicke teilnahmslos in die eher gelangweilten Gesichter meiner Mitschüler. Was ich aufnehme, sind nur Bruchstücke dessen, was die Lehrerin vorträgt: »... imperialistische Invasion ... heldenhafter Verteidigungskampf der Genossen ... Ho-Chi-Minh-Stadt ... Zerstörung der Lebensgrundlagen ... geheimdienstliche Wühltätigkeit der westlichen Kriegstreiber ... ein Name, der hier besonders zu nennen ist: Agent Orange.«

Frau Hoppe spricht diesen Begriff deutsch aus. Plötzlich bin ich hellwach. Ich spitze die Ohren. Ich glaube an einen Scherz, will die Lehrerin mich testen? Mir eine Falle stellen? Ich melde mich, frage nach: »Agent Orange? Sie meinen, es handelt sich dabei um eine Person?« Frau Hoppe antwortet mit ernster Miene: »Um einen Agenten des militärisch-industriellen Komplexes, jawohl.« Diese wenigen Worte reichen, um meine Mitschüler aus ihrer Lethargie zu reißen. Gespannt betrachten sie die Auseinandersetzung. Ich habe kein Gefühl für die Brisanz der Situation, sondern bringe spontan mein Faktenwissen zum Thema an: »Agent Orange ist ein chemisches Mittel, um die Bäume zu entlauben.« Weiter komme ich nicht. Die

1 Name aus Gründen des Persönlichkeitsschutzes geändert.

Lehrerin, rot im Gesicht, unterbricht mich: »Das ist wohl das, was du zu Hause lernst … zu widersprechen … auch wenn du gar nicht weißt, worüber du redest … und damit dem Klassenfeind in die Hände zu arbeiten! Ein Unkrautmittel, du redest über Unkrautmittel, und dort sterben Menschen.«

Die Auseinandersetzung spitzt sich zu, wird nun persönlich. Tatsächlich habe ich das zu Hause gelernt: zu widersprechen. Und ich weiß sehr wohl, wovon ich rede. Ich weiß auch, wie man Agent Orange richtig ausspricht. Mein Vater hat es mir erklärt. Ich gebe Kontra. Ich lasse ihr diese Agitation nicht durchgehen. Die Lehrerin tobt, sie fühlt sich erniedrigt. »Ich bin überzeugte Kommunistin«, schreit sie und weint. Die Klasse brüllt vor Lachen. Ich hingegen lächele milde. Sie wird sich beschweren, wieder einmal, denke ich. Sie werden mir wieder mit schlechten Noten drohen, mir unsozialistisches Verhalten vorwerfen. Sollen sie doch. Mein Vater hält die Hand über mich. Er schützt mich. Jetzt und in Zukunft. Er ist mein Schild und mein Schwert in dieser DDR, in diesem Leben. So wird es immer sein.

»Agent Orange?! Das ist jetzt nicht dein Ernst! Das hast du dir ausgedacht, oder?«, fragt mein Imperialist.

»Nein, die Geschichte stimmt aufs Wort. Genau so war es!«, antworte ich.

»Jetzt sag nur noch, ihr habt Westfernsehen geguckt …«

»Na klar, und Westradio gehört. Meine Eltern haben mir und meinem Bruder gesagt, wenn euch jemand fragt, ob ihr zu Hause Westfernsehen gucken dürft, dann sagt ruhig ja. Wenn das jemandem nicht passt, dann sagt diesen Leuten, dass sie zu uns kommen sollen.«

Das ging rein wie ein Messer

Die Stimme klingt leise, unaufgeregt, fast sanft. Das macht den Horror nur noch größer. Ich hebe die Audiospur mit dem Regler am Mischpult an, aber nur ein klein wenig, denn die beklemmende Atmosphäre ist authentisch und soll ihre Wirkung entfalten. Es ist die Stimme eines Mannes, der in sich zu ruhen scheint. Mit dem, was er sagt – und wie er es sagt –, schleicht er sich in die Magma-Kammer des Unterbewusstseins, dort hinein, wo jeder Mensch, der tief in sich hineinhorcht und der sich nicht selbst belügt, klar erkennt, was Gut und Böse, was Recht und Unrecht ist. Die Stimme sagt: »In diesem Augenblick explodierte die Welt, und Sterne tanzten vor meinen Augen. Ein wuchtiger Faustschlag hatte mich mitten ins Gesicht getroffen.« Ich höre vom Schicksal eines Mannes, gefangen in einer Zelle der DDR-Staatssicherheit, verzweifelt und allein nach einem gescheiterten Fluchtversuch, hilflos ausgesetzt der brutalen Gewalt seines Vernehmers. Ich sitze im Schneideraum der Medienproduktionsfirma, die mein Mann und ich vor einigen Jahren in Berlin-Zehlendorf gegründet haben, und arbeite an der Endfertigung des Hörbuches »Ich war Staatsfeind Nr. 1«.[2]

Die Stimme ist die von Wolfgang Welsch. 1964 scheiterte sein Versuch, aus der DDR zu flüchten. Er war gerade 20, als er in Stasi-Haft kam. Die folgenden sieben Jahre verbrachte Wolfgang Welsch als politischer Häftling in den schlimmsten Gefängnissen der DDR. Er wurde körperlich misshandelt, gequält, in Isolationshaft gehalten und einer Scheinhinrichtung ausgesetzt. Erst 1971 wurde er von der Bundesrepublik freigekauft und in den Westen entlassen. Wolfgang Welsch war damals in der DDR ein Künstler, ein begabter Schauspieler, er bekam erste Engagements im DEFA-Spielfilmstudio und am Deutschen Theater. Er hätte in der DDR eine glänzende Zukunft

2 Wolfgang Welsch, Ich war Staatsfeind Nr. 1. Auf der Todesliste der Stasi, Berlin 2013 (Hörbuch).

haben können. Doch er lehnte das totalitäre Regime ab. Sein Wunsch nach Freiheit und Individualität war stärker als der Wunsch nach Karriere. Er war stets ein Gegner des sozialistischen Systems, aber erst durch die brutale Behandlung in den Stasi-Gefängnissen wandelte er sich zu dessen wütendem Feind. Nach seinem Freikauf in die Bundesrepublik engagierte er sich als Fluchthelfer. Es gelang ihm, mehr als 200 Menschen aus der DDR in die Freiheit zu schleusen. Deshalb erklärte ihn die Stasi endgültig zum Staatsfeind und verübte auf den Mann, der längst im Westen lebte, drei Mordanschläge. Dem letzten entkam Wolfgang Welsch nur knapp.

Noch vor zehn Jahren hätte ich mit einem solchen Mann kein Wort gewechselt. Ich hätte ihn für einen verleumderischen Imperialisten gehalten und ihm nichts geglaubt. Nun aber, an diesem 18. August 2013, lausche ich mit Beklemmung seinem Bericht. Länger als drei Stunden am Stück kann ich die beängstigenden Schilderungen nicht ertragen. Obwohl ich die DDR, das Land, in dem ich geboren bin, längst nicht mehr in rosaroten Farben male, erschreckt mich die Vorstellung immer noch, dass die Stasi Andersdenkende nicht nur bespitzelte, sondern sogar folterte, um sie auf Linie zu bringen. Und wenn das nichts half, so mordete sie auch. Für heute reicht es mir. Ich verschließe das Studio und schwinge mich in meinen VW Golf. Auf dem Heimweg muss ich über die vergeblichen Versuche wackerer DDR-Konstrukteure schmunzeln, Volkswagen-Motoren in die Karosse des Trabants einzubauen. Der Volksspott wusste damals zu berichten, wie es den Trabbi beim Start regelrecht zerfetzte und wie die Motoren unter dem Schub westlicher Pferdestärken ganz allein davonschossen.

Als ich die Wohnungstür öffne, empfangen mich ein schrillendes Telefon und der Duft von frischem Koriander. »Noch eine Viertelstunde«, ruft Torsten, mein Mann, aus der Küche heraus, »gehst du ran?« Es schrillt noch immer. Drei Stufen auf einmal nehmend, fliege ich die Treppe hinauf ins Obergeschoss. Meine Schwiegermutter ist am Apparat: »Hast du es auch schon gelesen?«, fragt sie.

»Nein, was denn?«

»In der WELT …?«

»Nee.«

»… am Sonntag!«

»Nee, was steht denn da?«

»Peer Steinbrück ist doch dein Onkel, oder?«

Meine Schwiegermutter macht es gern spannend. Nach dem Motto »Die Nachricht zuletzt« zäumt sie das Pferd stets von hinten auf. Mir schwant nichts Gutes. »Ja, ist mein Onkel, aber nun sag doch endlich!«

»Hier steht, dass die Stasi Steinbrück bespitzelt hat, und dein Vater soll der IM gewesen sein.«

Die Worte meiner Schwiegermutter gehen rein wie ein Messer. Nach dem ersten Schock bin ich zunächst erleichtert und denke: Nun ist es also endlich raus! Doch dann folgt ein Wechselbad der Gefühle. Ich merke, dass es doch nicht so einfach ist, diese Bürde loszuwerden, die seit 1999 auf meinen Schultern lastet.

»Kommst du?«, ruft Torsten. »Essen ist fertig!« Es wird ein langer Abend.

Geständnis

Hätte sich Peer Steinbrück nicht entschlossen, Kanzlerkandidat der SPD zu werden, die Sache wäre wohl nie ans Licht gekommen. Ob die WELT AM SONNTAG auch ohne den Bundestagswahlkampf eine Story gewittert hätte? Hätte sie Lust oder Grund gehabt, so tief in Steinbrücks Vergangenheit zu wühlen? Eher nicht. So aber blendete mich die Schlagzeile des beeindruckend langen Artikels vom 18. August 2013: »Steinbrück, Stasi und ›die Freunde‹«[3] hieß es da in

3 Dirk Banse/Michael Behrendt, Steinbrück, Stasi und »die Freunde«, in: Die Welt, 18. 8. 2013, https://www.welt.de/print/wams/politik/article119126378/Steinbrueck-Stasi-und-die-Freunde.html [20. 3. 2019].

fetten Lettern. »Zu DDR-Zeiten«, las ich weiter, »besuchte Peer Steinbrück häufiger seine Verwandtschaft im Osten. Der Mann seiner Cousine, ein prominenter Schauspieler, war Inoffizieller Mitarbeiter der Staatssicherheit.«

Die Cousine: meine Mutter. Der Schauspieler: mein Vater, Lutz Riemann. Der IM: »Richard König«. Mein Herz begann zu rasen. Mein Vater sollte der IM »Richard König« sein? Und er sollte Berichte über Onkel Peer geschrieben haben? Das wollte ich nicht glauben. Fieberhaft las ich weiter: »Laut den Akten spionierte IM ›Richard König‹ sein Umfeld in Thüringen aus.« In allen Einzelheiten beschrieben die WELT-Journalisten die Karriere meines Vaters, angefangen bei der Rolle des »Oberleutnants Zimmermann« in der Krimiserie »Polizeiruf 110« über seine Arbeit bei Hörspielproduktionen und zurück bis in die 1960er- und 1970er-Jahre, als er am Meininger Theater engagiert war.

Alles wurde richtig zusammengefasst. Kein journalistisches Kunststück, denn mein Vater war in der DDR ein prominenter Mann. Sicher gehörte er nicht zu den Superstars wie Manfred Krug, Armin Mueller-Stahl oder Peter Borgelt, aber im oberen Mittelfeld der ersten Schauspielerliga, da wirkte mein Vater durchaus mit und wurde so zu einer Person der Zeitgeschichte. »Tatsächlich hatte Riemann«, so schrieb die WELT, »noch eine zweite, bislang unbekannte Seite. Der DDR-Geheimdienst führte ihn seit den 1960er Jahren als Inoffiziellen Mitarbeiter (IM) mit dem Decknamen ›Richard König‹, das belegen Dokumente aus der Bundesbehörde für die Stasi-Unterlagen.«[4] Unter der Registriernummer XI/244/66, so die WELT, finde sich ein klassischer IM-Vorgang. Laut den Akten habe der IM »Richard König« sein Umfeld in Thüringen ausspioniert, in den 1970er-Jahren soll das gewesen sein. Geführt worden sei er zunächst von den Stasi-Genossen in Suhl: »Er berichtete über Künstler und Freiheitspläne von DDR-Bürgern.«[5]

4 Ebenda.
5 Ebenda.

Und dann der Satz, der mich noch Monate später quälen sollte: »Lutz Riemann gibt Stasi-Tätigkeit zu«.[6] Dieses Geständnis verfolgte mich bis in die tiefsten Träume und stand wochenlang wie eine blinkende Neon-Leuchtschrift vor meinen Augen. Mein Vater gab diesen Journalisten gegenüber widerspruchslos zu, ein Stasi-Spitzel gewesen zu sein, während er von mir, seiner Tochter, jahrelang Loyalität und Verschwiegenheit verlangt hatte? In mir begann die Wut zu brodeln, schon wollte ich zum Hörer greifen, um meinen Vater zu konfrontieren, besann mich dann aber. Von meinen Eltern würde ich nichts erfahren. Dabei hätte ich die Gelegenheit dazu gehabt, damals im August 1999.

Vier fantastische Urlaubswochen lagen hinter uns. Wochenlang kreuzten wir mit unserem Segelboot im Greifswalder Bodden, umkurvten Rügen, besuchten die Störtebeker-Festspiele in Ralswiek, wir genossen die Sonne und den Fisch direkt aus der See. Nachdem wir unser Boot sicher zurück in den Heimathafen Stralsund gebracht und am Liegeplatz festgemacht hatten, saßen wir im Wohnzimmer beim Abendbrot zusammen. Es war mein letzter Urlaubstag. Wir ließen uns die Reste aus der Kombüse schmecken, dazu tranken wir Stralsunder Pils. Plötzlich, inmitten der Mahlzeit, ohne Vorbereitung, schiebt mein Vater wortlos einen kleinen viereckigen Zettel über den Tisch in meine Richtung. Mein Blick fällt darauf, und ich lese: »Ich habe für die HV A gearbeitet.« Ich sehe meinen Vater überrascht an. Noch ehe ich etwas sagen kann, nimmt er den Zettel wieder an sich, zerknüllt ihn und steckt ihn in die Brusttasche seiner Latzhose. Aus heutiger Sicht ist es mir unbegreiflich, dass ich keine Fragen stellte. Ich ließ tatsächlich die Gelegenheit von einer Sekunde auf die andere verstreichen. Ja, ich gestehe, dass ich sogar einen Moment des Stolzes verspürte. So sehr stand ich noch unter dem Einfluss meiner Sozialisation in der DDR, so sehr glaubte ich in jenem Jahr 1999 noch daran,

6 Jan-Eric Peters, Wie nah kam die Stasi Peer Steinbrück?, in: Die Welt, Editorial, 18. 8. 2013, https://www.welt.de/politik/deutschland/article119132828/Wie-nah-kam-die-Stasi-Peer-Steinbrueck.html [20. 3. 2019].

»Kapitän« Lutz Riemann auf seinem Zeesenboot, um 2000

dass die »Deutsche Demokratische Republik« trotz all ihrer Unzulänglichkeiten der ehrliche, wenn auch vergebliche Versuch war, ein besseres Deutschland, eine bessere Welt zu schaffen.

Die »Hauptverwaltung A«, das wusste ich, war die Spionageabteilung des Ministeriums für Staatssicherheit (MfS). Die HV A spionierte das kapitalistische Ausland aus, ihre Agenten waren »Kundschafter für den Frieden«, wie der Osten sie nannte. So sehr ich über meine Naivität heute schmunzeln muss, so sehr hielt ich diese Sichtweise damals für plausibel: Geboren 1968, hatte ich zwar die ersten 21 Jahre meines Lebens im real existierenden Sozialismus verbracht, musste aber nie unter den Umständen leiden. Es fehlte mir an nichts, ich fühlte mich geborgen und behütet im Kreise meiner Familie, beschützt vor allem von meinem Vater, der mich in allen Bereichen der sozialistischen Gesellschaft zum freien Denken, zum freien Wort, ja sogar zum Widerspruch ermunterte. Als ich auf den Zettel blickte und den Satz las »Ich habe für die HV A gearbeitet«, fühlte ich also Stolz: mein Vater in der Rolle des »Achim Detjen«! Detjen war in den 1970er-Jahren eine Figur des DDR-Fernsehens und sozusagen ideologisches Gegenstück zu James Bond. In der Serie »Das unsichtbare Visier« spielte Armin Mueller-Stahl überzeugend den edlen »Kundschafter für den Frieden«. Als Achim Detjen kämpfte Stahl im Auftrag der Stasi gegen die »Bonner Kriegstreiber«.

Genau so stellte ich mir meinen Vater auch vor, als einen Mann, der aus Überzeugung gegen den Klassenfeind aus dem Westen gearbeitet hatte. Das erschien mir vollkommen richtig, denn die »andere Seite« hatte das ja schließlich auch gemacht. »Man muss mit den gleichen Mitteln kämpfen, die der Feind nutzt.« Diesen Satz habe ich in der Kindheit und als Jugendliche oft von meinem Vater gehört. Er bat mich an diesem Abend, damals im Jahr 1999, niemandem etwas von seiner Stasi-Tätigkeit zu erzählen. Als ob dieser Hinweis notwendig gewesen wäre! Selbstverständlich gab ich ihm dieses Versprechen. Ich konnte mir keine Situation vorstellen, die einen Bruch dieses Gelübdes notwendig machen würde; ich ahnte noch nichts von den Ereignissen, die meine Familie und meine bedingungslose Loyalität bald erschüttern sollten. Ich trank einen Schluck Stralsunder und beendete seelenruhig mein Abendessen, damit war die Angelegenheit für mich erledigt.

Warum hatte mich der WELT-Artikel dann so sehr aus der Fassung gebracht? Hatte ich Angst um meinen Vater? Befürchtete ich, er könnte nun, im Jahr 2013, so lange nach dem Fall der Mauer, als DDR-Spion vor Gericht gestellt und verurteilt werden? Nein. Was mich wirklich aufregte, war die Vorstellung, die die Journalisten nahelegten, nämlich dass mein Vater gar kein richtiger »Kundschafter für den Frieden«, gar kein Achim Detjen gewesen sei, der im Auftrag seines Staates für den Frieden kämpfte, sondern nur ein doch eher durchschnittlicher IM, ein Schnüffler also, der über Künstler und Kollegen Berichte an die Stasi schrieb. Alles in mir sträubte sich, das zu glauben: »Er berichtete über Künstler und Freiheitspläne von DDR-

Bürgern.« Niemals hätte mein Vater so etwas Niederträchtiges getan. Nicht er, der Hundertprozentige, der Gerechte und Aufrechte, der immer gerade und ohne Umwege durchs Leben ging, der sogar unter den Gegebenheiten der Diktatur sein Selbstbewusstsein wie eine Bugwelle vor sich herschob und dabei auch persönliche Nachteile nicht scheute. Er nicht! Dessen war ich mir sicher. Aber dann immer wieder die schrille Neonleuchte: »Lutz Riemann gibt Stasi-Tätigkeit zu«. Welche Stasi-Tätigkeit?

Die Journalisten der WELT versuchten, meinen Vater persönlich zu befragen. Was ich nie für möglich gehalten hätte, geschah: Lutz Riemann traf sich laut WELT mit den Abgesandten der Springer-Presse, mit Leuten, die er mir gegenüber stets als Reaktionäre bezeichnet hatte. Mit dabei: sein Rechtsanwalt Peter-Michael Diestel. Diestel war nicht nur letzter Innenminister der DDR, er war auch mitverantwortlich für die Abwicklung des ostdeutschen Geheimdienstes. Mein Vater redete gegenüber der WELT »nicht lange drum herum: Ja, er sei IM in Thüringen gewesen. Damals. Und er habe Peer Steinbrück gekannt, natürlich, sie seien Freunde gewesen.«[7] Im weiteren Verlauf des Interviews versucht mein Vater bei den Journalisten Verständnis dafür zu wecken, warum er für den DDR-Geheimdienst gearbeitet habe, nämlich aus weltanschaulicher Überzeugung. »Er sei immer Kommunist gewesen. Er werde es auch immer sein, sagt er. Aber es habe eben auch Dinge gegeben, die er abgelehnt habe.« So ein »Ding« war Peer Steinbrück. Sein Führungsoffizier habe ihn zwar auf Steinbrück ansetzen wollen, er habe den Auftrag aber abgelehnt, und zwar in Absprache mit seiner Frau – meiner Mutter. Nichts wollte ich lieber, als dieser Aussage Glauben schenken. Aber, so fragte ich mich bei der Lektüre des Artikels, welche Rolle spielte er eigentlich im Zusammenhang mit den erwähnten Meininger Künstlern? Die Behauptung der WELT, er habe in deren Kreisen spioniert, dementierte er nicht. Zu meiner Überraschung. Denn ich mochte mir meinen Vater beim

7 Banse/Behrendt, Steinbrück, Stasi und »die Freunde«.

besten Willen nicht vorstellen als einen Mann, der sich nach seinen Theaterauftritten an die Schreibmaschine setzte, um Kollegen bei der Stasi zu verpfeifen. Und wenn doch?

Der Artikel spülte mit großer Wucht Kindheitserinnerungen nach oben. Plötzlich war alles wieder da: die 1970er-Jahre, Thüringen, die Berliner Straße in meinem Geburtsort Meiningen, die harten Winter, die schon im Oktober den ersten Schnee brachten – und Onkel Peer, damals 28 Jahre alt, wie er zum ersten Mal mit seinem VW Käfer vor unser Haus rollte und Geschenke für meinen Bruder und mich brachte. Weitere, noch verschwommene Erinnerungen kamen hinzu: Mein Vater, der, wenn er etwas Wichtiges mitzuteilen hatte, die Lippen schürzte, den Finger vor sie legte, uns Kindern bedeutete, still zu sein, während er in der Küche den Wasserhahn aufdrehte oder in der Wohnstube das Radio lauter stellte. Schon als kleines Mädchen wähnte ich mich bisweilen in einem spannenden Agentenfilm.

Ein undeutliches Mosaik entstand; ich wollte nun, dass ein klares, realistisches Bild daraus wurde. Doch wie sollte das gelingen? Ich wusste, dass Mielkes Schergen ganze Arbeit geleistet hatten. Die Vollstrecker des Stasi-Chefs hatten die wichtigsten Akten der HV A verbrannt und gehäckselt. Die Modrow-Regierung und der »Runde Tisch« besorgten den Rest, indem sie die Selbstauflösung der HV A genehmigten und dem MfS freie Hand gaben bei der Löschung und Vernichtung personenbezogener Daten. »Da ist nichts mehr«, hörte ich meinen Vater sagen. Nur einmal, ganz kurz, erschien er mir nervös, 2003 war das, als der amerikanische Geheimdienst die sogenannten Rosenholz-Dateien an die Bundesregierung übergab: rund 300 000 Personendaten auf CD-ROM, Karteikarten und Statistiken der HV A. Die Nervosität meines Vaters, sollte es sie je gegeben haben, verflog schnell. Nichts passierte. Zehn Jahre lang. Bis zu jenem Sommer 2013. »Die Karteikarte von Lutz Riemann«, schrieb die WELT, »findet sich in den sogenannten Rosenholz-Dateien.« Eine Karteikarte und ein paar Berichte über Peer Steinbrück – mehr soll nicht übrig geblieben sein?

Die WELT ist nicht genug

Eines fällt auf in der Stasi-Akte von Peer Steinbrück: In den Berichten wird »Richard König« als Quelle angegeben und indirekt zitiert. Keiner der sogenannten Auskunftsberichte aber ist mit »Richard König« gezeichnet, sondern mit »Timmler, Major«. Er war der Führungsoffizier. Offenbar handelt es sich um Abschriften von Protokollen. Was für Protokolle mögen das gewesen sein? Tonbandberichte von »Richard König«? Gedächtnisprotokolle von persönlichen Gesprächen zwischen Führungsoffizier und IM? Oder hat die Stasi gar unsere Wohnung in Meiningen verwanzt und so die privaten Gespräche zwischen meinen Eltern und Peer Steinbrück belauscht und ausgewertet? Vor allem aber: Gibt es darüber hinaus auch authentische Berichte von »Richard König« persönlich? Die WELT hat derartige Dokumente nicht präsentiert. Aber die WELT ist mir längst nicht mehr genug.

Da mein Vater, Lutz Riemann, gegenüber den Journalisten zugegeben hat, für die Geheimpolizei der SED-Diktatur gearbeitet zu haben, muss ich also zur Kenntnis nehmen, dass es sich bei ihm und »Richard König« offenbar um ein und dieselbe Person handelt. Obwohl ich weiß, dass Kindheitserinnerungen trügen können und viele Akten vernichtet sind, möchte ich herausfinden, wer dieser »Richard König« war. Wie hat die Stasi mit ihm gearbeitet? Exemplarisch möchte ich herausarbeiten, welche Bereiche der Kultur für die Stasi interessant waren, wie der IM »Richard König« und andere dort Informationen sammelten und wie die dem MfS zugetragenen Informationen verwendet wurden. Welche Konsequenzen hatte das Wirken von »Richard König«? Wem hat er geschadet? Ich will Zusammenhänge herausfinden und Motivationen nachvollziehen. Arbeitete »Richard König« wirklich aus Überzeugung für die Geheimpolizei oder trieben ihn vielleicht persönliche und soziale Bedingungen dazu? Ich muss versuchen, diese Fragen zu beantworten, zum einen, um Klarheit zu gewinnen über meine eigene Vergangenheit in der DDR, Klarheit auch über die Beziehung zu meinem Vater; zum anderen, um endgültig meinen Platz, meine Identität

Petra und Lutz Riemann

im »neuen« Deutschland zu finden. Wo soll ich anfangen? Torsten, mein Mann, ein »Wessi«, gelernter Journalist, hat eine Idee: »Fang bei dir selbst an«, sagt er, »bei deiner eigenen Biografie. Alles Übrige ergibt sich von selbst.«

Konfrontation mit einem Imperialisten

1999 erfuhr ich von der Stasi-Tätigkeit meines Vaters. Im selben Jahr lernte ich Torsten kennen. Einen Wessi aus Niedersachsen. »Ein Wessi passiert mir nicht«, hatte ich mich in der Nachwendezeit gebrüstet. Als ich Mitte der 1990er-Jahre begann, als Filmschnittmeisterin für die neu entstandenen Sender »Mitteldeutscher Rundfunk« (MDR) und »Ostdeutscher Rundfunk Brandenburg« (ORB) zu arbeiten, hatte ich mit den »Eroberern« aus dem Westen eher unerfreuliche Erfahrungen gemacht. Ein gewisser Herr Mühlfenzl, in früherer Funktion Fernseh-Chefredakteur des Bayerischen Rundfunks, hatte als Rundfunkbeauftragter das DDR-Fernsehen abgewickelt und reihenweise Mitarbeiter gefeuert, darunter auch meinen Vater. Lutz Riemann war erst seit etwa Mitte 1989 fest angestellter Schauspieler im Ensemble des Fernsehens der DDR. Zuvor hatte er, abgesehen von frühen Engagements am Meininger Theater, freischaffend gearbeitet. Nun saß er auf der Straße, wie so viele andere. Auch mein Vertrag als Schnitt-Assistentin in der Abteilung Spielfilm wurde aufgelöst. »Wessis« wie Mühlfenzl wurden als Chefredakteure und Abteilungsleiter in den Osten geschickt, um »bei uns« ihre Gewinnermentalität raushängen zu lassen – so erschien mir das damals. Heute sehe ich diese Entwicklungen natürlich differenzierter. Damals fühlte ich mich persönlich getroffen.

Beim Sender Freies Berlin (SFB), wo ich 1999 als Cutterin arbeitete, war die Entfremdung zwischen den Mitarbeitern aus West und Ost noch deutlich zu spüren. Ausgerechnet hier »passierte mir ein Wessi«: Ich lernte Torsten kennen, der bei der SFB-Abendschau als Autor und Realisator tätig war. Wir arbeiteten oft zusammen. Zu meinem Erstaunen erfüllte er keines der mir bekannten Klischees. Gegenüber den Kollegen aus dem Osten verhielt er sich fair und höflich. Auch zu mir. So sorgsam ich mich auch bemühte, meine Vorurteile zu pflegen, es wollte mir nicht gelingen. Zu meinem Schrecken musste ich allerdings feststellen, dass es sich bei dem Mann, der sich so unvoreingenommen verhielt, um einen Anti-Kommunisten handelte, um einen regelrechten DDR-Hasser, der auch zehn Jahre nach dem Mauerfall seine Freude über den Niedergang des Ostblocks nicht verbergen konnte. Wie sollte ich damit umgehen? Es kam noch schlimmer. Eines Tages präsentierte er mir stolz seine Stasi-Akte. Er liebte es, daraus wie aus einem Geschichtenbuch vorzulesen, und währenddessen kicherte er vor Vergnügen und Gewissheit, dass er mitgeholfen hatte, einen winzigen Stein aus der verhassten Mauer herauszubrechen.

1987 hatte Torsten beim West-Berliner Privatsender »Radio 100,6« gearbeitet. Dessen Chefredakteur Georg Gafron war zehn Jahre zuvor aus der DDR spektakulär in die Bundesrepublik geflüchtet, in einem Kofferraum über Marienborn. Gafron war gegenüber der DDR ein politischer Hardliner, ein Kommunistenfresser. Die beiden waren eine ideale Kombination. Als Journalist nahm Torsten Kontakt zur Ost-Berliner Opposition auf, zur Regisseurin Freya Klier, zum Liedermacher Stefan Krawczyk, zum Pfarrer Rainer Eppelmann und zu dem Bürgerrechtler Ralf Hirsch. Wann immer diese Gruppe in der DDR und Ost-Berlin irgendwelche Aktionen plante, berichtete Radio 100,6 und gab so der Opposition eine Stimme.

Zudem entwickelte Torsten in Abstimmung mit dem Nachrichtenchef in Bezug auf die DDR eine eigene Sprache. Das Prinzip war ganz einfach: Torsten studierte die charakteristischen Formulierungen der DDR-Sender, drehte sie um und richtete sie gegen die SED. So wurde dann aus der »DDR-Regierung« die »SED-Regierung«; aus der »Staatsgrenze der DDR« wurde die »innerdeutsche Demarkationslinie«; aus dem Wortbandwurm »Generalsekretär des ZK der SED, Vorsitzender des Staatsrats der DDR sowie Vorsitzender des Nationalen Verteidigungsrates Erich Honecker« wurde kurz und bündig der »SED-Führer«; aus der »DDR-Fußball-Nationalmannschaft« machte er humorig das »SED-11er-Kollektiv«; Berlin, das war in Torstens Nachrichtensprache keine in Ost und West geteilte Stadt, sondern »unsere Stadt«, seelenruhig meldete er den Verkehrsstau am Funkturm in Charlottenburg und gleich anschließend den Schienenersatzverkehr in Königs Wusterhausen. Und das war nur eine Auswahl seiner fantasievollen Formulierungen. Den Genossen im Osten drehte sich der Magen um. Für die Stasi war Torstens Wirken Grund genug, ihn als »feindlich-negatives Element« einzustufen und bespitzeln zu lassen. Schon Ende 1987 erhielt er Einreiseverbot nach Ost-Berlin. Ich nannte ihn zärtlich »mein Imperialist«. In diesen Mann also verliebte ich mich, und die Diskussionen zwischen uns nahmen kein Ende, auch nicht, als wir nach einem halben Jahr zusammenzogen. Wir stritten über die Frage, ob es einen Unterschied zwischen Sozialismus und Kommunismus gebe: »Alles eine Soße!«, befand Torsten.

»Keineswegs«, dozierte ich, »es gibt einen gesetzmäßigen, wissenschaftlich erwiesenen, vorgezeichneten Weg aller Gesellschaften vom Frühsozialismus hin zum Kommunismus. Hatten wir in Staatsbürgerkunde.«

»Bullshit.«

Wir disputierten, bis Nachbarn wütend gegen Wände schlugen. Ich gebe zu: Ich war laut. Ich fühlte mich persönlich getroffen und kehrte meinen »Ossi« heraus. Trotzhaltung. Torsten versuchte es eher mit der Engelszunge: »Du darfst Kritik an der DDR nicht persönlich nehmen. Niemand will deine Kindheit kaputtmachen. So darfst du es nicht auffassen. Deine Erfahrungen und dein Leben, das du bisher geführt hast: niemand will sie dir rauben.« Ich glaubte ihm und konnte dennoch nicht nachgeben. Schließlich fanden wir eine Zwischenlösung. Wir stellten ein Sparschwein auf unseren Wohnzimmertisch. Wer immer das Thema aufs Tapet brachte, auch nur das Wort DDR oder Sozialismus in den Mund nahm, musste fünf D-Mark Strafe zahlen. Eine Weile funktionierte das recht gut. Allerdings stellten wir beide fest, dass es anstrengend und auch unnatürlich war, wenn zwei leidenschaftliche Diskutanten freiwillig die Schere im Kopf ansetzten. Das hatte etwas von Selbstzensur. Etwa zwei Jahre hielten wir durch. Dann lernten wir den früheren Fluchthelfer und heutigen Publizisten Wolfgang Welsch kennen. Seine Schilderungen aus langer Stasi-Haft, die erwiesenen Mordpläne der Staatssicherheit öffneten mir schließlich endgültig die Augen.

Torsten holt sein digitales Aufnahmegerät, setzt die größte Speicherkarte ein, die er finden kann, und beginnt zu fragen. Wie bei einer Hypnosesitzung führt er mich zurück in die Vergangenheit und dann voran bis in die Gegenwart. Über mehrere Wochen setzen wir uns regelmäßig zusammen, sammeln Erinnerungen, gliedern Themenbereiche und ergänzen, wo immer möglich, Leerstellen. Aufarbeitung und Erkenntnisgewinn, darum soll es gehen. Während ich erzähle und auf verschiedenen Wegen zu suchen beginne, entwickelt die Recherche eine Eigendynamik, mit der ich nicht rechnen konnte. Kindheitsfreunde, die ich seit Jahrzehnten nicht mehr gesehen hatte, Bekannte, Verwandte und Arbeitskollegen treten plötzlich wieder in mein Leben. Sie bringen Geschichten mit, Dutzende von Akten und, ja, Berichte von »Richard König«. Nicht alles ist verschollen oder geschreddert. Aus einem beinahe surrealen Mosaik entsteht langsam ein klares, realistisches Bild.

»Pitti, wollen wir anfangen mit unserer Zeitreise?«, fragt Torsten.

»Fangen wir an, mein Imperialist«, antworte ich.

Bewusst sein wollen

»Ganz spontan: Was ist deine früheste Erinnerung?«

»Die ist in Weiß getaucht. Es wird ein ganz normaler Tag gewesen sein. Meine Mutter ging mit mir raus, und wir sind Schlitten gefahren.«

Wieder einmal ist der berüchtigte Thüringer Winter schon im Herbst herangeprescht. Er hat unseren Garten mit einem hübschen Schneemantel überzogen, der unter jedem Schritt lustig knirscht. Ich sitze auf einem Schlitten und starre nachdenklich geradeaus. Meine Mutter war vormittags stundenlang mit mir Schlitten gefahren. Sie konnte super gut lenken, sogar auf der Todesbahn oben am Wald nahe dem Panoramaweg. Jedes Kind, das einen Schlitten besitzt, egal in welchem politischen System, hat eine Todesbahn. Meine Mutter ist die unumstrittene Meisterin im Todesbahnfahren. Während ich vorn bei jedem ihrer Manöver jauchze, stabilisiert sie mich mit den Oberschenkeln, damit ich nicht herunterfalle. Heute muss ich allerdings mit der kurzen Neigung der Wäschewiese in unserem Garten Vorlieb nehmen.

Bewusst sein wollen

Gerade sind wir heruntergesaust, mit ganz viel Schwung runter bis zum Bahndamm, und stehen jetzt still. Die Sonne scheint und zaubert Winterlicht. Ich habe eine Mütze auf, die mir viel zu groß ist. Meine Mutter hat Plastiktüten darunter gestopft, damit sie mir passt. Fasst jemand mit der Hand darauf, dann knirscht es komisch, fast so wie der Schnee. Zu dieser Zeit habe ich noch nichts gegen Mützen. Ich bocke nicht herum, wenn man mir eine aufsetzen will. Das kommt erst später. Nun habe ich ein Brötchen in der Hand. Ich knabbere gern an trockenen Brötchen. Das finde ich lecker. Meine Mutter hockt im Schnee und zielt mit ihrem Fotoapparat in meine Richtung. Ich fühle mich in diesem Augenblick sehr wohl, blicke fest in das Objektiv, genieße den Moment.

»Und warum erinnerst du dich ausgerechnet an diesen Tag?«

»Ich sagte mir: Diesen Moment möchte ich mir merken mit dem Gedanken, dass ich mich dieses Mal erkennen werde. Ich werde mich auf dem Bild erkennen und diesen Augenblick verinnerlichen als erste bewusste Erinnerung meines Lebens.«

»Wie alt warst du da?«

»Etwa drei.«

Ein Leben vor dem Leben – Lutz Riemann

Lutz Riemann hat bereits in jungen Jahren persönliche Erfahrungen gemacht, die wohl für mehrere Leben ausgereicht hätten. 1940 in Stettin geboren, flüchtet er mit der Mutter bei Kriegsende nach Lubmin, während der Vater sich direkt, noch vor Gründung der DDR, nach Westdeutschland absetzt. Ohne Vater aufgewachsen, lernt er schon früh, Verantwortung für seine Mutter und den kleinen Bruder zu übernehmen, später kommt noch eine Halbschwester hinzu. Lutz Riemann schafft Geld ran, um der Familie das Überleben zu sichern. Er erlernt den Beruf des Schiffbauers und schuftet schon als Teenager auf der Peene-Werft in Wolgast. Von Natur aus groß gewachsen, macht ihn die Arbeit zu einem kräftigen Hünen, wobei er gleichwohl, der schlechten Versorgungslage geschuldet, einen schlanken, beinahe hageren Eindruck macht in diesen frühen Jahren. Von außen betrachtet bieten diese widrigen Umstände keine günstigen Voraussetzungen für eine Laufbahn als Künstler. Doch Lutz Riemann kann kämpfen und weiß bereits im Kindesalter, was er will: zum Theater. Im Stadttheater Greifswald besucht er eine Rotkäppchen-Inszenierung. »Da dachte ich, Schauspieler müsstest du eigentlich werden«,[8] erinnert sich Riemann.

8 Lutz Riemann spielte mehr als hundert Rollen (dapd-lmv).

Erste Erfahrungen sammelt er am Arbeiter-Theater Wolgast, bewirbt sich dann erfolgreich an der Hochschule für Film und Fernsehen in Potsdam. 1961 bekommt er eine erste Rolle[9] in dem Spielfilm »Der Schwur des Soldaten Pooley«, eine Koproduktion DDR/Großbritannien unter der Regie von Kurt Jung-Alsen. Schon in dieser frühen Zeit gibt es Hinweise auf eine Stasi-Tätigkeit. Ein interner Vermerk[10] der Abteilung V beim Ministerium für Staatssicherheit in Potsdam ist datiert auf den 14. Juli 1962. Lutz Riemann sei, so steht es in diesem Vermerk, noch »Student im II. Semester an der Filmhochschule Babelsberg«. Seine Mitarbeit beim MfS sei einem Teil der Studenten bekannt, und er werde »deswegen in seinem Freundeskreis« abgelehnt.

Lutz Riemann studiert außerdem an der Hochschule für Schauspielkunst »Ernst Busch« in Ost-Berlin.[11] Etwa 80 Mal, sagt er, sieht er im Berliner Ensemble das Brecht-Stück »Der aufhaltsame Aufstieg des Arturo Ui«. »Ich erlebte dort Mimen wie Ernst Busch, Helene Weigel und Günter Naumann, der mich eines Abends in der Kantine in meinem Wunsch bestärkte, Schauspieler zu werden.«[12]

Der junge Mann ist, so würde man heute sagen, multitaskingfähig; physisch und psychisch äußerst belastbar kann er ohne große Anstrengung mehrere Aufgaben gleichzeitig übernehmen. So heiratet er quasi nebenbei und gründet eine Familie. Die Ehe, aus der zwei Söhne hervorgehen, scheitert zwar, beruflich aber geht es nahtlos bergauf. Das renommierte Meininger Theater engagiert ihn auf der Stelle. 1965 und 1966 steht er in zahlreichen Inszenierungen auf der Bühne: »Romeo und Julia« von Shakespeare, »Der zerbrochene Krug« von Kleist, »Wassa Schelesnowa« von Maxim Gorki, »Die Jungfrau

9 Angelika Rätzke, Ein bißchen Seen-Sucht bleibt immer, FF dabei, Nr. 35, August 1989, S. 47.

10 BStU, Hausinterne Mitteilung der Abteilung V. des Ministeriums für Staatssicherheit in Potsdam vom 14. Juli 1962.

11 Lutz Riemann spielte mehr als hundert Rollen (dapd-lmv).

12 Ebenda.

von Orleans« von Schiller, »Nathan der Weise« von Lessing. Lutz Riemann, kaum 26 Jahre alt, hat schon ein Leben hinter sich und steht nun vor einer glänzenden Zukunft als Schauspieler. Auch privat findet er neues Glück. Lutz Riemann hat allen Grund, mit sich und der DDR zufrieden zu sein. Für ihn hält der Sozialismus, was er verspricht. Bald wird sein Lebensweg den eines anderen jungen Mannes kreuzen, der seinen Platz in der Gesellschaft nicht so einfach finden soll.

Bilder stürmen

»Nastoll!«, meldet sich Tom am anderen Ende der Leitung.

Ich bilde mir ein, seine Stimme wiederzuerkennen, obwohl ich sie seit mehr als 35 Jahren nicht gehört habe. Jede Wette, dass er sich nicht mehr an mich erinnern kann.

»Hallo, hier ist Petra Riemann.«

Warum ist es mir peinlich, meinen Namen zu sagen? Irgendwie fühle ich mich schuldig.

»Mensch! Mulle! Bist du das?«

Mulle, diesen Kosenamen kennen nur meine Spielkameraden aus Kindertagen, und Tom Nastoll war einer davon. Kein Eis muss gebrochen werden, die Chemie stimmt sofort. Ja, auch Tom hat den WELT-Artikel gelesen.

»Aber dein Vater«, sagt Tom, »ist so ein supernetter Typ gewesen. Wenn Roger gesagt hat ›Lutz und Familie kommen aus Meiningen‹, dann haben wir uns gefreut. Ich sehe noch, wie Lutz am Tisch sitzt und mit uns Kindern seine Späßchen macht. Das ist ein schönes Bild, an das ich mich erinnere. Das mach mir jetzt bitte nicht kaputt.«

Das ist nicht meine Absicht, aber ich will die Wahrheit herausfinden und muss dafür zur Not auch Bilder stürmen. Toms Vater, Roger, war in der DDR ein freischaffender Schriftsteller. Unsere Familien waren befreundet. Nastolls wohnten in Ilmenau, wir in Meiningen, das waren knappe fünfzig Kilometer Entfernung, für uns Kinder eine kleine Weltreise, dennoch sahen wir uns oft. Bis wir uns plötzlich und für immer aus den Augen verloren. Bis heute.

»Roger lebt nicht mehr«, sagt Tom, »es war mir wichtig, ihn zu rehabilitieren, darum habe ich bei der Behörde seine Stasi-Akte beantragt.«

»Rehabilitieren? Weshalb?«

»Am besten, ich komme mal vorbei. Ich freue mich sowieso, dich wiederzusehen, und dann bringe ich die Akte von Roger gleich mit.«

Am selben Abend, nur wenige Stunden nach unserem Telefongespräch, empfange ich eine SMS von Tom: »Liebe Mulle, ich musste Gewissheit haben und habe mich sofort wieder in Rogers Akte gestürzt.« Er teilt mir mit, dass »Richard König« zu den IMs gehörte, die seinen Vater jahrelang an die Stasi verrieten.

Ein Leben vor dem Leben – Roger Nastoll

Wie Lutz Riemann kommt auch Roger Nastoll, geboren 1944 in Erfurt, aus schwierigen Verhältnissen. Sein Vater Alois arbeitet nach dem Zweiten Weltkrieg als Landrichter in Ilmenau. In dieser Funktion kommt er schnell mit der DDR-Willkürjustiz in Konflikt, haut Mitte der 50er-Jahre ab in Richtung Bundesrepublik und lässt seine Familie im Stich. Damit ist Roger zeitlebens gebrandmarkt als Sohn eines aufmüpfigen Richters und Republikflüchtlings. Zu einer Zeit, als die Mauer noch gar nicht steht, wird er bereits DDR-typisch in Sippenhaft genommen. Erschwerend kommt hinzu, dass der Junge noch längere Zeit mit seinem Vater in Briefkontakt steht und »West-Pakete« von ihm bekommt. Die Ehe seiner Eltern wird offiziell geschieden, mit dem neuen Partner seiner Mutter kommt es schnell zu Spannungen, Roger fühlt sich abgelehnt und ungeliebt. Der neue Lebenspartner der Mutter stellt ein Ultimatum: entweder er oder ich! Mit 14 Jahren kommt Roger ins Heim. Trotzdem gelingt es ihm, die 8. Klasse der Grundschule erfolgreich abzuschließen. Er beginnt eine Maurerlehre, drei Jahre später hat er den Facharbeiterbrief in der Tasche. Trotz seiner schwierigen Situation lässt sich Roger nicht unterkriegen, beweist Intelligenz, Ausdauer, Durchsetzungsfähigkeit und eine positive Grundeinstellung, schließlich schafft er sogar das Abitur und nimmt ein Studium für Mathematik und Physik auf. Er will Lehrer werden.

Gemeinsamkeiten

So unterschiedlich die Lebenswege von Lutz Riemann und Roger Nastoll auch sind, es gibt Gemeinsamkeiten. Beide sind Kämpfernaturen, körperlich robust und handwerklich geschickt. In beiden schlummern künstlerische Talente. Beide wachsen ohne Vater auf und beide empfinden die Vergangenheit ihrer Väter als Belastung. Roger ist als Sohn eines »Republikflüchtlings« von vornherein im Visier der Stasi. Bei Lutz Riemann erscheinen die Verhältnisse undurchsichtig. Der Vater, Otto Riemann, so wird es in der Familie gemunkelt, war möglicherweise aktives Mitglied der NSDAP und könnte eine unrühmliche Rolle bei der SS gespielt haben. Tatsächlich ist Otto Riemann im sogenannten NS-Archiv des Ministeriums für Staatssicherheit unter der Signatur ZA I 10970, Bl. 001–300 erfasst. Soweit aus dem Datenbankeintrag erkennbar ist, handelt es sich bei dem Inhalt der Akte nur um Mitteilungsbögen zur Verhaftung von NSDAP-Mitgliedern im Herbst 1945.[13] Einzelheiten über die nationalsozialistische Vergangenheit von Otto Riemann sind nicht bekannt. »Die Überlieferungen aus der Zeit bis 1945«, so heißt es auf der Internetseite des Bundesarchivs/Abteilung Militärarchiv, »haben durch Kriegseinwirkungen erhebliche Verluste erlitten. Die Unterlagen der zentralen Dienststellen der Wehrmacht und der Heeresführung, der Dienststellen und der Truppen des Heeres unterhalb der Divisionsebene sowie der

13 Bundesarchiv-Militärarchiv, E-Mail vom 27. 7. 2016.

Luftwaffe und der Waffen-SS sind weitgehend verlorengegangen.«[14] Sollte Otto Riemann im »Dritten Reich« eine Rolle gespielt haben, hätte sein Sohn Lutz mit großer Wahrscheinlichkeit einen Makel davongetragen. Obwohl auch in der DDR, ohne dass die SED dies je eingestand, zahlreiche Nazis wichtige Ämter bekleideten, galt für Kinder von Nationalsozialisten immer dann Sippenhaftung, wenn dies dem Regime nützlich erschien. Die Stasi machte sich das daraus ergebende Droh- und Erpressungspotenzial hier ebenso zunutze wie auch bei Kindern von Republikflüchtlingen. Auf diese Weise hat die Stasi zahlreiche IMs angeworben. Es wäre immerhin möglich, dass Lutz Riemann das Erpressungspotenzial zu spüren bekam. Ein unerfreuliches Thema, über das in der Familie nicht viel gesprochen wird. Erkennbare negative Auswirkungen auf die Karriere des Schauspielers gibt es nicht.

Verbotene Lieder

Zunächst scheint auch bei Roger Nastoll alles seinen sozialistischen Gang zu nehmen. Seine »gesellschaftliche Entwicklung«, wie es im DDR-Jargon heißt, verläuft positiv. Er ist Mitglied der FDJ und des FDGB, das Nationale Aufbauwerk NAW verleiht ihm die »Aufbaunadel« für freiwillige Maurerarbeiten im Dienste des Sozialismus. Der Direktor der »Friedrich-Schiller-Universität/Arbeiter- und Bauernfakultät Jena« bescheinigt ihm am 21. Januar 1963: »Seine Einstellung zu politischen Problemen unserer Entwicklung ist positiv.« Roger Nastoll ist also ein vorbildlicher Bürger wie aus dem marxistisch-leninistischen Lehrbuch. Vor dem Hintergrund seines Lebenslaufes hätte die sozialistische Gesellschaft allen Grund gehabt, auf ihren Bürger

14 Bundesarchiv, Abteilung Militärarchiv, Militärische Unterlagen, http://www.bundesarchiv.de/DE/Content/Artikel/Benutzen/Hinweise-zur-Benutzung/benutzen-hinweise-militaerische-unterlagen.html [20. 3. 2019].

stolz zu sein – könnte man meinen. Wäre da nicht seine Neigung zur Kunst. Roger ist ein Schreibtalent, ist musikalisch und spielt Gitarre.

Im Februar 1967, noch nicht ganz 23 Jahre alt, erlebt er in Jena die erste Konfrontation mit der Staatsmacht. Der Anlass ist vergleichsweise läppisch. Roger zecht mit Kommilitonen in einer Kneipe, spielt Gitarre und singt Lieder. Sind auch Biermann-Lieder dabei? Wer könnte das heute noch sagen? Bierselig sind die jungen Männer, sechs bis acht mögen es sein, als sie die Kneipe verlassen. Einer von ihnen entdeckt in einer dunklen Seitenstraße ein Taxi, das im Begriff ist, Fahrgäste aussteigen zu lassen. Breitbeinig, angeberisch versperrt der betrunkene Bursche dem Fahrer den Weg, andere tun es ihm gleich, umringen das Auto. Roger Nastoll hält sich abseits, tritt, wie das Protokoll der Volkspolizei später offiziell festhält, sogar einige Meter zurück. Auch er ist stark angetrunken, aber so viel begreift er noch, dass er hier Abstand halten muss. Er will mit dem aggressiven Verhalten der Kumpel nichts zu tun haben. Mittlerweile hat der Taxifahrer das Fenster heruntergeleiert und beschwert sich, er will weiterfahren. Einer der Burschen langt ins Auto und versetzt ihm eine Ohrfeige. Der Taxifahrer ist ein kräftiger Typ, er kann selbst gut hinlangen. Furchtlos steigt er aus, um sich den unverschämten Angreifer zur Brust zu nehmen, doch gegen fünf oder sechs Leute hat er keine Chance, er geht zu Boden und wird dabei verletzt. Der Tumult löst sich auf, die jungen Leute stieben davon, der Taxifahrer muss sich ärztlich behandeln lassen und erstattet Anzeige. Roger Nastoll ist zwar Zeuge der Szene, aber gewiss kein Täter. Die Stasi ficht das nicht an. Wie alle Institutionen in der DDR ist auch die Volkspolizei durchsetzt von Stasi-Spitzeln, faktisch ist die Volkspolizei ein ausführendes Organ der Staatssicherheit. Als Sohn eines Republikflüchtlings ist Roger Nastoll ohnehin im Visier der »Firma«, der Vorfall kommt wie gerufen, um einen neuen Hebel anzusetzen. Hatte der junge Student nicht seine Gitarre dabei? Hatte er nicht staatsfeindliche Lieder gesungen? Der Kneipenwirt erinnert sich an einen »nicht sehr großen«, der mit Spitznamen »Roschee« gerufen wird.

> Volkspolizeikreisamt Jena, Protokoll vom 23. 2. 1967:
> »Bei dem Roschee handelt es sich um den Gitarrenspieler welcher auch heute bzw. gestern mit der Gitarre hier war und vom ihm (Wirt) noch einen Strick für die Gitarre erhalten hat. Er wollte die Gitarre umhängen. Es handelt sich dabei um einen hellen Strick [...] Der Wirt erklärte weiter, daß diese Truppe laufend aus der Rolle fällt, sie singen Lieder welche bei uns nicht mehr erlaubt sind, sie unterhalten sich vom ›Abhauen‹, tanzen auf den Tischen und belästigen die Gäste.«

Den Tatvorwurf der Körperverletzung kann die Stasi beim besten Willen nicht aufrechterhalten, wohl aber den der »fortgesetzten Staatsverleumdung«:

> Schreiben der Staatsanwaltschaft des Kreises JENA-Stadt vom 24. 2. 1967:
> »Des Weiteren hat der Beschuldigte seit etwa 2 ½ Jahren bis mindestens September 1966 fortgesetzt Staatsverleumdung begangen. Er trat als Anführer einer Gruppe Studenten auf, die in der Gaststätte Wilhelmshöhe und in der Gaststätte Geleitshaus Lieder mit politisch diskriminierendem, verleumderischem Inhalt sangen. Der Text richtete sich gegen den Arbeiter- und Bauern-Staat, den Vorsitzenden des Staatsrats Walter Ulbricht, gegen die Partei der Arbeiterklasse, die NVA, die Grenzsicherungsmaßnahmen und die sozialistische Umgestaltung der Landwirtschaft. In den Liedern wurde der Text so dargestellt, daß in den sozialistischen Staaten alles schlecht und in Westdeutschland alles gut ist. Unter anderem wurden auch Adenauer und Erhard verherrlicht. [...]
> Zu einer weiteren Melodie wurde folgender Text gesungen: ›Machorka her, Machorka her, sonst schaffen wir die Norm nicht mehr!‹ – ›Rhabarbersaft, Rhabarbersaft, schon haben wir die Norm geschafft.‹ [...] In diesem oder einem anderen Lied wird

aufgefordert [...] die ›Mauer‹ in Berlin zu stürmen und die Funktionäre aus der SED zu schmeißen. Die Gruppe um Nastoll beging dieses Treiben mindestens seit zwei Jahren [...] Der Beschuldigte Nastoll trat bei diesen staatsverleumderischen Handlungen besonders innerhalb der Gruppierung hervor, indem er mit seiner Gitarre die Melodien spielte und am lautstärksten sang.«[15]

Unter dem Vorwand, Beweismaterial zu suchen, filzt die Stasi Roger Nastolls Wohnung und beschlagnahmt

»1 Kommersbuch, 1 Notizbuch, 1 Tagebuch, 1 Kalender 60/61, 1 Paket Briefe, 1 Schreibmappe (Briefe), 1 Preistafel, 1 Campingbeutel.«[16]

»Beredter Ausdruck der feindlichen Einstellung des Nastoll sind die Aufzeichnungen in seinem Tagebuch, welches bei der Hausdurchsuchung beschlagnahmt wurde. Hier legt er seinen Standpunkt dar, daß es in der DDR keine Freiheit gibt und daß alle diejenigen, die der sozialistischen Entwicklung in der DDR tatenlos zusehen, Verbrecher und Zuhälter der Grausamkeit sind [...] Die Kinder würden einmal mit Verachtung und Abscheu über das Mitläuferdasein ihrer Eltern sprechen.«[17]

Diese »Verbrechen«, heißt es in der Anklageschrift,

»sind von außerordentlich hoher Gesellschaftsgefährlichkeit«.[18]

15 BStU, Haftsache, Der Staatsanwalt des Bezirkes/Kreises, Strafsache des Stadtkreises Jena, 16. 8. 1967.

16 BStU, Durchsuchungs- und Beschlagnahmeprotokoll vom 23. 2. 1967.

17 BStU, Haftsache, Der Staatsanwalt des Bezirkes/Kreises, Strafsache des Stadtkreises Jena, 16. 8. 1967.

18 BStU, Anklage, Staatsanwalt des Kreises JENA-Stadt, Aktenzeichen K IA 53/67 – J –, Kreisgericht Jena-Stadt, Strafkammer, 25. Mai 1967.

Roger Nastoll ist damit nun ein »Staatsverleumder«, ein »Feind der Arbeiterklasse«; das Kreisgericht Jena-Stadt nimmt die Einschätzung der Staatsanwaltschaft sehr ernst und erlässt Haftbefehl.

Das Vorgehen der Stasi kommt für Roger Nastoll zu einem denkbar ungünstigen Zeitpunkt. Bei seiner Verhaftung steht er kurz vor dem Abschluss seines Staatsexamens. Auch privat ist er im Leben angekommen. Seit rund zwei Jahren ist er glücklich mit Hannelore verheiratet, einer Lehrerin, die beiden haben zwei Kinder, Thomas und Christoph. Doch die Stasi kennt kein Pardon. Auch Hannelore wird bei einer Vernehmung am 28. April 1967 unter Druck gesetzt, lässt sich aber nicht einschüchtern:

»Frage:
Wie hat sich Ihr Ehemann gesellschaftspolitisch betätigt?

Antwort:
Seit 1964 arbeitet er bei der FDJ-Studentenbühne der Uni Jena mit. Diese Bühne befaßt sich vorwiegend mit Gegenwartsstücken. Im Jahre 1965 im Mai, als ich selbst noch Mitglied dieser Bühne war, führten wir in Warschau und noch verschiedenen anderen polnischen Städten eine Brecht-Inszenierung auf. Ich kann sagen, daß sich mein Ehemann mir gegenüber und auch bei anderem Zusammensein, nie abfällig gegenüber unserem Staat geäußert hat.

Frage:
Welche Lieder spielte Ihr Ehemann auf der Gitarre?

Antwort:
Mein Ehemann spielte vorwiegend alte Stimmungslieder, wo mir die Texte nicht genau bekannt sind. Er spielte auch viel Lieder von Tucholsky. In meinem Beisein wurden von ihm keine Lieder mit staatsverleumdendem Inhalt abgespielt.

Roger Nastoll, Mitte der 1980er-Jahre
Foto: privat, mit freundlicher Genehmigung von Thomas Nastoll

Frage:
Welche Verbindung haben Sie oder Ihr Ehemann nach Westdeutschland, und wie schätzen Sie diese ein?

Antwort:
Sein Vater lebt in Westdeutschland seit 1956. Mein Ehemann hat zu diesem keine briefliche Verbindung mehr. Ich selbst schreibe noch ab und zu an seinen Vater und bekomme auch Post von ihm. Er schickt auch Südfrüchte und Hautpflegemittel für die Kinder. Mein Ehemann war bisher immer dagegen, daß ich die Verbindung zu seinem Vater aufrechterhalte. Ich tue dies vorwiegend der Kinder wegen. Weitere Verbindungen bestehen nicht.«[19]

19 BStU, Vernehmungsprotokoll Hannelore Nastoll, 28. April 1967.

Unverrückbar steht Hannelore an der Seite ihres Mannes. Die Stasi hat nichts in der Hand. Trotzdem ist das Urteil hart: ein Jahr und neun Monate Gefängnis für Roger Nastoll wegen angeblicher Staatsverleumdung (Urteil vom 17. 7. 1967). Roger Nastoll, nach DDR-Lesart nun ein Krimineller, ist in Wahrheit ein politischer Gefangener, der von seinem Recht auf freie Meinungsäußerung Gebrauch machen will. Acht Monate muss er absitzen. Als er freikommt, ist er ein gebrochener Mann. Das Leben der jungen Familie gerät aus den Fugen. Rogers langer Weg aus schwierigen Verhältnissen hin zu einer geordneten Existenz im Sozialismus führt ins Nichts. Statt Lehrer zu werden, arbeitet er als Sachbearbeiter für Dokumentation beim VEB Relaistechnik Ilmenau. Ein schweres Los für einen Mann mit seinem Potenzial und seinen künstlerischen Ambitionen. Von jetzt an wird die Stasi-Krake ihn umklammern und den Griff bis zum Ende seines Lebens nicht mehr lockern. Sie wird das Leben und das Bewusstsein von Roger Nastoll bis in den letzten Winkel durchleuchten, sie wird seine Schwächen ermitteln, seine Selbstzweifel, seine seelischen Wunden. Dabei hat die Stasi nur ein Ziel: die »Zersetzung« eines unschuldigen Menschen, dessen größter Wunsch es ist, Schriftsteller zu werden.

Bühnenball und Bratkartoffeln

»Wo haben sich deine Eltern eigentlich kennengelernt?«, fragt mein Imperialist.

»Also, nach allem, was ich weiß, auf dem Meininger Bühnenball. Das war eine Bratkartoffelbekanntschaft … unter anderem.«

»Bitte?«

»Bratkartoffeln! Die bei Gips-Oma schmeckten wohl besonders gut …«

Das hübsche Meiningen heute

Meiningen schmiegte sich an die Ausläufer des Thüringer Waldes. Hinter der westlichen Hangseite, dort wo die Sonne bisweilen spektakulär unterging, lagen der hessische und der bayerische Teil der Rhön. Ich wusste, wenn man mit dem Auto aus Meiningen heraus und eine ganz bestimmte Straße entlangfuhr, dann erreichte man das Grenzgebiet. Würzburg und Fulda waren nur siebzig Kilometer entfernt. Wir lebten mit dem Klassenfeind in der Nachbarschaft, ohne dass ich je eine Bedrohung empfand. Friedliche Koexistenz sozusagen.

»Haben dir deine Eltern gesagt: Da hinten ist der Feind? Hat man dir Angst gemacht?«

»Nein. Daran kann ich mich nicht erinnern. Du meinst Angst nach dem Motto: Da drüben sitzen die Bösen und hauen dir den

Kopf ab, wenn du hinfährst? Oder nach dem Motto: Die Kriegstreiber wollen unseren Schutzwall stürmen? So etwas hat mir keiner gesagt.«

In Meiningen zu wohnen war in der DDR durchaus ein Privileg. Während in weiten Teilen der Republik marode Bausubstanz bröselte, verbreiteten die Fachwerkhäuser in der Meininger Innenstadt Charme. Möglicherweise lag es daran, dass in Meiningen nach dem Krieg viele Häuser in Privatbesitz geblieben waren. So hatten die Eigentümer Interesse und Freude daran, ihr Heim wenigstens einigermaßen in Schuss zu halten, soweit es der Mangel an Baustoffen und Werkzeugen zuließ. Mit dem Wenigen, was er hatte, konnte der DDR-Bürger durchaus fantasievoll zu Werke gehen. In den 1970er-Jahren kamen am Stadtrand neue Eigenheime hinzu, überwiegend Doppelhäuser, die sich Ärzte und Angehörige der »Intelligenz« offenbar leisten konnten. Ich erinnere mich noch an den freien Blick vom Panoramaweg über die Thüringer Berge mit dem dichten Waldbestand. Als Kind bin ich mit meinen Eltern oft dort spazieren gegangen. Oder ich begleitete meine Freundin Anka, wenn sie ihren Schäferhund auf einer Wiese ausführte, die wir »Alm« nannten. Dann begannen die Bauarbeiten. Kräne ersetzten Bäume, und mehr und mehr Wald wurde für die Errichtung der Doppelhäuser gerodet.

»Da habt ihr gewohnt?«

»Nicht in einem Neubau, nein, wir wohnten in einer Villengegend, Anfang 1900, gutbürgerlich, ziemlich schmucke Kästen. Einer davon stand in der Berliner Straße 36 und gehörte meiner Oma …«

»Der Gips-Oma …«

»Ganz genau …«

Meine Großmutter: Ursula Hertwig, geborene Steinbrück. Als sie sich ein Bein brach, verpassten wir Kinder ihr den Spitznamen »Gips-Oma«. Sie war nach dem Krieg Eigentümerin des Hauses geblieben; sie wurde nicht enteignet, konnte allerdings ohne Zustimmung des Amts für Wohnungswesen keine Entscheidungen darüber treffen. Die unteren Stockwerke vergab das Amt an fremde Familien. Immerhin durfte meine Großmutter mehr oder weniger mietfrei im Dachgeschoss wohnen, zwei kleine Zimmer, Küche, Bad. Nach dem Tod ihres Mannes im Jahr 1958 lebte sie dort oben zunächst allein mit ihrer Tochter. Gips-Oma arbeitete in der Werbeabteilung des Meininger Theaters, als mein Vater 1965 dort sein erstes Engagement erhielt. Vermutlich auf einem Bühnenball lernten sich meine Eltern kennen. Bühnenbälle waren in Meiningen ein Großereignis und Karten entsprechend heiß begehrt. Das machte Gips-Oma zu einer mächtigen Persönlichkeit. Wer auf den Bühnenball wollte, kam an ihr und der Werbeabteilung nicht vorbei. Sie unternahm zudem ausgedehnte Werbetouren ins Meininger Umland. In Sonneberg und Suhl streunte meine Großmutter durch die Betriebe, um den Arbeitern Kultur schmackhaft zu machen. Die Teilhabe der Arbeiterklasse an kulturellen Ereignissen war ein wichtiger Baustein der SED-Politik. Die »Werktätigen« sollten über das Theater oder die Literatur zu einer positiven sozialistischen Weltanschauung gelangen. Die Preise für Eintrittskarten oder Bücher waren daher besonders niedrig. Die arbeitende Bevölkerung hatte gewissermaßen ein »Anrecht« auf kulturelle Erziehung. Gips-Oma ging bei ihren Werbetouren sehr geschickt und behutsam vor. Sie wurde alle Theaterkarten los, und manch bildungsferner Handwerker fand sich zu seiner eigenen Überraschung – und nicht selten zum ersten Mal in seinem Leben – in der Loge des Meininger Theaters wieder.

Bald schon war mein Vater ständiger Besucher im Dachgeschoss der Gips-Oma, in erster Linie, um in der Nähe seiner neuen, hübschen Freundin zu sein; beinahe ebenso attraktiv fand er allerdings, dass bei Hertwigs üppige Mahlzeiten serviert wurden. Ich erinnere mich, dass mein Vater seine Frau auch in späteren Jahren als »Bratkartoffelbe-

Das Meininger Theater heute

kanntschaft« bezeichnete. Im Dachgeschoss aß sich der große, kräftige, aber noch immer recht hagere Mann satt. Ich nehme an, diese regelmäßigen Speisungen mit Bratkartoffeln und Speck waren die Grundlage für die später entwickelte mächtige Statur. Dank seines Körperbaus erkannten Regisseure in ihm schnell den »proletarischen Typ« und boten ihm entsprechende Rollen an. Noch aber war es nicht so weit. Als mein Vater 1965 sein bisheriges Gästezimmer nahe dem Bahnhof räumte und endgültig zu den beiden Frauen ins Dachgeschoß zog, war mein Bruder bereits »unterwegs«, wie man so schön sagt, und zwar zum Leidwesen von Gips-Oma, der geordnete Verhältnisse lieber gewesen wären. Sie bestand auf einer Heirat, »damit das Kind auch einen Namen hat«, und verlegte – insbesondere gegenüber der Westverwandtschaft – das Geburtsdatum meines Bruders auf einen späteren Zeitpunkt.

»Also, der Sex hatte offiziell nach der Hochzeit stattgefunden?«

»Genau. Dabei hatten sie ihr Techtelmechtel, bevor sie verheiratet waren, logo. Mein Bruder ist ganz sicher nicht im Haus meiner Oma entstanden. Jedenfalls kamen die ganzen Geschenke aus dem Westen, die Strampelanzüge und so weiter, viel zu spät, da war mein Bruder bereits ein halbes Jahr alt. Gips-Oma verlegte das Geburtsdatum nach hinten und verbreitete dann die frohe Kunde. Das war dumm von ihr. Denn natürlich erwartete die Verwandtschaft die Rückmeldung, dass alles gut angekommen war, was man da geschickt hatte. Meine Mutter bedankte sich, sie schrieb aber auch wahrheitsgemäß, dass das Kind schon früher geboren worden war, und in die Klamotten leider nicht mehr reinpasste. Das ging natürlich voll nach hinten los.«

Die Verwandtschaft war nach Erhalt der Dankesschreiben meiner Mutter, und damit nun in Kenntnis der wahren chronologisch-biologischen Abläufe, verständlicherweise geknickt. Zwei Jahre darauf kam immerhin ich in den Genuss, die für meinen Bruder bestimmte Wäsche aufzutragen.

Schlaraffenland

»Warum«, fragt mein Imperialist, »magst du eigentlich keine Bananen? Da waren doch alle Ossis ganz scharf drauf ...«

»Es gab ja immer genügend anderes Obst.«

»Aber nicht in der DDR.«

»Bei uns schon.«

Im hübschen Meiningen zu wohnen, mit seinen hell verputzten Fachwerkfassaden und gepflegten Vorgärten, war nicht das einzige Privileg, dessen ich mich erfreuen durfte. Auch unser riesiger Obstgarten gehörte dazu. Begriffe wie »Versorgungsengpässe« oder »Mangelwirtschaft« im Bereich von Nahrungsmitteln ließen mich ratlos zurück. Mein Vater hatte den Mangel während des Krieges und in der unmittelbaren Nachkriegszeit am eigenen Leib erfahren. Schon als Kind wusste er, was Hunger bedeutete. Er gab sich alle Mühe, mir mit zahlreichen Beispielen vor Augen zu führen, dass es auch im Hier und Jetzt Menschen gab, die nicht genügend zu essen hatten. Sogar in der DDR. Allerdings war es etwas schwierig, mir diese Problematik klarzumachen. Denn wir hatten ja diesen riesigen Garten, wo einfach alles wuchs, was das Herz begehrte. Ich entwickelte ein natürliches Gefühl dafür, dass bestimmte Obst- und Gemüsesorten nur zu bestimmten Jahreszeiten wuchsen. Es gab eben keine frischen Erdbeeren im Dezember, und das war auch okay so. Die erdbeerenfreie Zeit im Winter war in meinen Augen keine des Mangels, sondern etwas Normales und Erstrebenswertes oder besser: Natürliches. Im Frühling verwandelte sich die Wäschewiese in eine Mischung aus Regenwald und Savanne. In einen mannshohen Busch, innen hohl, konnte man wie in eine Höhle hineinkriechen. In wild wucherndem Gestrüpp übten wir das Heranschleichen nach Art der Indianer, so wie wir es aus den Filmen mit Gojko Mitić kannten, dem Winnetou des Ostens. Als das Haus gebaut und der Garten ursprünglich angelegt wurde, stand bei den Bauherren der Gedanke der Selbstversorgung im Mittelpunkt. Ein halbes Jahrhundert später profitierte meine Familie davon. An Dutzenden Obstbäumen gediehen Äpfel, Birnen, Pflaumen und knackige Süßkirschen. Johannis- und Stachelbeerfelder, Tomaten-, Kartoffel- und Kräuterbeete machten aus dem Garten ein Schlaraffenland.

»Kollektiv Riemann im Ernteeinsatz, nach dem Motto: Ohne Gott und Sonnenschein bringen wir die Ernte ein«?

»Sonne hatten wir auch. Bei uns ging sie ja schließlich auf! Aber es stimmt schon: Manchmal konnten wir die Ernte kaum bewältigen. Die ganze Familie war rund ums Jahr in irgendeiner Form damit beschäftigt. Was übrig blieb, wurde in der Nachbarschaft verteilt und in Weckgläsern für die Winterzeit eingekocht. Gips-Oma machte Johannisbeeren-Gelee, sie hatte rote und schwarze Johannisbeeren. Die Stachelbeeren wurden verarbeitet, es gab Apfelgelee, Apfel-, Birnen- und Kirschkompott, alles wurde eingeweckt. Damit bist du über den Winter gekommen. Dieser Garten hat so viel abgeworfen – was du in einem Jahr einwecken konntest, das hattest du im nächsten Jahr noch nicht aufgegessen. Deshalb wurde an die Einweckgläser immer das Erntejahr angeklebt. Wir haben alle geholfen, bestimmte Dinge haben wir ja auch gern gemacht … auf den Baum klettern und Kirschen ernten … Kirschen dabei mampfen … sogar ich Obstmuffel habe Gefallen daran gefunden.«

Mit anderen Worten: Während viele DDR-Bürger für frisches Obst, Gemüse oder Kompott stundenlang Schlange stehen mussten, gingen wir einfach zum Pflücken in unseren Tropen-Dschungel. Das Einzige, das auch in unserem kleinen Paradies nicht wuchs, waren Südfrüchte wie Apfelsinen und Zitronen. Und Bananen Gott sei Dank auch nicht. Die konnte ich noch nie leiden.

Klassenkampf im Dachgeschoss

»Die Gips-Oma mit Tochter, Schwiegersohn und zwei Kindern im Dachgeschoss, das klingt nach Zeitbombe«, sagt mein Imperialist.

»Es hat ja auch öfter geknallt. Mein Vater und Gips-Oma, zwei Alpha-Tiere auf engem Raum …«

Wir Kinder lebten und schliefen gemeinsam mit den Eltern in einem Zimmer, nur Gips-Oma hatte ihr eigenes Reich und damit als Einzige etwas Privatsphäre. Zu fünft teilten wir uns Wohnzimmer, Küche und Bad. Auch für mich kleines Mädchen waren die Spannungen unter den Erwachsenen deutlich spürbar. Schon der Küchendienst war nicht einfach zu regeln. Reihum, so war es vereinbart, sollte jeder in Wochenschichten die Mahlzeiten zubereiten. Gips-Oma drückte sich, wann immer möglich. War die Reihe an ihr, bemühte sie sich nach Kräften, das Essen zu versalzen, und so brauchte sie bald ihre Kochkünste nicht weiter zu demonstrieren. Auch beim Nachtisch wusste die resolute Dame ihre Interessen zu vertreten. Hatte sie Apfelsinen ergattert, »Südfrüchte«, wie der Ossi sagt, dann verputzte sie diese allein, und zwar nicht heimlich in ihrem Zimmer, sondern demonstrativ am Küchentisch direkt vor meinen Augen. Sie setzte das Messer an, ritzte die Frucht, und sofort verbreitete sich eine Wolke des köstlichen Säure-Duftes. Kunstvoll, in Form einer Spirale, entfernte sie die Schale und entfaltete die Orange. Fleischig, saftig, verlockend, so lag sie vor mir. Nun durfte ich zusehen, wie Gips-Oma, nachdem sie auch noch den Rest der weißen Innenhaut sorgfältig entfernt hatte, eine Scheibe nach der anderen verspeiste. Es war eine Qual. So sehr mir auch das Wasser im Munde zusammenlief, gebettelt habe ich kein einziges Mal.

Irgendwo hatte sie in geheimen Verstecken immer etwas gehortet: DDR-»Bückware«, die sie gegen Theaterkarten tauschte, oder kostbare Produkte aus der Bundesrepublik – Seife, Zahnpasta, Nutella –, die ihr von zahlreichen Verwandten zugeschickt wurden. Dabei waren die West-Pakete keineswegs für sie allein bestimmt. Unsere Verwandten bedachten stets die ganze Familie und trugen Sorge, dass auch für uns Kinder immer etwas dabei war, was man in der DDR nicht kaufen konnte. Doch Gips-Oma gelang es beinahe jedes Mal, die Ware an uns vorbei in ihren Schrank wandern zu lassen. Diese ganz und gar unsozialistische Vereinnahmung von Westprodukten führte dazu, dass das Sortiment im Zimmer der Gips-Oma umfangreicher war

In dieser imposanten Villa in Meiningen lebte ich mit meiner Familie im Dachgeschoss.

als die Regale des Meininger Konsum-Ladens. Mit dem, was sie nicht selbst verbrauchen konnte, trieb sie regen Handel, sogar innerhalb der Familie.

»Herzallerliebst, diese Gips-Oma, die möchte man unbedingt in der WG haben …«

»Viel hätte nicht gefehlt, und man hätte sich den Schädel eingeschlagen. Es gab auch Handgreiflichkeiten. Einmal z. B. war die andere Oma, die See-Oma, zu Besuch. Wie ich dann mitbekam, berechnete Gips-Oma doch tatsächlich den Frühstückstee für meine See-Oma pro Beutel mit 10 Pfennig.«

»See-Oma«, so nannten mein Bruder und ich die Mutter meines Vaters. Wir freuten uns wie Bolle, wenn sie uns besuchte. Sie wohnte in Lubmin. Der Weg von der Ostsee herunter nach Thüringen war zu DDR-Zeiten eine kleine Weltreise. Deshalb kam die »See-Oma« nicht mal eben nur für ein Wochenende vorbei, sondern blieb einige Zeit. Dann wohnten sechs Personen in der kleinen Dachgeschosswohnung, und das Zusammenleben wurde noch komplizierter. Alle bemühten sich um friedliche Koexistenz. Alle außer Gips-Oma. Sie bestand auf ihren Rechten und Ritualen. Dazu gehörte, dass sie morgens immer die Erste im Badezimmer war. Das war ein ungeschriebenes Gesetz. Auch am Wochenende stand sie früh vor allen anderen auf.

Doch dieses Mal war die »See-Oma« zu Besuch, und wir Kinder konnten vor Aufregung nicht schlafen. In aller Herrgottsfrühe waren wir putzmunter und drängten die »See-Oma«, mit uns zu spielen. Die jedoch zögerte. Sie wusste um das Badezimmerritual und wollte sich keinen Ärger einhandeln. Ich ließ nicht ab. Meine Lieblingsoma war so selten da, das wollte ich ausnutzen. Ich kitzelte sie, zog und zupfte an ihrem Nachthemd, bis sie schließlich nachgab und verschlafen ins Bad trottete. Mein Vater war an diesem Morgen nicht zu Hause, möglicherweise arbeitete er für ein Theatergastspiel in Weimar oder war anderweitig im Einsatz. Inzwischen aufgewacht, hatte sich meine Mutter in ihre Klamotten geschmissen und auf den Weg zum Konsum gemacht, um etwas fürs Frühstück einzukaufen, Butter, Milch, noch schnell was fürs Wochenende, es war ja Samstag. Wir hörten Gips-Oma an der Badezimmertür erst ziehen, dann rütteln, schließlich poltern und schlagen. Die »See-Oma«, eine souveräne Frau, die sich so leicht nicht einschüchtern ließ, tat – nichts. Sie beendete seelenruhig ihre Morgentoilette. Durch den Türspalt beobachtete ich, wie meine Mutter, bepackt mit Einkaufstüten, an der tobenden Gips-Oma vorbei in die Küche marschierte. Sie ließ sich auf den Knien nieder, räumte wortlos die Einkäufe in den Kühlschrank. Schon stand die wütende Furie hinter ihr, schnaubend wie ein Drache. Stoisch packte meine Mutter die Einkäufe aus. Oft schon hatte ich dieses Verhalten bei ihr beobachtet. Je heftiger Menschen auf sie einredeten, desto stiller wurde sie, desto weniger reagierte sie. Ignoriert zu werden war das Letzte, was Gips-Oma vertrug. Ich rannte aus dem Schlafzimmer, orientierte mich kurz im Flur und stürzte zur Küchentür …

»… da habt ihr beiden Kinder ja einen richtigen Krieg angezettelt«, bemerkt mein Imperialist.

»Wir Kinder hatten das wirklich nicht aus böser Absicht getan …«

»Ok, jedenfalls stehst du an der Küchentür und siehst was?«

»Ich sehe, wie Gips-Oma plötzlich mit Fäusten auf meine Mutter eindrischt, die unten vor dem Kühlschrank hockt. Meine Mutter hatte mit dem Angriff nicht gerechnet und brach zusammen. Gips-Oma war ein Berserker, ordentlich bei Kräften. Darauf verflüchtigte sie sich wieder in ihr Schlafzimmer. Ich stand da wie angewurzelt.
Als mein Vater kam, war natürlich die Stimmung ziemlich angespannt. Gips-Oma kam den ganzen Tag nicht aus dem Schlafzimmer raus. Ihr war bewusst, es würde ein Donnerwetter geben, wenn mein Vater nach Hause kommt. Aber in Absprache mit meiner Mutter verzichtete er auf das Donnerwetter. Das hat Gips-Oma noch viel mehr kirre gemacht. Sie huschte nur noch durch die Wohnung, man aß auch nicht mehr zusammen. Das ging drei Tage lang. Sie bekam die Abreibung nicht in der Form, wie sie sie erwartet hatte.«

Das war nur eine von vielen Auseinandersetzungen zwischen den beiden Frauen, die ich erinnere. Die beengten Wohnverhältnisse waren Anlass, aber nicht Ursache des Problems. Der wahre Grund lag tiefer. Gips-Oma war als Angehörige einer bürgerlichen Familiendynastie nicht gerade glücklich über die eheliche Verbindung ihrer Tochter mit einem Schiffbauer. Mochte dieser auch als Schauspieler erfolgreich sein, so erschien er ihr wohl dennoch nicht standesgemäß. War ihr wieder einmal eine Laus über die Leber gelaufen, ätzte sie sogar gegenüber uns Kindern: »Mit euch kann man getrost jeder besseren Gesellschaft aus dem Weg gehen.« Die Herkunft ihres Schwiegersohnes konnte sie offenbar ebenso schwer ertragen wie dessen politische Einstellung. Klassenkampf im Dachgeschoss. Das nahm absurde Auswüchse an. Aktiv und ohne Wissen ihrer Tochter betrieb sie deren Scheidung, indem sie höchstpersönlich, wenn auch vergeblich ins Standesamt marschierte und vorsorglich Termine für die Auflösung der Ehe machte. »Deine Kinder haben einen Namen«, hörte ich sie einmal gegenüber meiner Mutter keifen, »so kannst du dich denn von dieser roten Socke auch wieder trennen.«

Ein klarer Standpunkt

> IM-Bericht XX »Richard König« vom 20. 5. 1972 über Ursula Hertwig, damals 52 Jahre alt:
> »H. nimmt den Verkehrsvertrag DDR/BRD als Anlaß zur Diskussion und leitet davon Spekulationen ab, daß sie auch einmal nach WD reisen kann, hat Guthaben bei westdeutschen Banken, die bei Notenbanken der DDR angenommen sind.«

Der Verkehrsvertrag zwischen der Bundesrepublik und der DDR regelte 1972 erstmals dauerhaft den gegenseitigen Wechsel- und Transitverkehr von Personen und Gütern auf Straßen, Schienen und Wasserwegen an Grenzübergangsstellen. Der Vertrag ermöglichte mehrmals jährlich Reisen von Bundesbürgern in die DDR auf Einladung von Verwandten oder Bekannten sowie von Institutionen oder Organisationen aus kommerziellen, kulturellen, religiösen oder sportlichen Gründen. Erstmals waren auch touristische Reisen erlaubt. Die Pkw-Benutzung wurde erleichtert, die Freigrenze für Geschenke erhöht. Erstmals konnten DDR-Bürger unabhängig von ihrem Alter in »dringenden Familienangelegenheiten« Verwandte in der Bundesrepublik besuchen – dies war bis dahin nur Rentnern möglich gewesen.[20]

Der Schauspieler Lutz Riemann hat unterdessen mit seinem Engagement am Meininger Theater das große Los gezogen. Nach dem Zweiten Weltkrieg nahm das überregional bekannte Haus als eine der ersten deutschen Bühnen den Spielbetrieb wieder auf. Gleichzeitig wurde ein festes Musiktheaterensemble aufgebaut.[21] Angeschlossen wurde zudem das Naturtheater in Steinbach-Langenbach, malerisch gelegen inmitten des Thüringer Waldes. Dort spielt das Meininger Ensemble von Mai bis September vor der beeindruckenden Kulisse von rund 3000 Zuschauern. Mit Fritz Bennewitz hat Lutz Riemann einen Regisseur an seiner Seite, der ihm große Rollen zutraut, so zum Beispiel den »Bolingbroke« in »Richard II.«, einem Königsdrama von Shakespeare, und den »Sempronio« in »Celestina« von Fernando de Rojas. Bennewitz' Inszenierung der »Celestina« wird vom zweiten Programm des DDR-Fernsehens aufgezeichnet und am 6. Februar 1971 ausgestrahlt, sodass Lutz Riemann überregional immer bekannter wird.

Auch kulturpolitisch macht er von sich reden. Schon in jungen Jahren hat er einen glasklaren »Klassenstandpunkt«, den er 1969 gegenüber der Berliner Zeitung (Ost) zum Ausdruck bringt. In einem ausführlichen Artikel über das Meininger Theater heißt es zunächst: »Das Meininger Ensemble ist ein sehr junges, sehr aufgeschlossenes und sehr diskutierfreudiges Ensemble. Christa Meier und Lutz Riemann nahmen nach dem Besuch der Schauspielschule ihr erstes Engagement in Meiningen an [...] Lutz Riemann ist ungeduldig, ihm geht vieles zu langsam.«[22] Wörtlich wird er in der Zeitung

20 Bundeszentrale für politische Bildung, Deutschland-Chronik, 26. Mai 1972, http://www.bpb.de/geschichte/zeitgeschichte/deutschland-chronik/131846/26-mai-1972 [8. 7. 2017].

21 http://www.das-meininger-theater.de/index.php?m=243&f=07_seiten&ID_Seite=117, ohne Autor [10. 7. 2017].

22 Sybille Pawel, Die Enkel der Meininger, in: Berliner Zeitung, 3. 8. 1969, S. 3.

zitiert: »Ich glaube, wir erfüllen unseren gesellschaftlichen Auftrag als Theater noch nicht in vollem Umfange. Die Methoden industrieller Leitung müssen auch auf das Theater übertragen werden. Wir brauchen eine klare Zielsetzung für unsere Arbeit, zugeschnitten auf hier und heute, auf unsere Zeit und auf unser Publikum. Gewiß gibt es schöne Erfolge. [...] Wir dürfen aber nicht selbstzufrieden bei Erreichtem stehenbleiben.«[23] »Methoden industrieller Leitung im Theater« – damit orientiert sich Lutz Riemann am »Sozialistischen Realismus« in der Kunst, wie es die SED fordert. Das heißt: Die Kunst steht am Meininger Theater erst an zweiter Stelle. Was wirklich wichtig ist, formuliert Ernst Lehmann, SED-Mitglied und Mitglied des Rates des Bezirkes für Kultur: »Seit über drei Jahrzehnten haben die Arbeiter und Bauern in unserem Land die Macht übernommen und vollziehen mit der revolutionären Entwicklung der sozialistischen Gesellschaft zugleich die sozialistische Kulturrevolution. Der Weg, den das Meininger Theater in diesen Jahren und in der Zukunft geht, ist der Weg unseres sozialistischen deutschen Staates, kämpferisch und lebendig, schön und kompliziert, vielschichtig und stabil, ein Weg, von Freunden begleitet und von Feinden verleumdet ...«[24]

Im politischen Sinne passen dazu Gastspiele, die Lutz Riemann am Deutschen Nationaltheater Weimar gibt, wo er 1970 z. B. den »Major von Tellheim« in Lessings »Minna von Barnhelm« spielt. Regie und Schauspielkunst am Weimarer Theater unterwerfen sich den kulturpolitischen Beschlüssen der SED. Sogar Klassiker werden agitatorisch und plakativ interpretiert.[25] So ist das Deutsche Nationaltheater Weimar nicht ohne Grund »Träger des Vaterländischen Verdienstordens«. »Zu DDR-Zeiten sollte das Weimarer Theater und insbesondere das Schauspiel von der sozialistischen Gesellschafts-

23 Ebenda.

24 Ernst Lehmann, Vorwort, in: Neueres von den Meiningern. Das Meininger Theater (Hrsg.), Leipzig 1978, S. 3.

25 Die Geschichte des DNT, http://www.nationaltheater-weimar.de/de/index/das_dnt/geschichte.php, Internetseite, ohne Autor [20. 3. 2019].

praxis als dem geistigen Maßstab der Menschheitsentwicklung Zeugnis ablegen.«[26]

Theaterblut

»Du warst ein Schauspielerkind; ich nehme an«, fragt mein Imperialist, »das war ganz aufregend, hinter die Kulissen zu blicken?«

»Ich fand das immer aufregend. Ich fand auch die Kantine im Meininger Theater aufregend. Weil man dann immer eine Limo bekam und eine Bockwurst. Die Schauspielerinnen kamen und guckten sich die Kinder der Kollegen an: ach, wie niedlich! Man war als Kind dort immer Mittelpunkt. Irgendwer betätschelte einen immer und umsorgte und umhegte einen. So war das auch in Weimar.«

Darsteller aus Meiningen und Weimar besuchten uns sogar zu Hause, ebenso wie der Regisseur Fritz Bennewitz, der sehr kinderlieb war und bei uns bald Onkel Bennewitz hieß. Wir konnten auf ihm reiten und ihm den »Buckel runterrutschen«. Meistens hatte er Handpuppen von Pittiplatsch und Schnatterinchen dabei, zwei Figuren, die im DDR-Fernsehen die Kinder entzückten. Damit spielte uns Onkel Bennewitz die verrücktesten Geschichten vor. Später schenkte er uns ein Puppentheater, und wir Kinder führten unsere eigenen Stücke auf. Im Naturtheater Steinbach-Langenbach sah ich meinen Vater auf der Bühne. Die Akustik dort war phänomenal. Die Freilichtbühne hatte einen natürlichen Resonanzraum, sodass die Schauspieler nicht, wie sonst üblich, ihre Stimmen erheben mussten. Auch wenn sie leise sprachen, hörte man sie mühelos sogar in der letzten oberen Reihe. Allerdings hatte die großartige Akustik auch für die Zuschauer Konsequenzen.

26 Zitiert nach ebenda.

Jeder Ausdruck des Erstaunens, jedes ins Ohr des Nachbarn getuschelte Wort war im gesamten Theaterraum vernehmbar. Da war Disziplin gefragt, um die Schauspieler nicht aus der Rolle zu bringen.

Ich hatte lange Mühe, den Schauspieler vom Vater zu trennen. In der Fernsehserie »Die Leute von Züderow« spielte er einen Volkspolizisten, der von einem Auto angefahren und schwer verletzt wird und schließlich stirbt. Ein Szenenfoto, das von einem Standfotografen am Drehort aufgenommen worden war, zeigte in Nahaufnahme seinen Kopf, aus dem das Theaterblut herausfloss. Als ich ihn da so leidend im Schnee liegen sah, nahm mich das ziemlich mit.

> »Und was hast du gefühlt, wenn er als Schauspieler andere Frauen küsste als deine Mutter?«
>
> »Ich war dann wahnsinnig eifersüchtig und nur schwer davon zu überzeugen, dass es sich jetzt gerade um eine Filmrolle handelte und nicht um meinen Vater. Anschließend musste ich immer zu ihm gehen und ihn umarmen und drücken. Ich hatte den Wunsch, ihm zu versichern, dass er zu uns, zu mir gehört … dass er mein Papa ist. Dann sagte er: ›Du bist meine liebste Tochter, aber ob du die einzige bist, weiß ich nicht.‹ Diesen Satz sagte er schon, als wir noch in Meiningen wohnten. Zu diesem Zeitpunkt gab es meine Halbschwester ja noch gar nicht. Das war ein vorausschauender Satz von ihm. Ich habe darüber schon als Kind nachgegrübelt. Die Tragweite war mir natürlich nicht klar. Ich wusste nicht, was alles dazugehört, damit man nicht die einzige Tochter sein konnte …«

Das Podium Suhl und die Operation »Literat«

Im Frühling 1973 beschließen einige junge DDR-Künstler, sich von nun an häufiger zu treffen. Zunächst ist es nur eine Handvoll Leute, allen voran die Schriftsteller Michael Wolfram und Roger Nastoll, die sich in Suhl, am Südhang des Thüringer Waldes gelegen, zusammenfindet. Das soll sich ändern. Schon bald reichen private Räume für ihre Versammlungen nicht mehr aus, regelmäßig trifft man sich nun auch in Gaststätten und zusätzlich im »Klub der Kulturschaffenden«, benannt nach »Johannes R. Becher«, dem Verfasser des Textes der DDR-Nationalhymne.

Der Begriff »Kulturschaffender« wurde bereits im Nationalsozialismus verwendet. Die DDR hat sich dieser Formulierung anstelle der des »Künstlers« gern bedient. Diktaturen haben etwas gegen Künstler. Das Wort verursacht ihnen Unbehagen. Künstler beanspruchen für sich Unabhängigkeit, Meinungsfreiheit und das Recht, ohne Rücksicht auf gesellschaftliche Zwänge oder Erwartungen schöpferisch tätig zu sein. Natürlich konnte die DDR einen solchen Anspruch nicht dulden. Ebenso wie die Nationalsozialisten und die sowjetischen Kommunisten unterschied sie zwischen »schädlicher« und »wertvoller« Kunst. Das Wort Künstler wurde konsequent vermieden und weitgehend ersetzt durch den Begriff »Kulturschaffender«; damit rückte man Künstler begrifflich in die Nähe der Arbeiterklasse. Wie Bauarbeiter, Bäcker oder Kfz-Mechaniker hatten Kulturschaffende politische, gesellschaftliche Aufgaben zu übernehmen, und zwar im Sinne und zugunsten des sozialistischen Systems. Vollkommen realitätsfern unternahm die SED sogar den Versuch, den »Künstler« quasi zu ersetzen durch den Kunst schaffenden Arbeiter. Die Entfremdung zwischen Künstler und Volk, wie es in der SED-Sprache hieß, sollte überwunden und damit Arbeiter, Bauern und Künstler gleichsam miteinander verschmolzen werden. Die Kunst selbst, egal welcher Richtung, hatte sich nach dem Willen der Machthaber am »Sozialistischen Realismus« zu orientieren. So sollte sich beispielsweise ein Maler nicht etwa von ästhetischen Empfindungen oder, noch schlimmer, von seiner Fantasie leiten lassen, sondern von der Realität der Arbeitswelt. Im Klartext: Der Maler sollte Fabriken, Schlote, Baukräne oder Schweißerarbeiten darstellen. Pablo Picasso, wäre er DDR-Bürger gewesen, hätte schlechte Karten gehabt. Ausgerechnet Picasso, Kommunist und Schöpfer der Friedenstaube, die auf keinem Fähnchen eines Jungpioniers fehlen durfte, war tabu. Laut SED-Kunstauffassung war Picasso vielleicht ein guter Mensch, aber in jedem Fall ein »negativer« Künstler. Kein Wunder, dass die Einheitssozialisten Künstler »in die Produktion« schicken wollten, damit diese sich bei ihren Werken von der Realität inspirieren ließen.

Symbolisch deutlich wurde dieser Versuch im »Bitterfelder Weg«, benannt nach einer Autorenkonferenz, die 1959 in Bitterfeld veranstaltet wurde. Mit kruden Begriffen wie »sozialistische Kulturpolitik« oder »sozialistische Nationalkultur« sollten die Arbeiter und Bauern in die Pflicht genommen werden. Wäre doch gelacht, wenn man sich aus denen keine Kunstschaffenden basteln konnte. Walter Ulbricht formulierte diesen Anspruch 1958 auf dem fünften Parteitag der SED so: »In Staat und Wirtschaft ist die Arbeiterklasse der DDR bereits Herr. Jetzt muss sie auch die Höhen der Kultur stürmen und von ihnen Besitz ergreifen.«[27] Und Kurt Hager, der als SED-Chefideologe in die Geschichte einging, schwelgte: »Der Sozialismus gibt allen kulturell-künstlerischen Talenten des Volkes die Möglichkeit, sich entsprechend ihren Neigungen und Interessen zu betätigen.«[28] Wenngleich es zu einem Aufschwung der Laienkunst kam, musste die SED bald einsehen, dass sie die Arbeiter und Bauern in künstlerischer Hinsicht wohl etwas überschätzt hatte und dass es zwischen dem Pflügen eines Ackers und der Niederschrift eines Gedichtes eben doch Unterschiede gab. Die meisten Künstler in der DDR jedenfalls wollten sich für die SED-Parteipropaganda nicht instrumentalisieren lassen.

Die jungen Künstler, die sich nun in Suhl immer häufiger treffen, betrachten sich selbst nicht als Gegner des Systems, geschweige denn als Feinde der DDR, aber durchaus, im konstruktiven Sinne, als Oppositionelle im Rahmen des sozialistischen Systems. Daher gibt sich die Gruppe anfangs den Namen »Anti«. Sie wollen Künstler sein,

27 Walter Ulbricht, Protokoll der Verhandlungen des V. Parteitages der SED, Berlin (Ost) 1958, S. 139.

28 Kurt Hager auf dem 6. Plenum zu Fragen der Kulturpolitik, zitiert nach: Neue Zeit, 31. 8. 1972, S. 4.

sich weiterentwickeln. Sie wissen: Zur Entwicklung gehört der Disput. Offen und zwanglos wollen sie ihre Werke einander vorstellen und darüber diskutieren, losgelöst von kulturellen, oktroyierten Institutionen der SED. Vor allem Schriftsteller sind es, die sich da treffen, aber auch Künstler aus den Bereichen der Malerei, der Musik, des Theaters und des Films. Keineswegs ist es so, dass sie sich auf ihren Versammlungen dauernd gegenseitig auf die Schultern klopfen und sich loben. Bisweilen geht es hart her. Gegenseitige Kritik an ihren Werken ist ausdrücklich erwünscht. Dass es im Rahmen derartiger Diskussionen auch Kritik an den gesellschaftlichen Verhältnissen in der DDR gibt, ist selbstverständlich. So dauert es nicht lange, bis das »Podium Suhl«, so nennt sich die Gruppe mittlerweile, in den Fokus der Staatssicherheit gerät. Ein »Inoffizieller Mitarbeiter« (IM) mit dem Decknamen »Heinz Falk« bekommt als Erster Wind von den Künstlertreffen und informiert einen gewissen Oberleutnant Schilling von der Abteilung XX/7, die zuständig für die Bekämpfung von potenziell »negativ-feindlichen« Künstlern ist. Schilling eröffnet am 23. Mai 1973 eine sogenannte »Operativ-Vorlaufakte« (VAO) mit dem Titel »Literat«:

> »Der Vorlauf-Operativ wird wegen Verdacht der Staatsfeindlichen Hetze gemäß § 106 Abs. 1 Ziff. 1 StGB in Verbindung mit Staatsfeindlicher Gruppenbildung § 107 StGB Abs. 1 u. 2 angelegt.«

Nach einigen Monaten intensiver Bespitzelung folgt die erste Zusammenfassung:

> »Abteilung XX/7, Suhl, den 26. 12. 1973, Sachstandsbericht.
> Insgesamt ist einzuschätzen, daß die Gruppe einen relativen festen Bestand besitzt und im Sinne der staatsfeindlichen Hetze tätig sein oder werden kann [...] Die Versuche dieser Autoren ihre Arbeiten bei Verlagen der DDR unter zu bringen, scheiterten bisher. [...] Bei Veröffentlichung bzw. illegalen Weiterreichen dieser Arbeiten kann bei bestimmten Schichten und Bürgern

unserer Republik eine schädigende Wirkung auf das Bewußtsein eintreten.«

Neben der »schädigenden Wirkung auf das Bewusstsein« der DDR-Bürger gibt es noch etwas, das der Stasi ein Dorn im Auge ist: Schriftsteller hatten sich ausschließlich im »Schriftstellerverband der DDR« zu organisieren, einem der Partei hörigen Organ der SED. Treffen und Lesungen außerhalb des offiziellen Rahmens waren von vornherein verdächtig.

»Abteilung XX/7, Suhl, den 4. 1. 1974, Oberleutnant Schilling: Nachfolgende Maßnahmen und Hinweise sind in der weiteren Bearbeitung des VAO ›Literat‹ zu beachten:
Bei der Teilnahme des IMV ›Heinz Falk‹ an den Zusammenkünften der verdächtigen Personen ist zu gewährleisten, daß es keinerlei Informationsverluste gibt. Aufgrund der Spezifik und des Umfanges der dort geführten Gespräche und Diskussionen kann dem IM nicht mehr zugemutet werden, daß er das alles gedanklich verarbeiten kann bzw. bis zum nächsten Treff gedanklich speichern kann. Nach einer Konsultation [...] im Hause besteht die Möglichkeit, den IM mit entsprechender Technik auszustatten, die uns die Gewährleistung gibt, daß es zu keinerlei Informationsverlusten kommt. Der IM ist auf die Arbeit mit der Technik vorzubereiten.«

»Heinz Falk« heißt laut »Stasi-Personalakte 172/55« mit richtigem Namen Hans Schlütter.[29] Er wohnt in Zella-Mehlis unweit von Suhl,

29 Hans Schlütter, Deckname »Heinz Falk«. Personalakte 172/55. Datum der Anwerbung: 13. 12. 1954. Es liegt eine handschriftliche Verpflichtungserklärung vor: »Gotha, den 13. 12. 1954 – Verpflichtung! Ich Hans Schlütter geb. am 13. 10. 1934 in Oberschönau, wohnhaft in Zella-Mehlis [...] verpflichte mich als überzeugter Anhänger der Deutschen Demokratischen Republik die Organe des Staatssekretariats für Staatssicherheit freiwillig bei der Entlarvung von

auch Ilmenau ist nicht weit entfernt. Im nahe gelegenen Saalfeld ist Hans Schlütter laut Stasi-Akte Leiter des Zirkels »Schreibender Arbeiter«. Schlütter versucht sich auch selbst an Lyrik- und Prosatexten. Auf diese Weise verschafft er sich Zugang zum »Podium Suhl«. Außerdem schleust die Geheimpolizei zusätzliche IM in die Gruppe ein, unter anderen »Richard König« und »Peter«. Sie sollen »Heinz Falk« beim Ausspionieren der Künstler unterstützen. Besonders im Blickpunkt der Stasi: Roger Nastoll.

Suizid im Dachgeschoss

»Wie ging's im Dachgeschoss weiter? Gab's irgendwann friedliche Koexistenz?«, fragt mein Imperialist.

»Im Gegenteil. Katastrophensituation. Gips-Oma drohte immer damit, sich umzubringen. Wir Kinder haben das gar nicht mehr so ernst genommen. Wenn wir uns verabschiedeten in unsere Sommerferien – wir fuhren sechs Wochen hoch zur See-Oma an die Ostsee – dann hat Gips-Oma gesagt: ›Wenn ihr zurückkommt, dann bin ich nicht mehr da.‹ Dann haben wir Kinder immer gefragt: ›Wo bist du denn dann, Oma?‹ Aber sie schwieg

Agenten, Spionen und Saboteuren zu unterstützen. Ich bin mir bewußt, daß ich damit noch intensiver als bisher den Interessen unseres werktätigen Volkes diene. Ich verpflichte mich über meine Zusammenarbeit mit den Organen des Staatssekretariats für Staatssicherheit strengstes Stillschweigen gegenüber jedermann, gegen Dienstvorgesetzte, Behörden sowie gegen meine engsten Familienangehörigen zu wahren. Ich bin mir bewußt, daß ich bei Bruch dieser Verpflichtung gesetzlich zur Rechenschaft gezogen werde. Meine Zusammenarbeit erstreckt sich auf Mitteilung wahrheitsgetreuer Informationen die ich an die Organe der Staatssicherheit schriftlich gebe und zur Sicherung meiner eigenen Person mit dem Namen Heinz Falk unterschreibe. Ich versichere, daß ich zu den vereinbarten Zusammenkünften mit dem Vertreter der Staatssicherheit stets pünktlich erscheinen werde. Hans Schlütter Heinz Falk.«

sich aus. Wir dachten: Okay, sie wird sich dann wieder einmal das Leben genommen haben. Im Laufe des Jahres hatte sie schon ihren Besitz unter uns Kindern verteilt: ›Du bekommst meine Schreibmaschine‹, versprach sie mir. Mein Bruder und ich waren schon abgebrüht, ok, sie will sich also wieder umbringen: ›Na, Oma, dann denkste aber dran, dann kriege ich deine Schreibmaschine.‹«

Als den Drohungen keine Taten folgten und Gips-Oma nach Ablauf diverser Urlaube immer noch lebte, spielten wir die Enttäuschten. »Ach Oma«, meckerten wir bei unserer Rückkehr aus dem Urlaub, »du bist ja immer noch da. Und wir hatten uns doch so auf die Schreibmaschine gefreut!« Wir waren noch zu klein, um uns über die Bedeutung von Leben und Tod im Klaren zu sein. Meinen Eltern allerdings gingen die unerfüllten Selbstmordversprechen gehörig auf den Zeiger. Sie wären lieber heute als morgen abgehauen. Da es aber in der DDR keinen freien Wohnungsmarkt gab, war ein Umzug schwierig. In der gesamten Republik herrschte Wohnungsmangel, wenn nicht gar Wohnungsnot, da halfen auch die Bauprogramme der SED nichts. Familien mussten eben zusammenrücken. Wir schöpften Hoffnung, als im unteren Stockwerk unseres Hauses eine Wohnung frei wurde. Die war allerdings etwas zu groß für eine vierköpfige Familie. In der DDR hatten wir Anspruch auf höchstens 60 Quadratmeter Wohnfläche. Mit Charme und Überredungskunst gelang es meinem Vater, das Amt für Wohnungswesen milde zu stimmen. Man einigte sich darauf, nach dem Urlaub die Formalitäten zu erledigen. Doch wir hatten die Rechnung ohne Gips-Oma gemacht. Die nämlich rannte während unserer Abwesenheit aufs Wohnungsamt und behauptete frech, ich sei noch gar nicht geboren, folglich hätten meine Eltern nur ein einziges Kind und auch keinen Anspruch auf die Wohnung in ihrem Haus. Sie vertrat diese Lüge offenbar überzeugend. Als wir aus dem Urlaub kamen, waren jedenfalls schon andere Mieter eingezogen.

Zumindest einmal konnte sich mein Vater für derartige Gemeinheiten revanchieren. Die Geschichte, die mir erzählt wurde, geht so:

Das Grab von Gips-Oma in Meiningen

Es fing zunächst ganz harmlos an. Ich hatte mich eingepinkelt, meine Mutter suchte Windeln. Die lagerten im Schlafzimmer von Gips-Oma. Also klopfte sie an die Tür. Keine Antwort. Meine Mutter lauschte, rief, klopfte … keine Reaktion. Genervt, denn ich brüllte wie am Spieß, versuchte sie, im Badezimmer Windeln zu finden, und sah im Waschbecken ein leeres Tablettenröhrchen liegen. Alarmiert und in Panik informierte sie meinen Vater. Dieselbe Prozedur. Klopfen. Rufen. Keine Reaktion. Ich kann mir das zufriedene Grinsen im Gesicht meines Vaters gut vorstellen. Der Fall war klar: Wieder einmal machte Gips-Oma auf Selbstmord. Mit Theaterdonner – so erzählte mir meine Mutter die Geschichte später glaubhaft und anschaulich – brüllte mein Vater: »Wenn du nicht aufmachst, rufe ich Polizei und Krankenwagen!« Gips-Oma blieb stumm und rührte sich nicht. »ICH MACHE DAS … ICH RUFE DIE!« Wahrscheinlich dachte sie: Das macht er sowieso nicht. Ein folgenschwerer Irrtum. Die Tür flog samt Rahmen durch die Luft, als Rettungssanitäter das Schlafzimmer stürmten. Verzweifelt und voller Stolz spielte Gips-Oma ihre Rolle bewegungslos weiter. Natürlich hatten die Rettungssanitäter mit einem Blick erkannt, dass sie nur simulierte. Mein Vater zwinkerte den kräftigen jungen Männern freundlich zu. 1,2,3 lag Gips-Oma im Krankenwagen, auf dem Weg in die Notaufnahme. Dort genoss sie das volle Programm. Auf Simulanten sind Rettungssanitäter nicht gut zu sprechen. Gips-Oma war von Selbstmordversuchen kuriert. Das Höchstmaß an Dramatik in den Jahren danach war: Bei jedem Schnupfen sprang sie dem »Tod von der Schippe«. Meine Oma verstarb im Jahre 2005, allerdings nicht an einem Schnupfen. Sie wurde 86 Jahre alt.

Die Kämpfe der Erwachsenen berührten mich nur am Rande. Im Großen und Ganzen habe ich im Dachgeschoss eine schöne Zeit erlebt mit Kindergeburtstagen als Höhepunkte. Dann war die Bude krachend voll und Gips-Oma ausnahmsweise guter Laune. Mein Vater war schon damals für mein Empfinden selten zu Hause. Vielleicht konnte er sich bei all dem Trubel nicht auf die künstlerische Arbeit konzentrieren und lernte seine Texte woanders. Hinzu kam, dass er bei einem Autounfall ein Schleudertrauma erlitt. Seitdem hatte er chronische Rückenschmerzen und war eine Weile berufsuntauglich. Wegen immer wieder auftretender Beschwerden musste er die geliebte, aber körperlich anstrengende Arbeit am Theater reduzieren, zumindest in einem festen Ensemble. Er stand zwar noch bei Gastspielen auf der Bühne, widmete sich nun aber verstärkt der Synchronarbeit und stand bei Fernsehproduktionen vor der Kamera. Regelmäßig fuhr er nach Weimar, wo sich nicht nur das Theater, sondern auch eine Außenstelle des DEFA-Synchronstudios befand. Er übernahm große Sprechrollen in »Oh, diese Mieter!«, einer dänischen TV-Serie, die in der DDR zum Straßenfeger wurde. Auch dem französischen Schauspieler Jean Gabin lieh er seine Stimme in der DDR-Fassung des Kinofilmes »Der Tag bricht an«. Am allerschwersten für einen Sprecher ist es, lippengenau sich selbst zu synchronisieren. In der DDR war ein solcher Eigensynchron aber oft notwendig, aufgrund schlechter Aufnahmebedingungen am Drehort. Wenn nicht im Atelier, sondern an einem Originalschauplatz gedreht wurde, zum Beispiel an einer viel befahrenen Straße oder auf einem Bahnsteig, dann waren die Umgebungsgeräusche oft so störend, dass die Sprachaufnahmen der Schauspieler gar nicht zu verwenden waren. Also mussten sie im Studio ihren Text häufig nachsprechen. Auch die Parade-Disziplin »Eigensynchron« beherrschte mein Vater spielend. »Synchronpapst« nannten ihn die Kollegen, eine ehrenhafte Auszeichnung, auch in der atheistischen DDR. Ich konnte ihn oft bei seiner Arbeit beobachten. Seine Schnelligkeit und Präzision beeindruckten mich jedes Mal. Er war also nicht mehr so oft bei uns im Dachgeschoss.

Roger Nastolls feindliche Literatur

Ein nicht datierter Vermerk der Stasi charakterisiert den Schriftsteller Roger Nastoll mit folgenden Worten:

> »Nastoll, Roger
> geboren am 28. April 1944 in Erfurt.
> Sachbearbeiter für Dokumentation beim VEB Relaistechnik Ilmenau, Am Stollen – Block 9/8.
> Nach dem Besuch der ABF studierte N. an der Universität Jena Mathematik/Physik. 1967 wurde er mit vier weiteren Studenten wegen Staatsverleumdung zu acht Monaten Freiheitsentzug verurteilt. Nastoll befaßt sich intensiv mit bürgerlichen Ideologien und verbreitet auch ihre Theorien. Nastoll war Gasthörer des Schriftstellerverbandes. Wegen seines disziplinlosen Verhaltens wurde das Fernbleiben an einem Ästhetikvortrag zum Anlaß genommen, ihn auszuschließen. Nastoll hat in der letzten Zeit literarische Arbeiten geschaffen, die eine deutliche feindliche Einstellung zum Ausdruck bringen. Roger Nastoll hatte in den 60er Jahren zu Wolf Biermann Verbindung. [...] Auch ist er noch sehr stark an Literatur, Gedichten und Liedern des Biermann interessiert. [...] Nastoll beabsichtigt, beim Greifenverlag Rudolstadt Geschichten zu veröffentlichen. Er trägt sich mit der Absicht, freischaffend tätig zu werden.«

Familie Nastoll

»Wann hast du Roger Nastoll zum ersten Mal gesehen?«, fragt mein Imperialist.

»Für mich als Kind war Roger Nastoll einfach da. Er war so da wie andere Menschen auch, die uns besucht haben oder mit denen meine Eltern sich getroffen haben. Auch andere Menschen traten in unser Leben und verschwanden dann wieder. Mein Vater brachte immer mal neue Freunde mit nach Hause. So lernte ich auch Roger Nastoll und seine Familie kennen.«

Meistens besuchte uns Onkel Roger allein, aber manchmal, und in der Folge immer häufiger, brachte er die ganze Familie mit: Seine Frau Hannelore – mein Bruder und ich nannten sie »Tante Hanne« – sowie seine Söhne Thomas (»Tom«) und Christoph. Ich war nun in einem Alter, in dem man zum ersten Mal bewusst Freundschaften schließt. Tom und Christoph gehörten ganz fest zum engsten Kreis dazu. So nett wie die Kinder waren auch ihre Eltern. Tante Hanne brachte mich manchmal sogar ins Bett, Gute-Nacht-Geschichte inklusive. Onkel Roger trug oft ein buntes, kurzärmeliges Hemd. Er war ziemlich kräftig. Wenn er mich unter den Achseln packte und in die Luft hob, sah ich fasziniert auf seine beeindruckenden Muskeln. Bei angewinkelten Armen schwoll sein Bizeps auf Tennisballgröße und bewegte sich unter der Haut wie ein lebendiges Wesen hin und her.

Nastolls wohnten in Ilmenau, etwa 50 Kilometer entfernt. Für Kinder eine Weltreise, trotzdem sahen wir uns oft, entweder bei uns oder in der Wohnung der Nastolls. Besuchten wir sie in Ilmenau, erkundeten wir alle zusammen die Umgebung. Besonders faszinierte uns der »Kickelhahnturm«. Er stand, wie der Name schon sagt, auf dem Kickelhahn, einem über 860 Meter hohen Berg südwestlich der Stadt. Die Gegend war ein DDR-weit bekanntes Ziel für Wanderer. Um ganz nach oben auf den Turm zu klettern, musste man 107 Stufen hochschnaufen. Der atemberaubende Blick von der Aussichtsplattform belohnte uns: Das nördliche Vorland des Thüringer Waldes breitete sich vor unseren Augen aus, bei guter Sicht konnte man Gotha, Erfurt und Weimar sehen. Natürlich wusste ich damals noch nicht, dass Onkel Roger dieses herrliche Gebiet durchwandern wollte, um seine Eindrücke in einem Buch festzuhalten.

Kontaktaufnahme

»Richard Königs« erste Kontaktaufnahmen zur Gruppe »Podium Suhl« sind unter der Rubrik »vertrauensbildende Maßnahmen« einzuordnen. Zu diesem Zweck trifft er sich am 5. Februar 1974 mit verschiedenen Künstlern. Die Niederschrift seines Tonband-Berichtes vom 6. Februar 1974 zeigt, wie geschickt er es versteht, eine Nähe zwischen sich und den Künstlern herzustellen. Schließlich ist er selbst Künstler und als solcher einer der ihren. Viele von ihnen kennen ihn und haben ein Grundvertrauen. So fällt es »Richard König« leicht, die so unterschiedlichen Charaktere für sein Vorhaben zu begeistern. Er plane eine politische Chanson-Gruppe, sagt er. Für das Projekt »Das politische Lied« suche er Texter, Leute, die mitarbeiten. In den Gesprächen lässt er keinen Zweifel daran, dass das Konzept der Chanson-Gruppe »parteilich klar ausgerichtet ist«. Auf Fragen eines Schriftstellers, wer denn entscheide, welche Texte in das Programm aufgenommen werden dürfen, antwortet »Richard König«:

> »Ich sagte ihm, dass sich natürlich der Bezirk das vorbehält.«

»Bezirk« bedeutet nichts anderes als SED. Die Partei entscheidet, niemand sonst. Darüber sind die von »Richard König« angesprochenen Schriftsteller nicht gerade glücklich, so jedenfalls der Eindruck, den der IM in seinem Tonband-Bericht vermittelt; andererseits freuen sie sich über jede Gelegenheit, in der medial gleichgeschalteten DDR überhaupt etwas zu Papier bringen zu können, das seitens der Partei für die Veröffentlichung vorgesehen ist. Man drückt die gemeinsame Hoffnung aus, etwas zu finden, das der Partei genehm ist. »Richard Königs« Legende, wie es im Stasi-Jargon heißt, ist perfekt und für die Künstler nur allzu verführerisch: »Das politische Lied« ist ein glaubhaftes, nachprüfbar existierendes Projekt. Wie sollen sie wissen, dass es sich trotzdem nur um einen Vorwand handelt, um über die wahren Absichten des Ministeriums für Staatssicherheit hinwegzutäuschen? Bereitwillig gewähren die Schriftsteller dem IM Einblick in ihre Arbeiten und ihr persönliches Leben, in ihr gesamtes Schaffen, auch in diejenigen Werke, die nicht auf Parteilinie liegen. »Richard König« hat keine Mühe, sich einen »Überblick« zu verschaffen.

An diesem 5. Februar 1974 treffen sich – laut Stasi-Unterlagen – Roger Nastoll und »Richard König« zum ersten Mal. Roger ist begeistert, bei dem Chanson-Programm in der engeren Auswahl zu sein. Er kann sein eigenes überragendes Schreibtalent noch gar nicht richtig einschätzen; im Gespräch mit dem IM stapelt er tief, er sei ein »Laie« und würde gerne »mitmachen«. »Richard König« erweckt den Eindruck, als habe er wahres Interesse an der Person und am Künstler Nastoll. Dieser bleibt zunächst aber misstrauisch, wie sich aus einem Bericht des IMs »Heinz Falk« schließen lässt:

> »Nastoll erzählte, daß er in letzter Zeit von dem Leiter der Gruppe ›Politisches Lied‹ oft besucht würde. Ihm käme das schon ganz komisch vor, da müsse doch etwas dahinterstecken. Er frage sich, was dieser Riemann nur von ihm wolle. Er habe sogar von ihm Manuskripte mitgenommen, die er für die Arbeit der Gruppe ›Politisches Lied‹ überhaupt nicht verwenden könne. Es käme ihm schon ganz verdächtig vor.«[30]

30 BStU, Abt. XX (Absicherung Staatsapparat, staatliche Institutionen, Kirchen und Kultur) der Bezirksverwaltung (BV) des MfS, Suhl, den 24. 5. 1974, Tonbandabschrift, den 23. 5. 1974, Bericht des »Heinz Falk«.

»Richard König« konsumiert so viel von Nastolls Schriftgut wie möglich, in der Hoffnung, darin Hinweise über dessen politische Gesinnung zu finden. Es geht dem Spitzel nicht um Kunst, sondern um Konspiration. Trotzdem gelingt es ihm mehr und mehr, das Vertrauen von Roger Nastoll zu gewinnen. Nicht lange, und man ist per du. Nastoll lädt den Stasi-Mann sogar auf einen privaten Besuch nach Hause ein und fügt hinzu:

> »kannst auch bei mir schlafen«.[31]

Das Fundament ist gelegt. Bald ist Roger Nastoll auch bei »Richard König« zu Besuch. Nastoll, meldet »Richard König« seinem Führungsoffizier,

> »ließ sich von meiner Familie, die anwesend war, zum Mittagessen einladen und wohl auch beeindrucken in Bezug auf meine Legende [...] Ich holte dann die Platte von W. Biermann raus und zeigte sie Nastoll. N. war entzückt und bat mich, sie ihm vorzuspielen, was auch geschah. Dabei erzählte mir N. ungefragt, daß er Biermann persönlich kennengelernt habe, und zwar in Jena. Biermann sei dort aufgetreten, und anschließend habe man sich kennengelernt und zusammen diskutiert. Biermann habe ihn noch zwei Mal besucht ... dann aber von sich aus die Kontakte erstmal unterbrochen mit der Begründung, es wäre für beide zu gefährlich, wenn sie sich öfter treffen würden. [...] Gegen 17.00 Uhr habe N. dann zur Bahn gebracht [...] Seine Gedichte, die er mir vor einiger Zeit gegeben hatte, habe ich in unserem Programm mit eingebaut. Ich erklärte ihm noch, daß ich noch mit dem Bezirk reden werde wegen der Bezahlung.«[32]

31 BStU, Abteilung XX/7 der BV des MfS, Suhl, den 7. 2. 1974 – Hy, Tonbandbericht vom 6. 2. 1974.

32 BStU, »Richard König«, Bericht vom 8. 7. 1974.

»Richard König« versteht es, sich als Mann mit Verbindungen zu inszenieren: Gern wolle er die Werke Nastolls in Theaterkreisen bekannt machen, signalisiert er. In Wahrheit muss er den Schriftsteller im Auftrag der Stasi ausspionieren; dabei interessiert ihn nicht nur das literarische Werk, sondern auch die intimste Privatsphäre, denn die Staatssicherheit will die Wohnung der Familie Nastoll filzen, unauffällig natürlich und in deren Abwesenheit. »Richard König« soll den Zugang ermöglichen, stößt dabei jedoch auf Hindernisse:

> »Entsprechend der zwischen mir und Nastoll getroffenen Verabredung bin ich gestern zu ihm nach Ilmenau gefahren [...] Meinen Auftrag, vom Wohnungsschlüssel einen Abdruck anzufertigen, konnte ich leider nicht erfüllen, ohne zu riskieren, mich zu dekonspirieren. Deshalb ließ ich es.«[33]

Nur kurze Zeit später aber nutzte die Stasi die nächste Gelegenheit. Nun verfügte sie über einen Nachschlüssel und konnte die Wohnung der Familie Nastoll nach Belieben betreten und durchsuchen:

> »N. bewohnt eine einfach eingerichtete 3-Zimmer-Wohnung. Die Wohnung selbst machte einen gut aufgeräumten und sauberen Eindruck. Im Wohnzimmer waren eine größere Anzahl Kartone an der Wand aufgeschichtet, die mit einem schwarzen Tuch abgedeckt waren. Hier befanden sich eine größere Anzahl schriftlicher Unterlagen. Im Korridor der Wohnung befindet sich ein eingebauter Wandschrank, in dem ebenfalls größere Mengen schriftliche Unterlagen wie Gedichte, Chroniken und Arbeitsunterlagen für den Schulunterricht untergebracht sind [...] Die genannten Unterlagen wurden fotografisch gesichert:

33 BStU, Abschrift IM »Richard König« vom 5. 8. 1974, Zur Person Roger Nastoll.

Negative 280, Fotos 280. Gegen 11.30 Uhr wurde die Wohnung des N. wieder verlassen. Röhlig, Oberleutnant.«[34]

Trotz der Sympathie, die Roger Nastoll für den charismatischen »Richard König« hegt, bleibt er vorsichtig. Er ist ein gebranntes Kind. Schon einmal saß er unschuldig im Gefängnis wegen angeblicher Staatsverleumdung. Er möchte mehr wissen über diesen Mann, der sich ihm gegenüber so gönnerhaft gibt, und nutzt wenige Monate später eine Gelegenheit, die sich ihm bei einer Theaterveranstaltung bietet – scheinbar bietet:

»Roger Nastoll besuchte mich am Sonnabend, dem 19. 10. Wir trafen uns deswegen in Suhl am Abend gegen 18.45 Uhr in der Gaststätte Gewerkschaftshaus. Ich habe ihn dann mit zu einer Veranstaltung in das Fahrzeugkombinat hier in Suhl mitgenommen und im Anschluß wurden wir, die Kollegen, auch ich, zu einem kleinen Essen eingeladen und da war auch der Nastoll anwesend. Ich habe Nastoll vor meinem Auftritt meine Brieftasche zur Aufbewahrung gegeben. Darin waren Ausweis, Fahrerlaubnis, Geld, Gagenscheine, Abrechnung, Bestellzettel, Postanweisungen.«[35]

Was mag Roger Nastoll in diesem Augenblick denken und fühlen, als er mit der Brieftasche in den Händen inmitten der Zuschauer sitzt, während oben auf der Bühne der Schauspieler seinen Auftritt zelebriert? Misstrauen oder einfach nur Neugierde? Erhofft er sich durch einen Blick in die Brieftasche Aufklärung über den Charakter seines neuen Freundes? Sollte dies der Fall sein, so ist es reichlich naiv. Sein

34 BStU, Abteilung VIII (Observation, Festnahme) der BV des MfS, Suhl, den 26. 8. 1974, Bericht über die durchgeführte konspirative Durchsuchung bei dem Nastoll, Roger, wohnhaft: Ilmenau, Am Stollen, Block 9.

35 BStU, Abteilung XX/7 der BV des MfS, Suhl, den 29. 10. 1974 – Tonbandbericht – Bericht »Richard König« vom 28. 10. 1974 zur Person Roger Nastoll.

Gegenüber ist mit allen Wassern gewaschen, wie der Tonband-Bericht von »Richard König« beweist:

> »Ich hatte mir in meinem Portemonnaie ein Zeichen gemacht, um festzustellen, ob Nastoll die Gelegenheit nutzt, eben in meinen Sachen zu wühlen. Es hat sich dann auch bestätigt, daß er den Ausweis und das alles herausgeholt haben muß, denn die Bilder, die ich da drin stecken habe, lagen anders rum drin [...] Ich hatte sie [die Brieftasche] vorher so präpariert, daß da in keiner Weise für ihn etwas von Interesse sein konnte. [...]
> Wir sind dann zu mir nach Hause gekommen, und ich habe ihn dann mit nach oben genommen. Er begehrte erst unten zu warten, und er wollte an diesem Tag unbedingt in die Theaterkantine gehen. Ich habe dann meiner Frau noch gesagt, daß wir zusammen noch einmal losgehen wollten. Durch das Gespräch mit meiner Frau wurde die Haltung von Nastoll mir gegenüber nicht mehr so konkret [...] Ich habe mit Nastoll einen neuen Termin, eine neue Begegnung ausgemacht.«

Systematisch baut »Richard König« ein Vertrauensverhältnis auf und schreckt auch nicht davor zurück, seine eigene Familie in den Dienst der Stasi zu stellen. Kindergeburtstage werden gemeinsam gefeiert. Immer wieder treffen sich der IM und Roger Nastoll mit ihren Frauen. Nastolls ahnen nicht, dass »Richard König« die Stasi über jedes Detail auf dem Laufenden hält:

> »Ich hatte am Abend noch eine Veranstaltung in Oberhof. Nach dem Theater trafen wir uns (Nastolls und wir) dann in den Gasträumen vom ›Sächsischen Hof‹ in Meiningen. Ich begann dann Gespräche zwischen ihm und mir. Zuerst bewegte die Unterhaltung sich um die Aufführung und deren Eindruck, unter denen Nastolls noch standen. Und sie stellten einige Fragen so zu verschiedenen Künstlern, die an dem Abend mitgewirkt

Der »Sächsische Hof«: Auch hier bespitzelte »Richard König« den Schriftsteller Roger Nastoll

haben. Wir tauschten gemeinsame konzeptionelle Gedanken darüber aus. [...] Wir sind dann im Verlaufe des weiteren Abends zu den Nastolls ins Hotelzimmer gegangen. In dem Hotelzimmer haben wir dann gesessen, Rotwein getrunken und blöde und weniger blöde Witze erzählt, über den Urlaub gesprochen, es hätte ihnen also ungeheuren Spaß gemacht, im Urlaub an der Ostsee gewesen zu sein, Erlebnisse über Kinder wurden erzählt, über den Nachmittag wurde gequatscht und Nastolls äußerten daneben auch im Verlaufe des Gespräches, daß sie sich sehr freuten über dieses Wochenende. Es hätte ihnen sehr viel Spaß gemacht. Es wäre doch schön, wenn wir uns öfters sehen könnten und ob wir nicht mit ihnen zusammen Silvester feiern wollten. [...] Also, ich hatte den Eindruck, daß dieser Nachmittag und auch der Abend bei Nastolls einen großen Eindruck hinterlassen hat und daß dort so etwas wie ein vertrauensvolleres Verhältnis erstmal geschaffen worden ist. Dieses Erlebnis mit Familie hat bestimmt Erfolg gebracht.«[36]

»Erfolg gebracht« beim Aufbau eines »vertrauensvolleren Verhältnisses«. Was genau bedeutet das eigentlich? Zweierlei. Erstens: Der IM hat von seinem Führungsoffizier den Auftrag bekommen, ein solches Verhältnis zu seinem Opfer aufzubauen. Und zweitens: Das Vertrauen ist nur erschlichen und soll auftragsgemäß systematisch missbraucht werden. In diesem Sinne läuft die Vertrauensbildung wie am Schnürchen, und auch der Genuss von größeren Mengen Rotwein erfolgt nicht nur aus Gründen der Geselligkeit. Wie sich noch zeigen soll.

Erinnerungen an … Dra-Dra

1974 war ein ereignisreiches Jahr. Mein Vater etablierte sich immer mehr als Fernsehschauspieler und wirkte, neben seiner Synchronarbeit, in gleich 3 Filmen mit: »Bittere Pillen«, »Polizeiruf 110: Kein Paradies für Elstern« und »Der Staatsanwalt hat das Wort: Moderner Diebstahl«. Wir waren endlich erfolgreich bei unserer Wohnungssuche, und ich kam in die erste Klasse.

»Hast du dich auf die Schule gefreut?«, fragt mein Imperialist.

»Ja, weil ich auf Krippe und Kindergarten keine Lust mehr hatte. An die Kinderkrippe habe ich durchaus eine Erinnerung. Sie lag nur zwei, drei Häuser weiter von unserem Wohnhaus in der Berliner Straße 36. Das war wirklich nur einmal lang hinschlagen für meine Eltern, und dann haben sie mich da abgegeben. Gleich

36 BStU, Tonbandabschrift »Richard König« – Bericht zur Person Roger Nastoll vom 13. 11. 1974.

neben der Kinderkrippe war auch noch die Garage, die mein Vater gemietet hatte. Also, das war ganz nah, und ich kann mich an Tante Uhmann erinnern. Das war eine ältere Dame, die eigentlich sehr freundlich war. Allerdings, und das war ein Problem für mich, gab es immer heiße Milch am frühen Morgen. Zum Frühstück. Jedes Kind hatte sein Brotpäckchen von den Eltern dabei. Die heiße Milch wurde in einem Trinkbecher ausgeteilt, und bis man die endlich trinken durfte, das dauerte und dauerte. Erst wenn alle was hatten, wurde der Startschuss gegeben, dass alle essen dürfen. In der Zwischenzeit hatte sich auf dieser Milch eine Pelle gebildet. Und ich hasse Milch mit Pelle. Ich mochte die nicht mehr trinken. Musste ich aber, und ich habe ein Gezeter gemacht, weil ich diese Pelle nicht wollte. Das Gezottel in meinem Mund konnte ich noch nie leiden. Dieses Problem hatte ich fast jeden Tag. Tante Uhmann kannte in diesem Punkt keine Gnade. Obwohl mir jedes Mal speiübel wurde, bestand sie darauf, dass ich den Glibberkram vollständig hinunterschluckte.«

Zu Hause hetzte ich gegen Tante Uhmann, was das Zeug hielt, doch alle Proteste blieben vergeblich, zur Krippe gab es keine Alternative: Meine Mutter war berufstätig, sie arbeitete als Technische Zeichnerin in einem »Volkseigenen Betrieb« (VEB); Gips-Oma verschacherte den lieben langen Tag West-Produkte in der Werbeabteilung des Theaters; und mein Vater war mit Proben beschäftigt. Wer hätte sich um mich kümmern sollen? Irgendwie brachte ich die Krippenphase hinter mich und kam in den Kindergarten.

»Und da war es auch nicht besser?«

»Na ja, also erstens musste man da immer diesen blöden Mittagsschlaf halten. Eigentlich war ich ein ›Mittagskind‹. Ich wurde nach dem Mittagessen im Kindergarten von meiner Mutter abgeholt, die anderen Kinder mussten Mittagsschlaf machen. Manch-

Der Kindergarten, genannt das »Teehäuschen«

mal aber gingen wir mit der Kindergartengruppe ins Theater. Mein Kindergarten lag gleich gegenüber. Wenn es am Nachmittag Kindervorstellungen gab, holte mich meine Mutter nicht ab. Ich sollte dann auch einen Mittagsschlaf halten. Danach sollten wir ins Theater gehen. Ich fand diesen Mittagsschlaf im Kindergarten immer sehr gruselig. Wenn man das nicht gewöhnt ist, ist es gruselig. Es gab aber etwas, das ich noch viel schlimmer fand. Ich wusste ja nicht, wie es so zugeht mit diesen Kindergartentanten. Es wurden Holzpritschen aufgebaut, auf die man sich legte. Mittagsschlaf heißt, man hat gefälligst die Augen zuzumachen. Wenn man die Augen zumacht, dann schläft man auch. So die Ansicht der Kindergärtnerinnen. Ich war mucksmäuschenstill, aber ich bewegte meinen Kopf und guckte an die Decke. Die Kindergärtnerin schrie mich an: ›Mach die Augen zu, es ist Mittagsschlaf. Du sollst die anderen nicht stören!‹ Ich hatte doch gar nichts gesagt, wen störte ich denn?«

Und dann war da zweitens das scharfe »ß«. Ich sehe, wie ich auf einem Stühlchen allein im Flur sitze. Die Bastelstunde ist vorbei, alle Kinder sind schon weg, und ich wundere mich, dass meine Mutter nicht kommt, um mich abzuholen. Stattdessen kommt eine große fremde Frau, ergreift mit ihrer feuchten Pranke mein Händchen und führt mich in einen unbekannten Raum, in dem ein riesiger Spiegel hängt. Vor diesen Spiegel muss ich mich hinstellen, die Lippen spitzen, durch die Zähne zischend ausatmen. Ich muss Sätze sagen wie »Das Eis ist nicht heiß«, ohne beim scharf ausgesprochenen »ß« mit der Zunge an die Zähne zu stoßen. Frau Engel hieß die Fremde, sie war eine Sprechpädagogin, die meinen s-Fehler ausmerzen sollte. Das erste Training war mit meinen Eltern abgesprochen, nur für mich kam es völlig überraschend und unangekündigt, sodass mich auch später jedes Mal, wenn ich Frau Engels schweißige Hand fühlte, ein Grusel überkam.

Der Wechsel vom Kindergarten in die Schule erfüllte mich daher mit ebenso großer Vorfreude wie der Umzug in die neue Wohnung. Wir blieben in derselben Straße und zogen nur einen Steinwurf weiter in die Berliner Straße 69, wo es einen langen Flur gab, ein großes Badezimmer mit Toilette und ein gefühlt riesiges Wohnzimmer. Das Beste aber: Ich hatte nun mein eigenes Zimmer, wenn auch nur einen »Schlauch«, ein Durchgangszimmer ohne Tür; nebenan hatte mein Bruder sein Reich.

»Also der pure Luxus?«

»Für einen verwöhnten Wessi sicher nicht, für DDR-Verhältnisse schon. Auch wenn das Haus nicht auf zwei Familien ausgelegt war, Erdgeschoss und Dachgeschoss waren nicht separiert. Um eine separate Wohneinheit zu erlangen, bauten meine Eltern eine hölzerne Trennwand ein. Es war eine dünne Sperrholzwand mit Tür. So teilten wir unseren Wohnraum vom Rest des Hauses ab.

Die Berliner Straße 69 heute

Weitere Umbauten: Aus Küche wurde Bad und umgekehrt. Man musste durch das Schlafzimmer meiner Eltern latschen, um in die Küche zu kommen.«

»Wer wohnte noch dort?«

»Oben im Dachgeschoss wohnte die alte Dame, der das Haus gehörte: Frau Blaku.[37] Ihr Schwiegersohn holte sie jeden Sonntag zum Essen ab. Dann stand sie schon stundenlang vorher am Straßenrand und wartete. Während sie wartete, nahm sie die geballte Hand vor den Mund und zurück, so als äße sie ein Brötchen, doch bei genauem Hinsehen erkannten wir, dass sie ihr Gebiss aus dem

37 Name geändert.

Mund nahm und wieder reinsteckte. Sie wurde bald hochgradig dement. Mit Frau Blaku teilten wir uns das Treppenhaus und den Flur. Weil die Sperrholzplatte so dünn war, hörte man auch jeden Schritt auf der Treppe, und man hörte auch den voll aufgedrehten Fernseher von Frau Blaku, die vor dem Testbild einschlief, sodass meine Eltern nachts oft hochschlichen, heimlich die Wohnung betraten, um den Fernseher auszustellen. Unsere Wohnung war aber trotzdem sehr schön und eine eindeutige Verbesserung.«

Gips-Oma blieb übrigens allein im Dachgeschoss zurück und wurde »umgetauft«. Wir nannten sie fortan »Dra«. Auf diese Idee war mein Vater gekommen. Er hatte, so erzählte er uns, das Märchen »Der Drache« gelesen, von Jewgeni Schwarz, einem russischen Dramatiker. »Der Drache«, ein Märchenstück, geschrieben 1943 in Form einer Parabel, kritisiert subtil-satirisch die politischen und ideologischen Verhältnisse der damaligen Zeit. Stalin verbot das Werk, es wurde erst 1960 in der Sowjetunion veröffentlicht, anschließend auch in der DDR. Offenbar animiert von der Lektüre, nannte mein Vater seine Schwiegermutter nur noch: »Dra-Dra«, also kurz für »Drache«. Ich hielt das für eine passende und angemessene Charakterisierung. In der Rückschau kommt mir allerdings ein anderer Verdacht, nämlich, dass es möglicherweise nicht der Schwarzsche Drache war, der meinem Vater als Vorbild diente, sondern der Biermannsche. Wolf Biermann hatte eine »große Drachentöterschau in acht Akten mit Musik« geschrieben. Titel des Stücks: »Der Dra-Dra«. Zufall? Mit seiner Adaption hatte Biermann das Original von Schwarz politisch auf die Spitze getrieben. In der Parabel des Liedermachers fraß ein Drache das ganze Land arm und terrorisierte das Volk. Die SED verbot das Stück umgehend, es wurde 1971 an den Münchner Kammerspielen aufgeführt. Obwohl Biermann in der DDR weder auftreten noch publizieren durfte, war er bei uns zu Hause ein ständiger Gast, nicht persönlich, aber doch immerhin in Form einer Langspielplatte, die mein Vater mit Begeisterung rauf und runter spielte, manchmal auch, wenn Roger Nastoll dabei war.

Die Freundschaft zu den Nastoll-Kindern wurde immer enger. Besonders hingezogen fühlte ich mich zu Tom. Er war der ältere der beiden Brüder. Tom hatte ein kommunikatives, offenes Wesen. Auf bewundernswerte Weise wirkte er ausgleichend auf uns Kinder. Das war oft notwendig, weil mein Bruder und Christoph temperamentvolle Burschen waren. Kam Streit auf, hatte Tom eine gute Art, den Ärger aufzulösen, indem er rücksichtsvoll und einfühlsam reagierte.

Wer nicht für uns ist, ist gegen uns

Unterdessen ist der IM »Richard König« erfolgreich beim weiteren Aufbau der persönlichen Beziehungen und des Vertrauensverhältnisses zu den Nastolls. Arglos reden Roger und seine Frau Hannelore in Anwesenheit des Spitzels auch über politische Themen. Dabei kommt das Schulsystem der DDR ziemlich schlecht weg:

> »Am 11. 1. 1975 war ich bei Nastoll in Ilmenau. [...] Wir unterhielten uns über schulische und Erziehungsprobleme mit den Kindern. Dabei kam es von Nastoll, seiner Frau und mir zu folgenden Meinungen, daß die Kinder in der Schule [...] nicht zu Persönlichkeiten erzogen werden, sondern sehr unselbständig erzogen werden, zwar sehr gefordert werden mit einem starken Lehrstoff, aber der sehr einseitig die Erziehung der Kinder beachtet. Im besonderen wurde dann von ihr noch folgender Punkt erwähnt, daß während dem Unterrichtsstoff z. B. für 4. Klassen Punkte vorhanden sind über die gesellschaftliche Erziehung der Kinder gerade im Verhältnis zur BRD und WB, daß die Kinder erzogen werden, eben schwarz-weiß, daß eben in der BRD und in WB alles nur Faschisten leben und sehr wenig differenziertes Wissen vermittelt wird, was eigentlich notwendig wäre, denn in der BRD leben schließlich unsere Klassenbrüder und teilweise sind es ja unsere Brüder und aus diesem Grunde

wäre da eine differenzierte Erziehung ihrer Meinung nach besonders notwendig.«[38]

Indem »Richard König« vortäuscht, die Kritik am DDR-Schulsystem zu teilen, macht er sich vordergründig gemein mit den Ansichten seiner Opfer, und zwar zu dem einzigen Zweck, das Vertrauen in seine Aufrichtigkeit weiter zu stärken. Tatsächlich hat der Spitzel keine Skrupel, der Stasi auch die Ansichten von Nastolls Ehefrau Hannelore zu servieren. Indem er ihre gesellschaftspolitische Kritik in seinem Bericht wiedergibt, zieht er Hannelore quasi mit in den operativen Vorgang hinein. Was für westliche Ohren keinerlei Bedeutung hat, ist für die »Firma« hochbrisant. Hannelore Nastoll sagt nämlich im Klartext:

1. Die DDR-Schule erzieht die Kinder nicht zu selbstständig denkenden Persönlichkeiten.
2. Was die Kinder in der Schule über die Bundesrepublik lernen, ist einseitig. Die Schule vermittelt fälschlich, dass in der Bundesrepublik nur Faschisten leben.

Für die Stasi sind solche Aussagen politischer Sprengstoff. Denn die SED-Schulpolitik hat keineswegs im Sinn, Kindern die Möglichkeit zu geben, selbstständig zu denken und unabhängige Persönlichkeiten zu entwickeln. Im Gegenteil: Die SED will den sogenannten sozialistischen Menschen erschaffen, der die Welt in Gut und Böse einteilt. Gut ist der kommunistische Osten, schlecht der kapitalistische Westen. In der Bundesrepublik und in den anderen »kapitalistischen Staaten« leben nach dieser Lesart Faschisten und Kriegstreiber, die durch ihre Wühltätigkeit das Fundament des Arbeiter- und Bauernstaates untergraben wollen. Der Westen ist der »Feind«, so bläut man es den Kindern von allem Anfang ein, und: »Wer nicht für uns ist, ist gegen uns.«

38 BStU, Abteilung XX/7 der BV des MfS, Suhl, den 7. 2. 1975, Ti/Gr, Tonbandbericht, Bericht vom 18. 1. 1975 zur Person Roger Nastoll.

»Weiter wäre zu diesem Gespräch mit Nastoll noch zu sagen, daß ich um meine Position bemüht sich bei ihm zu festigen, indem ich ihm zwei besondere Erlebnisse schilderte:
Im Zusammenhang mit Diskussionen um die Frage nach der Nationalität vor dem 13. Plenum hätte ich angeblich Diskussionen in der Parteigruppe gehabt. Außerdem zu dem Problem Westfernsehen, aus diesem Grunde, obwohl man mir das nicht gegenüber äußert, wie gesagt, sei ich wohl strafversetzt worden in die Parteigruppe der Rentner in meinem Wohngebiet und in diesem Zusammenhang hätte man mir meine Reise in Sachen dringender Familienangelegenheiten in die BRD jetzt in diesem Monat abgelehnt und ich schmückte das auch entsprechend glaubwürdig aus, um meine Position des Vertrauens von ihm zu mir zu festigen.«[39]

Das ist ein weiterer geschickter Schachzug im perfiden Spiel der Stasi: Indem sich »Richard König« selbst »ausschmückend« als Mann mit Ecken und Kanten inszeniert, als DDR-Bürger, der etwas Verbotenes tut – nämlich Westfernsehen schauen –, schafft er eine Gemeinsamkeit mit seinem Opfer, die es in Wahrheit nicht gibt.

Irritationen

Roger Nastoll, nicht Mitglied der SED und deshalb in den Augen der Genossen zwangsläufig »dagegen«, hat unterdessen einen Entschluss gefasst, der ihn noch verdächtiger macht:[40] Er will seinen Job im VEB Relaistechnik kündigen, um sich fortan ganz und gar der Schriftstellerei zu widmen. Im Schreiben sieht er seine berufliche Erfüllung, und mehr als zuvor erblickt er in seinem Freund, dem Schauspieler, den Mann mit Verbindungen, der ihm helfen wird, seine Werke zu veröffentlichen. Sie zu publizieren ist notwendig, denn nur so kann er seine Frau finanziell

39 Ebenda.
40 Ebenda. Das folgende Zitat ebenda.

entlasten. Bisher hat »Richard König« allerdings nicht »geliefert«, und Nastoll scheint intuitiv zu erfassen, dass bestimmte Kräfte ihn künstlerisch blockieren. »Richard König« bleibt das nicht verborgen:

> »Als wir für einen Moment beim Abschluß des Besuches allein im Auto saßen, fragte er mich direkt, ob ich so gute Beziehungen hätte, um beurteilen zu können, ob ein spezielles Interesse daran bestünde im Bezirk ihn eben nicht künstlerisch entfalten zu lassen. Ich teilte ihm mit, daß mich dieses Vertrauen seinerseits sehr ehrt und daß er von mir eben glaubt, daß ich so gute Beziehungen hätte, das sei aber nicht der Fall.«

Offenbar ahnt »Richard König«, dass er mit seiner Unterstützung etwas konkreter werden muss, um mit seiner Legende glaubwürdig zu bleiben. So lanciert er Nastolls Namen im Juni 1975 beim Synchronstudio:

> »Nastoll besuchte mich mit seiner Familie am vergangenen Samstag, das war der 21. Juni, in meiner Privatwohnung [...] er erzählte mir, daß er jetzt auch Post bekommen habe vom Synchronstudio und daß man von ihm Arbeiten zu sehen wünscht. Mein Hinweis, den ich gegeben hätte mit dieser Adresse beim Rundfunk, hätte sich für ihn sehr positiv angelassen. Man hätte ihm den Auftrag gegeben, ein Hörspiel zu schreiben. Er sei also dabei und freue sich sehr darüber. Er meinte, daß man das eigentlich selten hat, so Kontakte, daß sich jemand darum kümmert. Ich versuchte ihm klarzumachen, daß das gar nicht so selbstlos sei von mir. Es wäre doch ganz logisch, ich halte ein bißchen was von seiner Art zu schreiben, und er könnte sich auch einmal dem entsprechend bei mir revanchieren. [...] Er empfand das als eine ganz faire Lösung.«[41]

41 BStU, Abteilung XX/7 der BV des MfS, Suhl, den 26. Juni 1975, Bericht über den Besuch von Roger Nastoll am 21. 6. 1975.

Zwei Welten

Der realsozialistische Alltag in der DDR war nicht nur geprägt von einem Mangel an Konsumgütern, sondern auch von Angst, bisweilen von Resignation, weil man sich außerstande sah, an den bestehenden Verhältnissen etwas zu ändern. Kritik äußerte man nicht. Nicht alle, aber die meisten zogen sich in eine Nische zurück, aus Angst vor der Stasi. Dazu erklärt der frühere DDR-Bürgerrechtler Ralf Hirsch:

> »Ich glaube, dass viele in der Bevölkerung sehr bewusst erlebt haben, dass sie in zwei Welten leben, einmal in dem, was sie sagen, und in dem, was sie denken. Oder was sie offiziell sagen und was sie inoffiziell sagen. Dies hat hier jeder erlebt. Allein bei der Frage ›Wer guckt West-Fernsehen?‹ Da hat jeder in der Schule oder im Studium gesagt, er gucke kein Westfernsehen, aber geschaut haben sie es in Wahrheit alle. Das war eine ganz normale Gegebenheit in der DDR, womit jeder leben konnte. Womit sich jeder abgefunden hat, und wo man auch reingewachsen ist.«[42]

Und der oppositionelle Liedermacher und Schriftsteller Stephan Krawczyk ergänzt:

> »Wir waren eigentlich alle in gewisser Weise gelernte DDR-Bürger. Unsere Innerlichkeit kannte die Grenzen. Man wusste genau, wenn man sich mit den Leuten unterhalten hat, wann die Grenze überschritten ist und wo dann auch die Töne leiser wurden.«[43]

42 Bürgerrechte in der DDR – Kampf um Meinungsfreiheit, Dokumentarfilm, 2003, 30 Min., RBB, Buch und Regie: Torsten Sasse/Montage: Petra Riemann.

43 Ebenda.

Zwischen Hamburg und Haiti

»Warst du auch ein gelernter DDR-Bürger?«, fragt mein Imperialist.

»Ich kann es nur immer wieder sagen: Ich habe mir überhaupt keine Gedanken darüber gemacht, was man sagen durfte und was nicht. Das galt auch für die Musik. Mein Vater hatte ja schon zu der Zeit, als wir noch beim Dra wohnten, diese Insterburg & Co. Platte. Die war eindeutig aus dem Westen. Die gab es ja nicht im Osten zu kaufen. Das habe ich aber überhaupt nicht hinterfragt. Ich habe erst viele Jahre später mitbekommen, dass das eigentlich eine Westplatte war. Wir haben das alles gern gehört. Mein Vater legte diese Platte auf, dann haben wir gepfiffen und gesungen, das waren lustige Lieder. Ich habe gesungen: ›ich liebte ein Mädchen in Charlottenburg ... in Tiergarten ... zog ich in ganz Deutschland ein ... zog ich in die Welt hinein ...‹. Mir war nicht klar, wie hochpolitisch das war. Und dann: ›Ich liebte ein Mädchen in Mexiko, die hat einen runden sexy Po‹ – Und da mir Sex noch nichts sagte, habe ich also getextet ›Ich liebte ein Mädchen in Mexiko, die hat 'n runden Hexipo ...‹ Die Kindergartentanten wussten aber wohl, was da eigentlich gesungen wurde ... sie fanden es sehr anstößig. Für sie war das sicherlich unsozialistisch, hier ging es um Deutschland und die Welt, in dem Lied werden nicht-sozialistische Länder und Städte aufgezählt, und dann auch noch der Hinweis auf Gesamt-Deutschland ... Das ging den Kindergartentanten gegen den Strich. Sie rannten zu meinen Eltern. Sie meinten, sie müssten meine Eltern darauf hinweisen, dass wir solche Lieder nicht im Kindergarten zu singen hatten. Wie aber will man Kindern so etwas verbieten? Meine Eltern haben mir nichts verboten. Anfang der 1980er-Jahre sangen wir alle den Song ›Sonderzug nach Pankow‹ von Udo Lindenberg, in dem Erich Honecker als Oberindianer bezeichnet wurde.«

Ralf Hirsch und Stephan Krawczyk, beide wegen ihrer kritischen Haltung von der Stasi verfolgt, inhaftiert und 1988 aus der DDR geworfen, haben bewusst nicht resigniert und jede Nische bewusst verweigert. Soweit es möglich war, widerstanden sie und gingen aufrecht. Auch ich, in meiner Kindheit und Jugend, in meinem unmittelbaren sozialen Umfeld, ging aufrecht und sah keinen Grund, mich in einer Nische zu verstecken. Allerdings, und das ist der bedeutende Unterschied, war ich nur unbewusst ein Rebell. Ich brauchte keinerlei Mut. Die beiden unterschiedlichen Welten, in der die Bürger der DDR lebten und die Krawczyk und Hirsch so eindrücklich beschreiben, habe ich nie kennengelernt; nie kennenlernen müssen.

Vor dem Hintergrund, dass mein Vater, Lutz Riemann, laut WELT ein Stasi IM und vor allem ein überzeugter Kommunist gewesen sei, ist es selbst für mich überraschend, wenn ich heute feststelle: Ich bin in einem liberalen, toleranten Familienumfeld aufgewachsen. Als die Mauer fiel, war ich 21 Jahre alt. Bis zu jenem Tag, so seltsam das klingen mag, hatten sich die politischen Zwänge der DDR-Gesellschaft aus meinem Leben herausgehalten. Mag mein Vater, wie er es gegenüber der WELT zugab, auch ein Stasi-IM gewesen sein, für mich ergaben sich daraus keine unmittelbaren Konsequenzen. Niemals hat mein Vater versucht, mir einen klaren Klassenstandpunkt zu vermitteln, oder mich gefragt, ob ich meine Freizeit sozialistisch sinnvoll gestalte. Von vielen überzeugten Kommunisten, insbesondere natürlich von hauptamtlichen Stasi-Mitarbeitern, ist bekannt, dass sie nach Verhaltensnormen lebten, »die weit ins Privatleben reichen und auch für die Ehefrau, Kinder und Verwandte gelten – allen voran das strikte Kontaktverbot zu Menschen aus dem Westen und ›negativen Kreisen‹ innerhalb der DDR sowie das Verbot, westliche Radio- und Fernsehsender zu empfangen«.[44] Derartige Verhaltensnormen waren bei uns zu Hause nicht zu erkennen. Im Gegenteil.

44 Ruth Hoffmann, Stasi-Kinder. Aufwachsen im Überwachungsstaat, Berlin 2012 (eBook).

Im Hause Riemann wurde jedes nur erdenkliche Verbot fröhlich missachtet.

»Es gab also nicht nur das ND, das Neue Deutschland, als Informationsquelle bei euch?«

»Natürlich lasen wir DDR-Zeitungen und -Zeitschriften … ND, Junge Welt und wie sie alle hießen. Aber in unserer Wohnung lagen auch Magazine und Zeitungen aus der Bundesrepublik. Ich kann mich zum Beispiel daran erinnern, dass eine Zeitschrift auf dem Tisch lag, die das Gesicht von Markus Wolf zeigte: der SPIEGEL. Das war die Zeit, als man endlich wusste, welches Gesicht Markus Wolf hat, kurz nach dem Überlaufen des Doppelagenten Stiller. Das war im Westen vorher unbekannt.«

»Und keine von diesen Informationen hat dich irgendwie durcheinandergebracht?«

»Es war bei uns ganz einfach normal. Solche Zeitungen lagen bei meinem Vater auf dem Nachttisch. Er hat solche Dinge nicht versteckt. Der SPIEGEL mit der Flickaffäre lag auch bei uns rum, genauso lag ein Buch von Solschenizyn im Wohnzimmer. Mein Vater erklärte mir völlig wertfrei, wer das war. Ich hatte immer das Gefühl, dass meine Eltern, auch mein Vater, nicht gegen diese Leute waren.«

»Aber wenigstens der 1. Mai wird Familie Riemann doch heilig gewesen sein?!«

»Auch damit kann ich nicht dienen. Bei uns flatterte keine DDR-Fahne vor dem Fenster. Und noch ein Beispiel: Die offiziell von der FDJ oder von der Partei zum 1. Mai vorgeschriebenen ›Winkelemente‹, die man bei solchen Demonstrationen mit sich zu tragen hatte, waren zum Teil sehr lächerlich, um nicht zu sagen peinlich. Als mein Bruder im Rahmen der EOS, der Erweiterten Oberschule, zur Demonstration ging, zwang die Partei ihn und seine Mitschüler, als Wink-Element eine Matroschka mit zu nehmen. Das war natürlich peinlich. Diese Schüler waren bereits in der elften Klasse. Das waren junge Männer. Denen sagte man nun, sie müssten sich Matroschkas bauen. Diese Matroschka, eine Matroschka aus Pappe, sollte an eine Tapetenleiste genagelt werden. Mein Bruder war im Basteln immer gut. Er fand für sich persönlich eine Lösung, mit der er gut leben konnte. Er bastelte, wie vorgeschrieben, eine Matroschka, verpasste ihr aber eine bewegliche Zunge. Er entwickelte einen Mechanismus, mit dem er die Zunge frech aus dem Mund heraus und wieder hinein bewegen konnte. Mit dieser Matroschka, die ihre Zunge weit herausstrecken konnte, ging er also zum 1. Mai. Ich weiß nicht, ob meine Eltern ihn darauf hingewiesen haben, dass diese Aktion vielleicht nicht besonders angebracht war. Die Matroschka war ein wichtiges Symbol, ein Zeichen für die Freundschaft zur Sowjetunion. Man sieht, auch bei meinem Bruder lief die Entwicklung zur sozialistischen Persönlichkeit sehr entspannt ab. Mit meinen Eltern gab es jedenfalls keine Probleme.«

»Ich frage mich gerade, ob deine Eltern denn gar keine Angst hatten, dass du mal Schwierigkeiten bekommen würdest mit dem Staat. Ich meine, ein derartiger Liberalismus im Elternhaus, aber Sozialismus im Land, das passt doch gar nicht zusammen. Ich bin vollkommen verwirrt, das ist doch widersprüchlich, vor allem, wenn ich annehme, dass dein Vater, wie er gegenüber der WELT sagt, wirklich ein überzeugter Kommunist war?!«

»Eine gute Vorbereitung für das Leben in der DDR hatte ich so natürlich nicht. Wenn es dann zur Metamorphose gekommen wäre, wäre es schwierig geworden. Ich wäre mit diesem Staat sicher eines Tages in Konflikt gekommen. Die Wende kam für mich im richtigen Moment, nämlich als man begann, von mir die in der DDR übliche Konformität zu verlangen, als man von mir verlangte, mich anzupassen. Ich wollte studieren, aber der Staat wollte mich so, wie ich war, nicht studieren lassen. Vielleicht wollte mein Vater deshalb nicht, dass ich Schauspielerin oder Sängerin werde. Er wusste, dass Künstler Gefahr liefen, mit dem Staat in Konflikt zu kommen. Ein Künstler, der öffentlich auftritt, hat ein bestimmtes Selbstvertrauen. Ein Künstler hat auch als Mensch ein anderes Auftreten. Und er hat eigene Gedanken. Möglicherweise wollte mein Vater es daher vermeiden, dass ich später als Künstler arbeite. Wenn man es also positiv ausdrücken will, dann wollte er mir ersparen, in der DDR-Gesellschaft Schwierigkeiten zu bekommen. Aber, ja, die Widersprüche verwirren mich genauso wie dich.«

Sonntags zum Frühstück saßen wir alle vor unserem guten alten »Stern«, einem Radio aus DDR-Produktion, das bereits mit modernen Sensortasten ausgestattet war. Taste Nummer drei belegte mein Vater mit dem NDR. Begeistert lauschten wir dem Reisemagazin »Zwischen Hamburg und Haiti«. Lustigerweise empfing man unten in Meiningen nicht nur den nahe gelegenen Hessischen Rundfunk, sondern auch den Norddeutschen Rundfunk. So hörten wir immer sonntags »akustische Postkarten aus oft fernen Ländern, Reportagen über Land und Leute, Sitten und Gebräuche, Traditionen, Geschichte, Essen, Trinken, Musik und Tanz«. Für die SED war »Zwischen Hamburg und Haiti« eine problematische Sendung, weil sie Reiselust weckte und mit exotischen Köstlichkeiten lockte. Solche Sendungen waren imstande, bei den DDR-Bürgern Sehnsüchte zu wecken, die der Sozialismus nicht befriedigen konnte. Deshalb waren sie verboten. Ich durfte trotzdem Westradio hören und musste es nicht verheimlichen. So paradox es klingt: Für mich gab es keine Tabus, ich konnte frei reden, wie mir der Schnabel gewachsen war, auch außerhalb unserer eigenen vier Wände.

Aus heutiger Sicht bin ich geradezu unbedarft durch diese DDR getanzt. Meine Eltern haben mich niemals irgendwelchen Zwängen unterworfen. Sie sagten mir nie, dass man in der DDR bestimmte Dinge tun musste oder zu unterlassen hatte. Weder machten sie mir Angst, noch lobten sie die DDR oder den Kommunismus in besonderem Maße. Heute würde ich sagen: Ich bin vermutlich ebenso frei aufgewachsen wie Kinder im Westen. Wie die meisten Bundesbürger saß meine Familie abends vor der »Tagesschau«, um sich zu informieren. Die »Aktuelle Kamera« war bei uns Tabu. Deren stereotype Nachrichten über Planerfüllung und Erntemenge langweilten meine Eltern ebenso wie mich, und Schlagzeilen wie »Bürger helfen bei Erfüllung von örtlichen Planvorhaben« oder »Junge Sozialisten voller Tatkraft« waren Grund zur Heiterkeit und zum Umschalten auf die ARD. An eine politische Einordnung des Westprogramms durch meine Eltern kann ich mich nicht erinnern. Da wurde nichts kommentiert.

Während ich also zu keinem Zeitpunkt gehalten war, eine sozialistische Persönlichkeit zu entwickeln, unterlagen meine Kameraden Zwängen, die ich durchaus wahrnahm. Manchmal dachte ich: Mein Gott, warum benehmen die sich alle so merkwürdig?! Schnell wurde mir klar, dass andere Kinder nichts darüber sagen durften, was im Elternhaus gesprochen wurde. Sie äußerten sich weder in der Schule noch im Freundeskreis.

Besuch in Meiningen

Wieder war es ein unerwarteter Zufall, der mein Wissen über das Wirken des IM »Richard König« in der Meininger Künstlerszene erweiterte. Nach wochenlanger Lektüre der Spitzelberichte war mir körperlich und seelisch übel zumute. Am meisten setzte mir zu, dass »Richard König« mit seinem überragenden Charisma offensichtlich fähig war, ohne eigene Gefühle zu investieren, ein Vertrauensverhältnis zu Menschen aufzubauen, um es dann zu missbrauchen.

Man glaubte ihm. Es war nicht etwa sein Verdienst, sondern eine angeborene Gabe, Menschen für sich einzunehmen. Das machte mich unsicher. Ich stellte mir die Frage, ob die Zuneigung, die ich in meiner Kindheit und Jugend erfahren hatte, ehrlich war oder nur vorgespiegelt. Spontan griff ich zum Telefonhörer, um bei meiner Jugendfreundin Heike aus Meiningen Frust abzulassen. Wenn es meine Absicht war, Trost zu finden, dann sollte ich enttäuscht werden. Heike gehörte zu den wenigen, die den Artikel in der WELT noch nicht gelesen hatten. Dennoch zeigte sie sich wenig überrascht von dem Bericht. »Das habe ich mir gedacht«, sagte sie, »Wolfgang Hocke musste nur zwei Sätze schreiben, und ich wusste, woher der Wind wehte.« Der Name war mir natürlich ein Begriff. Wolfgang Hocke war lange Jahre Chefdirigent und Musikdirektor des Meininger Theaters. Heike hatte vor Kurzem seine Erinnerungen an das Meininger Theater gelesen: »Hinter den Kulissen – Sechsunddreißig Jahre am Meininger Theater«.[45] »Kauf dir das Buch«, sagte Heike, »dann weißt du, was ich meine«.

Einige Wochen später saß ich bei Familie Hocke im gemütlichen Wohnzimmer. Freundlich und unvoreingenommen hatten sie auf mein E-Mail reagiert und mich spontan eingeladen. Nach so vielen Jahren saß ich dem Mann gegenüber, dessen Kinderkonzerte mich als kleines Mädchen in Meiningen entzückt hatten. Was ich über Wolfgang Hocke, geboren 1937, in Vorbereitung meines Besuches im Internet gelesen hatte, war beeindruckend, wenn nicht gar einschüchternd: Chorleiter, Dirigent, 1. Kapellmeister, Chefdirigent, Musikdirektor, Generalmusikdirektor, alles das war Wolfgang Hocke zu seiner aktiven Zeit gewesen und noch viel mehr; darüber hinaus komponierte er zwölf Kinderkonzerte, drei Opern und mehrere sinfonische Werke, Oratorien und Kammermusik. Im März 2015 bekam er von Bundespräsident Joachim Gauck das Bundesverdienstkreuz am Bande verliehen. Welches Interesse konnte die Stasi an einem Menschen gehabt

45 Wolfgang Hocke, Hinter den Kulissen. Sechsunddreißig Jahre am Meininger Theater, Sondheim v. d. Rhön 1997, passim.

haben, der sein Leben vollständig der Musik gewidmet hatte? Doch Wolfgang Hocke bestätigte: »Richard König« hatte auch über ihn berichtet.

»Wir sollten«, so Hocke, »einige Konzerte in der Bundesrepublik geben, 1975 war das, es gab eine Einladung. Ihr Vater, Lutz Riemann, war auch dabei.«

»Warum mein Vater? Er kann doch gar nicht singen und spielt meines Wissens auch kein Instrument?«

»Das fanden wir auch komisch«, sagte Wolfgang Hocke.

Roger Nastoll war also nicht der einzige »Feind«, gegen den IM »Richard König« kämpfen musste. Die Stasi ließ ihren Spitzel an mehreren Fronten agieren. Besonders heikel waren Einsätze im Westen. Nur ausgewählte Reisekader, besonders zuverlässige IM durften in der Bundesrepublik spionieren. »Richard König« gehörte dazu. Wolfgang Hocke erhob sich und kam wenig später mit einem Stapel Din-A4-Seiten zurück, die er mir mit den Worten »Für Sie …« in die Hand drückte. Gleich obenauf lag ein Schreiben der Stasi-Unterlagenbehörde:

> »Sehr geehrter Herr Hocke,
> Sie beantragten die Bekanntgabe der Klarnamen der Personen, die in den von Ihnen eingesehenen Unterlagen lediglich mit einem Decknamen aufgeführt sind. […] Zu folgender in den Unterlagen des Staatssicherheitsdienstes als IM (Inoffizieller Mitarbeiter) geführter Person konnte der Klarname ermittelt werden.«

Ich las den Namen meines Vaters. Als ich weiterblätterte, fiel mein Blick auf den »Operativen Vorgang Transit«. Darin ein Spitzel-Bericht von »Richard König«. Diesen Bericht und die Erinnerungen Hockes einander gegenüberzustellen ist reizvoll, weil sie ein und dasselbe Ereignis aus verschiedenen Blickwinkeln beleuchten. Der Leser sei an dieser Stelle aber gewarnt. Stasi-Berichte sind harte Kost, wenn man sie sich in längeren Passagen zu Gemüte führt; grammatikalisch, stilistisch und inhaltlich sind sie nur schwer zu verdauen. Doch

Wolfgang Hocke war fast 30 Jahre Leiter des Meininger Theaterorchesters.
»Richard König« bespitzelte ihn in den 1970er-Jahren
während zweier Konzertreisen in die Bundesrepublik.
Foto: privat, mit freundlicher Genehmigung von Wolfgang Hocke

manchmal ist es notwendig, sich durch den drögen Wust der Denunziationen hindurchzubeißen, denn nur so lassen sich die Verachtung gegenüber Andersdenkenden und die Sinnlosigkeit der kolportierten Informationen wenigstens erahnen.

Erinnerung Wolfgang Hocke:[46]
»Eine sensationelle Nachricht machte Ende 1974 im Theater die Runde. Dem Intendanten liege eine Einladung zu Konzerten in Westdeutschland vor. Bedeutete das für uns, künftig zu den

46 Ebenda.

Reisekadern zu zählen? Denn normalerweise hatten wir uns vom Klassenfeind zu distanzieren. Aber wer zählte zu den Auserwählten? Einige schieden nämlich von vornherein aus. Zum Beispiel Ledige, Geschiedene, Vorbestrafte und Oppositionelle. Denn wer schon fahren durfte, sollte garantiert wieder zurückkommen. Die Wahl fiel auf die Sängerinnen Vera Friedemann und Marlene Reinhardt, auf die Sänger Karl-Heinz Koch und Reinhard Schulze. Mir übertrug man die künstlerische Verantwortung. Die Schauspielerin Christel Peters, die Frau des Intendanten, und eigenartigerweise der Schauspieler Lutz Riemann fungierten als Rezitatoren. Zu dieser kleinen Gruppe gesellte sich noch als Reiseleiter Genosse Wollenschläger von der Bezirkspresse ›Freies Wort‹. Das Programm bestand aus Liedern und Arien und einigen Songs von Eisler, Brecht und Weill. Es wurde von Genossen der SED abgenommen. Auch mussten wir es den Studenten der Bezirksparteischule in Schleusingen vorstellen. Wegen unserer Reisepässe fuhr Genosse Herbert Wollenschläger extra einen Tag vor der Abreise nach Berlin, um sie aus Sicherheitsgründen persönlich in Empfang nehmen zu können.«

Bericht »Richard König«
»Abteilung XX/7, Suhl, den 12. 3. 1975, Bericht über eine Reise einer Künstlergruppe des Meininger Theaters in die BRD.
Am 5. 3. 1975 verließen mit dem D 456 von Leipzig über Eisenach nach Frankfurt/M. folgende Kollegen des Meininger Theaters die DDR anläßlich eines Gastspieles in der BRD:
Herbert Wollenschläger, SED, Reiseleiter der Gruppe
– Wolfgang Hocke, künstlerischer Leiter der Gruppe, Musikdirektor am Meininger Theater, SED
– Christel Peters, Schauspielerin am Meininger Theater, SED
– Reinhard Schulze, Sänger am Meininger Theater, parteilos
– Marlene Reinhardt, verh. Wieck, Sängerin am Meininger Theater, parteilos

– Vera Friedemann, Sängerin am Meininger Theater, parteilos
– Karl-Heinz Koch
und als Gast Lutz Riemann, Schauspieler, freischaffend, SED-Angehöriger.«

Erinnerung Wolfgang Hocke:
»Am 5. März 1974 trafen wir uns um 6 Uhr voller Erwartung auf dem Meininger Bahnhof. Für mich war es spannend, die Grenzanlagen überhaupt einmal sehen zu dürfen. Und als der Zug zwischen Eisenach und Bebra plötzlich ganz ruhig fuhr, wusste jeder, jetzt hatten wir die Grenze passiert. Gleich danach wurde uns das Tagesgeld von 27 DM West ausgezahlt. Die Eindrücke waren überwältigend. Und wir vergaßen sehr oft, dass wir uns in verbalen Äußerungen zurückzuhalten hatten. Nach der Wende musste ich feststellen, dass in meiner Stasi-Akte jedes unbedachte Wort, jede Geste, auch vermeintliche Stimmungen festgehalten worden waren.«

Bericht »Richard König«
»Wir stiegen in Eisenach in diesen D 456, der mit etwa 20 Min. Verspätung gegen 9.40 Uhr Eisenach in Richtung Kontrollpunkt Gerstungen die DDR verließ.
Die erste Kontrolle durch bundesrepublikanische Organisationen oder Anstalten erfolgte im D-Zug zwischen dem Kontrollpunkt Gerstungen und dem westdeutschen Kontrollpunkt Bebra, der gleichzeitig für uns Umsteigestation war, und zwar durch einen in der Uniform der Bundesbahn auftretenden Zugbegleiter, der in jedem Abteil sich bei den Reisenden, bei jedem Einzelnen nach dem Reiseziel innerhalb der BRD oder ob Transitreisender erkundigte und dann den betreffenden Reisenden die Umsteigemöglichkeiten, Fahrplanzeiten, Abfahrtszeiten usw. ansagte. Wir verließen, angekommen am Kontrollpunkt Bebra, den D 456, und auf dem Bahnsteig in Bebra waren insgesamt zehn bis elf Uniformierte des Bundesgrenzschutzes

zu sehen. Vier von ihnen sperrten am Anfang, am Kopf des Zuges, kurz hinter dem Gepäckwagen, quer den Bahnsteig ab, so daß die Reisenden alle in einer bestimmten Richtung auf ein Gebäude, das sich nachher als ein Kontrollgebäude für uns herausstellte, gehen mußten. Wir wurden also auch dort in die Richtung verwiesen – bitte gehen Sie dort entlang – einer dieser vier Beamten des Bundesgrenzschutzes hatte dort auch einen Hund bei sich, bewaffnet waren sie offensichtlich mit Pistolen. Dann waren noch einige Angehörige des Bundesgrenzschutzes so auf dem Bahnsteig selber verteilt, die am Zug auf dem Bahnsteig entlanggingen und den Zug beobachteten. Auf der anderen Seite des Zuges, das konnte ich dann später feststellen, patrouillierten zwei Angehörige, ebenfalls Uniformierte, die ich aber zu den zehn bis elf genannten Beamten des Bundesgrenzschutzes dazu zähle, einen Zwischenbahnsteig, auf dem keine Personen aussteigen, sondern Gepäckwagen, Lastwagen, die an den Zug heranfahren können. Auf diesem Zwischenbahnsteig patrouillierten zwei Angehörige des Bundesgrenzschutzes, bewaffnet mit Maschinenpistolen, den Zug. In diesem Gebäude des Kontrollpunktes Bebra, das wir passieren mußten, wurden wir von Angehörigen des Bundesgrenzschutzes, die offensichtlich nicht bewaffnet waren, kontrolliert. Die Beamten standen am Eingang von vier Türen. Ich habe von diesem Raum auch eine Skizze angefertigt, und es gibt auch zwei Fotos von diesem Gebäude, die ich ziemlich unauffällig machen konnte, die ich später diesem Bericht zufüge. In diesem Raum wurden wir, wie gesagt, kontrolliert von Beamten des Bundesgrenzschutzes. [...] Ich konnte es so einrichten, daß ich als erster unserer Gruppe kontrolliert wurde, um anschließend die Möglichkeit zu haben, zum Zweck des Wartens auf meine Kollegen, den Kontrollvorgang in diesem Raum beobachten zu können. [...]

Außerdem wurde ich befragt, ob meine Adresse noch stimmen würde, die im Reisepaß steht, was ich mit ja beantwortete.

Außerdem wurde ich gefragt nach dem Reiseziel. Ich antwortete darauf Nürnberg, und man fragte mich, wen ich dort aufsuchen würde, und ob die Reise dienstlich oder privat sei. Ich antwortete – dienstlich –. Wen ich dort aufsuchen wollte, und ich antwortete darauf – wir werden von einer Künstleragentur aus der BRD dort erwartet, wo wir auftreten als Schauspieler, das weiß ich nicht. Der Beamte fragte dann noch, ob ich vielleicht im Theater auftreten würde, und ich sagte: vielleicht, wir werden das alles erst in Nürnberg erfahren. [...] Bei allen Reisenden unserer Gruppe wurde dann in ähnlicher Weise gefragt [...] Danach sind wir dann aus diesem Gebäude alle zusammen gegangen und haben diesen Bahnsteig dort verlassen. Wir sind dann auf der weiteren Fahrt nach Nürnberg nicht mehr kontrolliert worden von örtlichen Angehörigen des Bundesgrenzschutzes. Mir ist auch sonst nichts Auffälliges zu Gesicht gekommen.«

Im weiteren Verlauf des IM-Berichtes wird klar, wer die Künstlergruppe eingeladen hat: die DKP-Nordbayern. Die westdeutschen Kommunisten organisierten Auftritte in Fürth (Gasthof »Zum schwarzen Kreuz«), Bamberg (Gasthof »Zum roten Ochsen«), Stuttgart (Raichschule/Turnhalle) und

»Karlsruhe (Name der Gaststätte wird noch nachgereicht).«

Erinnerung Wolfgang Hocke:
»Gleich am ersten Tag erklärte Wollenschläger, dass wir eine Parteigruppe zu bilden hätten. Wohlgemerkt, wir waren lediglich vier Genossen und wählten tatsächlich einen Vorsitzenden und seinen Stellvertreter. Ich blieb verantwortlich für die künstlerische Arbeit. In Nürnberg holten uns Vertreter der DKP ab und brachten uns zum Vorsitzenden, dem Genossen Stiefvater. Da wir bis zum Abend Zeit hatten, lief ich mit Karl-Heinz Koch in die Stadt, um von ihr möglichst viel zu sehen. Um Geld zu sparen,

konzentrierten wir uns auf die billigsten Waren. Mit dem Kauf von verdorbenen Apfelsinen erhielten wir die erste Lektion. Bis dahin hatten wir geglaubt, dass es schlechte Produkte im Westen überhaupt nicht gibt. Nicht allzu weit von der Nürnberger Oper schrie plötzlich einer quer über die belebte Straße: ›Hocke! Bist du abgehauen?!!!‹ Es war der Trompeter Bernd Schreier, für den ich in Dresden in meinem Ballett Little Rock extra die Trompetenpartie komponiert hatte, der Bruder des Sängers Peter Schreier.«

Unterdessen stellt der IM »Richard König« mit großem Erstaunen fest, dass das Rezeptionspersonal beim Einchecken in den Hotels kaum Fragen stellt. Die Rezeptionisten entschuldigen sich sogar: Man möchte nur deshalb die Namen der Gäste wissen, um eingehende Telefonanrufe so zügig wie möglich auf die Zimmer durchstellen zu können. »Richard König« bemerkt dazu:

»Wir haben keinerlei Anmeldeformulare oder irgendetwas je zu sehen bekommen, keiner von uns, und auch nicht ausfüllen müssen.«

Das ist ein ungeheurer Vorgang für einen DDR-Bürger, der von seinem Leben in der Diktatur anderes gewohnt ist, nämlich in jedem noch so intimen Bereich des Lebens kontrolliert zu werden. Was mag in »Richard König« vorgegangen sein?

Wie erlebte er die Nonchalance und Freizügigkeit der Bundesrepublik? Musste sein Weltbild nicht wackeln in diesen Momenten, in denen er keines seiner Vorurteile bestätigt fand? Nichts wackelte. Dafür war er viel zu beschäftigt mit der Überwachung seiner Kollegen. »Richard König« berichtet:

»Ich möchte einschätzen, daß unsere Auftritte in den genannten Orten in der BRD vom künstlerischen wie auch vom ideologischen Wert her durchaus als Erfolg zu bezeichnen sind. Alle

Kollegen haben nach Möglichkeit versucht, ihr Bestes zu geben, und das ist auch so beim Publikum verstanden worden.«

Einer allerdings wird von diesem Lob ausdrücklich ausgenommen. Der IM ist so unzufrieden mit dem Verhalten des »Genossen Hocke«, dass die Stasi davon erfahren muss. Musikdirektor Hocke habe sich

»in Karlsruhe, aber besonders in Stuttgart dazu hinreißen lassen, bei seiner musikalischen Begleitung besonders taktlos Kollegen anzutreiben, zur Eile beim Vortrag, so daß es auch vorkam, daß sich die Kollegen, besonders die Kollegin Friedemann im Vortrag versungen hat. Das geschah aus dem Grunde, um sehr schnell mit dem Programm fertig zu sein und diese Veranstaltung verlassen zu können. Das war, so wie sich das herausgestellt hat, die Absicht des Genossen Hocke.«

Es kommt noch schlimmer. Hilflos muss der IM mit ansehen, wie sich zwei Reiseteilnehmer unerlaubt vom Kollektiv absondern.

Erinnerung Wolfgang Hocke:
»Vor dem Theater trafen wir, Karl-Heinz Koch und ich, zufällig auch noch den ehemaligen Meininger Tenor Sándor Arisz, unseren Radames aus ›Aida‹. Der freute sich und nahm uns gleich mit in seine Garderobe. Persönliche Kontakte waren uns untersagt. Da es schon später Nachmittag war, mussten wir sein Angebot, mit ihm nach Hause zu fahren, ablehnen, versprachen aber, nach unserem Auftritt zu kommen. Arisz wollte uns gegen 22.30 Uhr vom Hotel abholen. Irgendwie hatte Lutz Riemann davon erfahren und wollte dabei sein. Das versuchten wir zu verhindern, und es klappte auch. Arisz wartete vor dem Hotel und fuhr durch das nächtliche, für uns durch die Lichtreklame beeindruckende Nürnberg. Wir blieben bis vier Uhr morgens in seiner Wohnung und sprachen über vergangene Zeiten. Riemann fragte uns am

nächsten Tag, ob wir bei Arisz gewesen seien. Warum sollten wir lügen, wir bestätigten es. Die Nachwirkungen bekam ich bald zu spüren. [...] in Meiningen wurde ich deshalb zur Rechenschaft herangezogen. Es gab ein Parteiverfahren, weil ich die Belehrung missachtet hätte, Kontakte zu westdeutschen Bürgern zu meiden.«

Bericht »Richard König«:
»Vorkommnisse: zu Kontaktaufnahmen von Mitgliedern unserer Gruppe mit Bundesbürgern kam es bei folgenden Genossen und Kollegen: [...] Wolfgang Hocke: er nahm immer zusammen Kontakt mit Karl-Heinz Koch auf. Das begann bereits, ich kann das allerdings nur vermuten, am Mittwoch, am Tag unserer Ankunft in Nürnberg. Wir hatten uns im Hotel, nachdem sich alle frisch gemacht hatten, verabredet, daß wir gemeinsam einen Stadtbummel machten. Wir sollten abgeholt werden von einem Genossen, der mit dem Vornamen Helmut heißt und fest Angestellter des DKP-Vorstandes Nordbayern ist [...] mit diesem Genossen gingen also Hocke und Koch, während wir alle noch auf einige Kolleginnen warteten, vor die Tür des Hotels Victoria, und sie waren dann plötzlich verschwunden. Sie sonderten sich von vornherein von unserer Gruppe ab, machten sich selbstständig. Kurze Zeit später trafen wir die beiden vom Theater, genauer gesagt vom Opernhaus in Nürnberg kommend, in einer Straße in der Nähe des Kaufhauses Hertie. Ich nehme an, daß bei diesem Besuch im Opernhaus in Nürnberg der Genosse Hocke und der Kollege Karl-Heinz Koch versucht haben, Adresse und Telefonnummer von zwei Nürnberger Bürgern zu erhalten, und zwar
1. von einem Ungarn, der auf legalem Wege in der BRD arbeitet, als Sänger, Schandor Aresch, der jahrelang auch in Meiningen am Theater engagiert war als Tenor und jetzt seit einiger Zeit in Nürnberg arbeitet, von dem sie auch wußten, daß er in Nürnberg engagiert ist.

2. von einem republikflüchtigen, ehemaligen Kommilitonen des Genossen Hocke aus der Dresdner Studienzeit, dem Bruder des bekannten Sängers aus unserer Republik Peter Schreier, der dort wohl als Konzertmeister in Nürnberg im Orchester der städtischen Bühnen arbeitet. [...]
Am 8. 3. früh beim Frühstück erachtete es der Genosse Wollenschläger für erforderlich [...], den Genossen Hocke besonders und auch den Kollegen Koch daraufhin anzusprechen, daß das nicht in Ordnung wäre, was sie täten, daß sie sich dauernd von der Gruppe absonderten, und daß sie das doch bleiben lassen sollten. Sie haben das offensichtlich nicht sehr ernst genommen, denn der Genosse Hocke und der Kollege Koch haben schon bei ihrer nächsten Station, die also in dieser Frage für sie in Betracht kam, ähnliche Kontaktaufnahmen versucht und zwar in Stuttgart.«

Und so weiter und so weiter. Auf sage und schreibe 16 Seiten dieser Art meldet »Richard König« diese und andere Ereignisse seinem Führungsoffizier. Sein Bericht gipfelt in der Überschrift »Besondere Vorkommnisse im Zug auf der Rückfahrt von der BRD zurück in die DDR«. Der Spitzel hatte nämlich gehört, wie einige Reiseteilnehmer über einen Besuch im Sex-Shop sprachen. Pikant, pikant! Frei zugängliche Pornografie ist in der DDR ein Tabu und deshalb natürlich attraktiv. Zwei der Künstler hatten den Besuch beim Klassenfeind genutzt und dem Sex-Shop neugierig einen Besuch abgestattet. »Richard König« hält dies offenbar für meldepflichtig. Der IM behält die Sünder im Blick. Während sich der Zug der innerdeutschen Grenze nähert, beobachtet er bei einem der Künstler eine »besondere Nervosität«, die auch den anderen nicht verborgen bleibt und diese zu witzelnden Bemerkungen anregt:

»Na, du weißt wohl nicht, wo du deine Pornofotos verstecken kannst oder deine Zeitungen unterbringst?«

Der Verdächtige verschwindet auf der Toilette,

> »die neben unserem Abteil direkt war in diesem Wagen, blieb dort eine ganze Zeit, und es klapperte dort etwas herum. Ich habe mir dies dort noch einmal angesehen. Mir ist persönlich nichts aufgefallen. [...] Während wir also alle in unserem Abteil saßen am Kontrollpunkt dann bei uns in Gerstungen, gingen zwei Zollbeamte, einer mit einer Leiter unter dem Arm, auch in diese Toilette. Und man hörte dort ein ähnliches Klappern wie vorher auch [...] mir fiel auf, daß dann diese zwei Zollbeamten von uns diese Toilette verließen mit einem Bündel von Presseerzeugnissen unter dem Arm. Dabei glaubte ich eine Illustrierte zu sehen. Ich kann nicht sagen, um welche es sich dabei handelte.
> Gezeichnet ›Richard König‹«

Liest man diesen Bericht in der Rückschau, ist es nicht verwunderlich, dass die Stasi an der Unmenge sinnloser Spitzelberichte zu ersticken drohte. In der computerlosen Zeit der 1970er- und 1980er-Jahre mussten Dokumente noch »händisch« ausgewertet, katalogisiert und abgelegt werden. Das war zwar gänzlich unproduktiv für die Volkswirtschaft, trug andererseits aber zur »Vollbeschäftigung« in der DDR bei, und darauf war die SED besonders stolz. »Richard Königs« Bericht ist ein Beispiel für die Unmengen heißer Luft, die die Stasi in 40 Jahren produzierte. Man bemerkt das Bemühen des Stasi-Mannes, zu liefern und den Eindruck zu erwecken, dass hier ein Undercover-Spion dabei ist, den bundesdeutschen Grenzschutz in geheimer Mission auszuspionieren und politisch fehlgeleitete DDR-Bürger zu denunzieren. Tatsächlich beschreibt »Richard König« nur eine Routine-Kontrolle an der deutsch-deutschen Grenze, die bis zur Lächerlichkeit aufgeblasen wird, und erstattet Bericht über Menschen, die nichts weiter wollten, als einen seltenen Moment der Freiheit im Westen genießen. Immerhin: Zwei Jahre später wurde das Meininger Musiktheater erneut zu Konzerten in die Bundesrepublik eingeladen, wie sich Wolfgang Hocke erinnert:

»Ich durfte trotz der Rüge nach der ersten Reise wiederum den Klavierpart übernehmen, bekam aber eine Sonderbelehrung.«

Übrigens war »Richard König« auch bei dieser zweiten Konzertreise wieder mit von der Partie.

Ein heißes Eisen

In jenem Sommer 1975 kann »Richard König« gewiss sein, dass Roger Nastoll ihm auf den Leim gegangen ist. Dieser betrachtet den IM mittlerweile endgültig als Freund. Der Stasi-Spitzel hält deshalb die Zeit für gekommen, nun auch das »Podium Suhl« zu thematisieren. Obwohl er den Boden penibel vorbereitet hat, weiß er dennoch, dass es sich bei dieser Versammlung um ein heißes Eisen handelt. Nastoll darf auf keinen Fall misstrauisch werden.

»Am gestrigen Nachmittag, also am 5. 6. 1975, traf ich mit Nastoll in Suhl zusammen. Wir hatten diesen Treffpunkt vorher telefonisch miteinander vereinbart. Wir waren zusammen in der Milchbar in Suhl. [...] Dann unterhielten wir uns über dieses Podium. Nastoll klassifizierte diese Organisation als eine oppositionelle Vereinigung [...] er meinte, alle jungen Leute, die in diesem Bezirk schreiben, würden sich jetzt dort in Suhl treffen und dort ihre Arbeiten vortragen. [...] Er wollte dort gestern hingehen, deswegen wäre er auch nach Suhl gekommen. Ich habe dann noch versucht dort mit hinzukommen [...] aber darauf ist Nastoll nicht eingegangen. Aktiver konnte ich da nicht werden.«[47]

47 BStU, Abteilung XX/7 der BV des MfS, Suhl, den 12. 8. 1975, Ly/Mi, Bericht zu Roger Nastoll.

Trotzdem hat die Staatssicherheit mittlerweile so viele Informationen zusammengetragen, dass sich Hauptmann Timmler eine zusammenfassende Einschätzung und die Entwicklung eines Maßnahmeplans zutraut:

> »Von Seiten der SED-Bezirksleitung und staatlichen Institutionen wurde das Podium als Plattform negativer intellektueller Kulturschaffender und Jungerwachsener erkannt, und auf Veränderung gedrängt.«[48]

Das Ziel dieser »Veränderungen« und der anzuordnenden Maßnahmen besteht, so der Stasi-Jargon, in der »Dokumentierung der Feindtätigkeit, der Zurückdrängung des Einflusses der verdächtigen Personen und Verächtlichmachung derselben vor den anderen Mitgliedern des Podiums«. Außerdem soll mit der Durchführung von »Zersetzungsmaßnahmen« begonnen werden, mit dem Ziel, die Öffentlichkeitswirksamkeit der Gruppe zu zerschlagen. Im Mittelpunkt der Operation steht Roger Nastoll. In ihm erkennt die Staatssicherheit den Hauptfeind. Unter Punkt 2.3.3 des Maßnahmeplanes heißt es:

> »Die verdächtige Person Nastoll, Roger [...] unternimmt die stärksten Bemühungen, freischaffend arbeiten zu können und bei Verlagen der DDR mit seinen Arbeiten unterzukommen. N. ist unter Legende offiziell zu den objektiven Handlungen der Gruppe zu befragen, mit dem Ziel, daß er zum gegebenen Zeitpunkt über die feindlichen Absichten der Gruppe vor den Schriftstellern des Bezirkes spricht [...] IME ›Richard König‹ hat N. unter Wahrung der Konspiration darauf vorzubereiten.«

48 BStU, Abteilung XX/7 der BV des MfS, Suhl, den 20. 10. 1975, Ti/Hy, Maßnahmeplan (VAO »Literat«).

Im Klartext: IM »Richard König« soll Roger Nastoll in flagranti bei »negativ-feindlichen« Taten erwischen, ja, er soll ihn quasi dazu anstiften und dann überführen.

Zunächst aber sind die Spitzel »Peter« und »Heinz Falk« im Einsatz. Sie sollen das »Podium Suhl« weiter beobachten und ausspionieren. Besonders ärgert die Stasi, was der Inoffizielle Mitarbeiter »Peter« herausarbeitet. »Peter« gelingt es, sich durch die Bekanntschaft mit dem Leiter des Literaturkreises, Michael Wolfram, in Veranstaltungen einzuschleichen. Michael Wolfram lädt »Peter« ein, nicht ahnend, dass er einen IM einschleust, der der Stasi in allen Einzelheiten berichtet.

> »Dieser Arbeitskreis Literatur trifft sich monatlich einmal und zwar immer am Freitagabend und am Sonnabend Vormittag; [...] Zuvor schon beim Podium Suhl und auch jetzt beim Arbeitskreis für Literatur wurden mehrfach gesellschaftlicher Auftrag und Anspruch des Arbeitskreises formuliert.«[49]

Die anwesenden Schriftsteller lesen sich bei den Veranstaltungen gegenseitig aus ihren Werken vor. Anschließend diskutieren sie darüber, zuweilen auch durchaus kontrovers. Man bespricht den Inhalt und den Gegenstand einer Geschichte ebenso wie die stilistischen Feinheiten und die Grammatik. Natürlich üben die Künstler in ihren Werken auch Kritik an den bestehenden Verhältnissen in der DDR. Zwar will die DDR eine sozialistische Kunst, die die Gesellschaft in den Mittelpunkt stellt, also eine Kunst, die ein gesellschaftliches Thema zum Gegenstand hat, aber eine damit einhergehende etwaige Kritik an den Verhältnissen ist damit nicht gemeint. Mit Schrecken stellt IM »Peter« fest, dass Roger Nastoll in seinen eigenen Werken durchaus nicht »nach der Methode des sozialistischen Realismus arbeiten« will:

49 BStU, Suhl, den 6. 11. 1975, Bericht von »Peter« vom 20. 10. 1975.

»Das beweist sich an verschiedenen Diskussionen, wo Roger Nastoll, der sich da meist zum Sprecher aufschwingt, erklärte zum Beispiel bei einer Zusammenkunft, daß es ihn zunächst überhaupt nicht interessiert, in welchen gesellschaftlichen Anspruch er zu realisieren wird, ihm ganz egal sei, welcher gesellschaftlicher Gegenstand seine Literatur nun gestalten möchte, sondern daß es ihm darum geht, es in einer guten Sprache, in einer esthetisch reinen und schönen Form zu bringen und erst in zweiter Linie interessieren ihm dann der gesellschaftliche Gegenstand, die Gewichtigkeit des gesellschaftlichen Gegenstandes, der sich übrigens dann ganz von selbst realisiert. Die Bemerkung macht er anläßlich einer Diskussion über das Manuskript eines weiteren Mitglieds, nämlich von Hans Schlütter, der also Mittelpunkt seiner Darstellung die deutsch-sowjetische Freundschaft gerückt hat und die Darstellung dieses Problems erschien Nastoll zu vordergründig, nicht künstlerisch genug.«[50]

Ästhetisch rein und schön ist die Stasi-Sprache hingegen nicht, wie »Peters« Bericht eindrucksvoll demonstriert. »Die Texte entlarven die Denkweise ihrer Verfasser und geben damit den Blick frei auf die Mechanismen der SED-Diktatur. Die Banalität von Sprache und Inhalt, gepaart mit orthographischen Fehlern, reizt auch zum Lachen. Einem Lachen, das einem im Halse stecken bleibt, wenn man langsam begreift, welche ernsthaften Konsequenzen diese Vorgehensweise [...] für Menschen in der DDR hatte.«[51] »Peters« Kollege, IM »Heinz Falk«, besucht Roger Nastoll auch privat. Dieser hat keine Ahnung, wem er da Zutritt zu seiner Wohnung gewährt. Er hält ihn für einen an Literatur interessierten Menschen, für einen Bekannten, wenn nicht gar für einen Freund. Dass »Heinz Falk« ein Spitzel ist, ahnt er ebenso wenig, wie er hinter Lutz Riemann den IM »Richard König« vermuten

50 Ebenda.

51 Heike Bachelier, Ein ganz normaler Feind, München 2012, S. 10.

würde. Roger Nastoll steckt in dieser Zeit in den Vorbereitungen zu einem Buch »Wander-Impressionen aus Nord Thüringen« und erzählt »Heinz Falk« über

> »seine gegenwärtigen Pläne in literarischer Hinsicht; er habe nun vor, nachdem er den Vertragsabschluß mit dem Greifen Verlag habe, sich noch Ende des Jahres und vorwiegend dann im Frühjahr auf Materialbeschaffung zu machen zu dieser Arbeit, d. h. diese Wanderung, die er dann im Buch nachvollziehen will, tatsächlich vorzunehmen. Weiterhin äußerte er sich über das Problem, daß er zur Zeit im staatlichen Rundfunkkomitee habe, er hatte dort durch Vermittlung des Kollegen Riemann aus Meiningen mit einem Expose ein Hörspiel vorgestellt, was ihm auch honoriert wurde.«[52]

»Heinz Falk« berichtet im Folgenden darüber, dass Roger Nastoll über die Reaktion des Rundfunkkomitees unglücklich war. Das Rundfunkkomitee hatte dem Schriftsteller einen Brief geschrieben. Offensichtlich gab es inhaltliche Auseinandersetzungen. Während Roger Nastoll in dem Hörspiel eine ernsthafte Geschichte über einen ambitionierten Wissenschaftler vorschwebte, wollte das Rundfunkkomitee lieber eine komödiantische Handlung realisieren. Gegenüber dem IM »Heinz Falk« beschwerte sich Roger Nastoll über diese Einflussnahme und bezeichnete den Brief des Komitees als dumm. Er erwähnt gegenüber »Heinz Falk« auch die Bekanntschaft mit dem Schauspieler Lutz Riemann. Von diesem erhoffe er sich Hilfe. Lutz Riemann habe Verbindungen, er treffe sich ständig mit allen möglichen Regisseuren. Auf diese Weise, so Nastolls Hoffnung, würde er seine Arbeiten auch beim Fernsehen unterbringen können.

52 BStU, Bericht von »Heinz Falk« vom 31. 10. 1975.

Onkel Peer

»Es war meist dunkel«, schrieb die WELT am Sonntag im August 2013, »wenn Peer Steinbrück Mitte der 70er-Jahre in die DDR einreiste.«[53] Er sei an den Rammböcken und dem Kontrollturm vorbeigefahren, habe den bewaffneten Grenzsoldaten der DDR seine Papiere gezeigt und nach der Kontrolle den Übergang passieren dürfen: die innerdeutsche Grenze, Bundesstraße 19 zwischen Mellrichstadt in Bayern und Thüringen. Was hier so geheimnisvoll konspirativ klingt, hatte eine banale Ursache. Peer Steinbrück wollte seinen Aufenthalt in der DDR voll ausnutzen. Der Einreisetag begann um 0.00 Uhr. Besuche mussten angemeldet werden, die DDR verlangte zwanzig D-Mark Zwangsumtausch pro Person zum Kurs von 1:1. So war das damals zur Zeit der deutschen Teilung, und Peer Steinbrück hatte nicht die Absicht, »denen« eine Besuchsstunde oder auch nur eine einzige Westmark zu schenken. Peer Steinbrück, der Cousin meiner Mutter, ist – komplizierte Verwandtschaftsterminologie – mein Onkel zweiten Grades.

»Als Peer Steinbrück bei euch ankam, in diesem Herbst 1975, muss es mitten in der Nacht gewesen sein. Hast du schon geschlafen?«, fragt mein Imperialist.

»Ja. Ich war aber so aufgeregt, dass ich die Ankunft von Onkel Peer trotzdem mitbekam. Die Wand, an der mein Bett stand, war die Wand zum Hausflur. Ich hörte, wie meine Eltern Onkel Peer ins Wohnzimmer lotsten. Ich habe die Stimmen gehört. Ich platzte vor Neugier, ich musste raus und gucken. Und ich würde behaupten, bei dem ersten Besuch zumindest, dass Onkel Peer noch in dieser Nacht die mitgebrachten Geschenke auspackte und uns übergab. Über die Geschenke von Onkel Peer habe ich

53 Banse/Behrendt, Steinbrück, Stasi und »die Freunde«.

mich immer riesig gefreut. Ich darf an dieser Stelle vorwegnehmen, dass die Weihnachtsgeschenke der Familie Steinbrück wirklich immer sehr sinnvolle und bleibende Geschenke waren. Dieses erste Geschenk werde ich deshalb auch nie vergessen. Es war ein riesengroßer roter Malkoffer, darin ein Tuschkasten mit riesigen Farbtabletten. So etwas hatte ich noch nie gesehen. Fünf Farbtabletten, fünf Filzstifte und fünf Wachsstifte waren darin. Diese Stifte habe ich oft verwendet, die übriggebliebenen Stummel habe ich heute noch. Und natürlich waren auch Pinsel in dem Koffer. Außerdem gab es einen Zeichenblock mit über hundert Blatt, so etwas hatte ich auch noch nie gesehen. Und richtig irre fand ich, dass auf dem Deckblatt ein großes gemaltes Clownsgesicht war. Mit diesem Koffer bin ich superstolz in mein Bett gegangen. Onkel Peer brachte uns auch Süßigkeiten mit: ›Nuts‹. Das war ein Riesenriegel, ein dickes Ding. Natürlich habe ich spät in der Nacht nicht mehr reingebissen …«

Bei jedem folgenden Besuch und auch zu Weihnachten gab es Geschenke von Familie Steinbrück, ausgesucht mit Fantasie und Einfühlung in das, was Kinder in der DDR gebrauchen konnten, was ihre Kreativität anregte. Kreativ war auch Onkel Peers Mutter Ilse. Sie schickte uns Schokoladen-Weihnachtsmänner. Als ich die bunte Folie meines Weihnachtsmannes auswickelte, fiel plötzlich – es war angesägt – das Fußteil herunter. Darin fand ich, klein in Alufolie gefaltet, einen 10-DM-Schein. Meine Befürchtung, ich müsse das kostbare Westgeld mit meinem Bruder teilen, war unbegründet. Sein Weihnachtsmann hatte nämlich auch ein Geheimfach.

»Und wie war er so, dein Onkel? Mochtest du ihn?«

»Die wenigen Tage, die Onkel Peer bei uns in Meiningen war, habe ich sehr genossen. Ich war allerdings eine ziemliche Quatschliese. Onkel Peer war einer, der mir auf den Kopf zu sagen konnte, dass man jetzt aber mal die Klappe halten sollte. Auf eine direkte Art ließ er mich wissen, wann ich ihm auf den Keks ging. Ich habe es aber nicht krummgenommen. Er hatte etwas Interessantes, etwas Faszinierendes. Toll fand ich, wie er mit einem gekonnten Löffelschlag das Frühstücks-Ei köpfte. Suspekt war mir allerdings: Wie kann man nur schwarzes Johannisbeeren-Gelee auf Camembert essen?«

»Hast du Peer Steinbrücks Frau auch kennengelernt?«

»Ja. Später brachte er auch seine Frau Gertrud mit. Das war dann auch noch einmal eine ganz besondere Situation. Gertrud hatte so schöne lange blonde Haare. Gertrud ging ich auch öfter auf den Keks, weil ich ihre Haare immer frisieren musste. Wenn sie am Frühstückstisch saß, wenn alle Erwachsenen noch am Tisch hockten und sich unterhielten, dann fragte ich dauernd: ›Darf ich dich kämmen?‹ Jaja, du darfst, sagte Gertrud. Und dann habe ich sie stundenlang gekämmt und ihre Haare geflochten.«

»Ein solcher Besuch von West-Verwandtschaft war für den gemeinen DDR-Bürger immer mit Problemen verbunden. Über derartige Verbindungen sprach man nicht. Die SED sah in den Nachbarn aus der Bundesrepublik nicht in erster Linie Menschen, sondern Feinde, wenn nicht gar Faschisten von Geburt. Und bei euch?«

»Auch in diesem Fall gab es seitens meiner Eltern keine Anweisung, dass wir Kinder von den Besuchen Onkel Peers nichts erzählen durften. Im Gegenteil, wir haben in der Schule sofort erzählt, dass wir Besuch aus dem Westen hatten. Wenn andere Familien Westbesuch hatten, stand meistens ein Mercedes, ein BMW oder ein Audi vor der Tür. Mit meinem Onkel konnte man in dieser Beziehung überhaupt nicht prahlen, vor unserer Tür stand sein VW-Käfer. Der Wagen war sichtbar alt und gebraucht. Er war rot, wobei eine seiner Türen ein anderes Rot aufwies, also einen anderen Farbton. Die Tür war ganz offensichtlich ersetzt oder neu lackiert worden. Wir empfanden das Auto als Stückwerk. Jedenfalls gab das Auto von Onkel Peer uns keinen Anlass, damit zu prahlen, dass wir Westbesuch hatten. Bei uns stand ein popeliger VW-Käfer vor der Tür, der farblich auch noch zerfetzt aussah.«

»Habt ihr alle gemeinsam etwas unternommen?«

»Ich erinnere mich, dass wir mit ihnen sehr viel umhergefahren sind. Wir fuhren nach Weimar und in die Gedenkstätte Buchenwald. In Weimar haben wir uns das Schiller-Haus und das Goethe-Haus angesehen. Mein Vater war der Stadtführer. Denn es war ja noch gar nicht lange her, dass er am Theater in Weimar gespielt hatte. Das Theater zeigte er natürlich auch. Ich fand Weimar immer schön, ich bin gern dort gewesen. Peer Steinbrück war zu dieser Zeit etwa achtundzwanzig oder neunundzwanzig Jahre alt. Mein Vater ist sieben Jahre älter. Ich erinnere mich, dass die beiden viel Schach gespielt haben. Als Kind wollte ich bei den Gesprächen der Erwachsenen unbedingt immer dabei sein. Das galt auch für die Besuche anderer Erwachsener. Aber bei Onkel Peer war es nochmal etwas Besonderes. Denn er kam ja aus dem Westen. Besonders die Mahlzeiten hatten es mir angetan. Und hier insbesondere das Frühstück. Das war immer ausgedehnt. Man blieb am Tisch sitzen und unterhielt sich. Es langweilte mich überhaupt nicht, dass Dinge besprochen wurden, von denen ich keine Ahnung hatte. Ich habe den Menschen einfach gern zugehört, ich konnte mich für ihre Stimmen begeistern.«

»Für ihre Stimmen?«

»Ja. Die Sprache, zum Beispiel dieses Hamburgische von Peer. Ich mag es, wenn jemand eine schöne Stimme hat – oder anders ausgedrückt: wenn jemand etwas Schönes in der Stimme hat. Und bei Peer Steinbrück lag etwas Schönes darin, genau wie bei meinem Vater mit seiner ausgebildeten Schauspielerstimme. Ich musste diese Leute gar nicht sehen, es reichte mir, ihren schönen Stimmen zuzuhören. Zu meinem Missvergnügen beschloss mein Vater an einem bestimmten Punkt, dass wir Kinder nun den Esstisch zu verlassen hatten, man gab uns die Aufgabe, unsere Zimmer aufzuräumen. Wir sollten saubermachen, wurden gefragt, ob wir unsere Schularbeiten schon erledigt hatten. Mein Vater sagte das durchaus sehr ernst und nachdrücklich. So nachdrücklich, dass man auch wirklich vom Tisch aufstand. Ich denke, dass es in diesen Momenten dann um politische Themen ging. Da machte mein Vater ganz bewusst die Wohnzimmertür zu.«

Während der Beschäftigung mit diesem Abschnitt dämmerte es mir, dass die Enttarnung meines Vaters als IM ja eigentlich nur ein Nebenaspekt der WELT-Geschichte war und »Richard König« für die Journalisten nur das Vehikel, Peer Steinbrück kurz vor der Bundestagswahl in die Schlagzeilen zu bringen, in negative Schlagzeilen: »Steinbrück, Stasi und ›die Freunde‹«. Erst jetzt begriff ich, dass mit den Freunden keineswegs meine Familie gemeint war, sondern der Moskauer KGB. Ich las den WELT-Artikel ein weiteres Mal, und zwar aus der Perspektive Steinbrücks. Mit rhetorischen Fragen und absurden Anspielungen versuchte die Springer-Presse offenbar, Steinbrück in die Nähe der DDR-Staatssicherheit, ja sogar des sowjetischen Geheimdienstes zu rücken. »Es war meist dunkel, wenn Peer Steinbrück Mitte der 70er-Jahre in die DDR einreiste. […] Steinbrück hat nie viel von dieser Zeit erzählt«,[54] raunte die WELT geheimnisvoll. Das klang weniger nach einem Einstieg in einen investigativen Bericht

54 Ebenda.

als vielmehr nach gezielt platziertem Argwohn wider besseres Wissen. Das Springer-Blatt enthüllte die Existenz einer angeblich geheimnisvollen Karteikarte. »Auf ihr ist der Werdegang eines als Vorlauf-IM angelegten Vorgangs mit dem Decknamen ›Nelke‹ […] dokumentiert. Ein ›IM-Vorlauf‹ wurde von der Stasi begonnen, sollte eine Zielperson angeworben werden.«[55] »Aber wer war Nelke?«, fragte das Blatt rhetorisch. Vermutlich sollte der Leser messerscharf folgern: Nelke war Peer Steinbrück, ein angeworbener IM. In einer rückblickend abenteuerlichen und presserechtlich wohl bedenklichen Art und Weise präsentierten die Springer-Autoren eine scheinbar schlüssige Indizienkette, die Peer Steinbrück zum potenziellen Kollaborateur der Kommunisten machte. Das Ganze war nicht mehr als eine politisch gewollte, geradezu unverschämte Skandalgeschichte. Natürlich konnte die WELT nicht einen einzigen Beweis für diese Andeutungen liefern. Aber das offenkundige Ziel war erreicht, nämlich dem SPD-Kanzlerkandidaten, dessen Bundestagswahlkampf schon vorher nicht rundgelaufen war, weiteren Schaden zuzufügen. Die Enttarnung von Lutz Riemann als Stasi-Spitzel war im Vergleich dazu nur ein Kollateralschaden.

Warum hatte mein Vater Peer Steinbrück nicht über sein Treffen mit den Springer-Leuten informiert? Er hätte ihn vor dem Erscheinen des Artikels warnen können. Warum hatte auch meine Mutter geschwiegen? Schließlich handelte es sich um ihren Cousin. Wie mochte sich Peer Steinbrück in diesem Augenblick fühlen? In puncto Stasi hatte er nichts zu verbergen, er stand mitten im Bundestagswahlkampf und wollte das Thema verständlicherweise loswerden. Kurz entschlossen veröffentlichte der Kanzlerkandidat seine Akte im Internet. Was ich darin las, war amüsant und beklemmend zugleich. Amüsant mutete an, was die Stasi – bezogen auf den IM »Richard König« – über Peer Steinbrück in einem »Auskunftsbericht« festhielt:

55 Ebenda.

> »Steinbrück steht voll und ganz zu der Politik des Bonner Staates […] Den real existierenden Sozialismus in der DDR, den er als sowjetischen Sozialismus bezeichnete, lehnt er ab […] Er stellte die feindliche Behauptung auf, daß der real existierende Sozialismus in der DDR nichts mehr zu tun habe mit den Theorien von Marx, Engels und Lenin.«[56]

Peer Steinbrück, als Westbürger unantastbar, durfte solche für die Genossen schwer verdaulichen staatsfeindlichen Sätze sagen, Sätze, die einem DDR-Bürger zum Verhängnis geworden wären. Aus diesem Grund war die Stasi-Akte von Peer Steinbrück nicht nur amüsant, sondern auch beklemmend, zumindest für mich, denn ich las sie vor dem Hintergrund meiner persönlichen Erinnerungen und meinem Wissen über persönliche Zusammenhänge.

Gespräch mit Peer Steinbrück – I.

Im Herbst des Jahres 2015 ist Peer Steinbrück noch SPD-Bundestagsabgeordneter. Wir sitzen in seinem pragmatisch eingerichteten Berliner Büro in der Wilhelmstraße an einem großen runden Konferenztisch aus Kunststoff und Pressholz. Im Bücherregal dominieren wirtschafts- und finanzpolitische Titel: »Tatort Euro«, »Aufstieg und Krise der deutschen Atomwirtschaft«, »Global Alert«, »Die Große Rezession«. Ich sage nicht mehr wie damals »Onkel« zu ihm, heute nenne ich ihn beim Vornamen. Peer hat sich Zeit genommen für mich, und ich bin ihm dankbar dafür, denn der Anlass für unser Gespräch ist mir ein bisschen peinlich. Peer zieht sein Jackett aus, nippt an seinem Mineralwasser, blickt mich konzentriert an und erwartet meine Fragen.

56 BStU, Abteilung XX der BV des MfS, Auskunftsbericht vom 29. 1. 1981.

Im Gespräch mit Peer Steinbrück, Herbst 2015
Foto: Torsten Sasse

»Peer, als du uns zum ersten Mal besucht hast, warst du 28 Jahre alt, also noch ein junger Mann – hattest du Sympathien für sozialistische Gedanken?«

»Nein, dafür hatte ich zu viel Historisches gelesen, insbesondere über die klassischen Renegaten oder Konvertiten, die in den 1920er- oder 1930er-Jahren in die KPD eingetreten waren – Manès Sperber, Arthur Koestler, André Gide und andere … gelesen über das, was sie abgestoßen hat, insbesondere über die Moskauer Schauprozesse und das stalinistische System.«

»Du hattest niemals Sympathien für das ›Experiment‹ DDR? Ich insistiere hier, weil es schließlich Leute gab, von denen man sagt, sie seien ›wahre‹ Kommunisten gewesen. Vielleicht war Wolfgang Harich so einer: Philosoph, überzeugter Marxist-Leninist, der in der DDR einen demokratischen Sozialismus wollte und völlige Geistesfreiheit. Man könnte ihn einen ›wahren Kommunisten‹ nennen, der unter der DDR gelitten hat. Mein Vater würde sich wohl auch als ›wahren, überzeugten Kommunisten‹ bezeichnen. Keine Sympathien? Noch nicht einmal als Schüler oder Student in den wilden 1960er-Jahren?«

»Nein. Mir sind die Idealisten oder diejenigen, die vollständig überzeugt waren – mit einem gewissen missionarischen Drang – immer unheimlich gewesen. Warum? Arthur Koestler hat das Buch geschrieben ›Der Yogi und der Kommissar.‹ Der Kommissar in diesem Buch ist derjenige für die hehre Idee. ›Heiligt der Zweck die Mittel?‹ Und das Ergebnis ist in allen Totalitarismen – wenn man Hannah Arendt gelesen hat, meint sie ja beide Totalitarismen – meistens in eine wahnsinnige Menschenjagd und Massenmord überführt worden. In dem Sinne war ich immer das, was gerade auch über Helmut Schmidt gesagt wird: ein Pragmatiker, aber einer, wie ich hoffe, mit einem einigermaßen moralischen und ethischen Rüstzeug.«

»Dann warst du wohl auch nicht bei den Jungsozialisten?«

»Nein. Die zogen mich nicht an, weil sie insbesondere Ende der 1960er-/Anfang der 1970er-Jahre reine Theoretiker waren und eigentlich Auseinandersetzungen wiederholten, die ich für erledigt hielt, z. B. den Revisionismus-Streit in der SPD zwischen Bernstein und Kautski[57] – das war nichts anderes.«

57 Salopp formuliert könnte man sagen, dass Eduard Bernstein Ende des 19. Jahrhunderts der »Realo« in der SPD war. Er sah, dass sich die Prophezeiungen von Karl Marx nicht bewahrheitet hatten, denn das Proletariat war

»Bernstein war für Reform statt Revolution, also auch Pragmatiker, wie du.«

»Ich war immer davon überzeugt, auch als die Sozialdemokraten endlich 1969 das erste Mal regierten, nach dem Mief der Adenauerzeit, dass es nicht nur auf das Gutgemeinte ankommt. Sondern auch auf das Gutgemachte. Und dass Sozialdemokratie ihre Politik auch immer an den Realitäten messen muss. Und nicht an einer Ideallinie. Ich war 1965 das erste Mal in der DDR, genauer gesagt in Ost-Berlin. Und was ich in Erinnerung habe, war, dass dieses Ost-Berlin jenseits der ›Straße unter den Linden‹ genauso aussah wie 1945.«

»Wie wichtig war dir zur Zeit deiner Besuche in der DDR die Deutsche Frage? Wäre z. B. ein neutrales Ganz-Deutschland für dich zumindest eine Alternative gewesen oder warst du ganz auf der Linie der Adenauerschen Westbindung?«

»Die habe ich für völlig richtig gehalten. Und ist wahrscheinlich für die politische und soziale Stabilität der Bundesrepublik Deutschland von entscheidender Bedeutung gewesen. Die DDR hat mich eigentlich nur in dem Sinne interessiert, dass es eine Art friedliche Koexistenz gibt. Weshalb ich natürlich die Bemühungen von Willy Brandt, noch als Regierender Bürgermeister von Berlin, das Passierscheinabkommen von 1963 und dann alles, was sich heute mit den Ostverträgen und dem Grundlagenvertrag

keineswegs verelendet, sondern seine Lebensbedingungen hatten sich deutlich verbessert. Ein Zusammenbruch des Kapitalismus war nach Bernsteins Überzeugung nicht zu erwarten. Bernstein war also in diesem Zusammenhang der Revisionist, der bis dato in der SPD selbstverständliche Ansichten infrage stellte. Ihm gegenüber stand der »Fundi« Karl Kautsky, der versuchte, die neuen sozialen Entwicklungen zwar anzuerkennen, aber ohne die radikalen Lehren von Karl Marx aufzugeben.

von 1972 verbindet, außerordentlich begrüßt habe. Ansonsten erschien mir die DDR als ein ziemlich muffiger Polizeistaat.«

»Es war also für dich auch schon vor den Besuchen bei uns in Meiningen glasklar: Die DDR ist politisch nicht diskutabel?«

»Ja. Man musste nur die Augen aufmachen. Entschuldigung, ich werde jetzt vielleicht etwas arrogant und hochnäsig: Man musste nur die Autos betrachten …«

»Ja, ja, … das kenne ich, sagt Torsten auch immer …«

»Ich war dafür, die Realitäten anzuerkennen – und habe so auch bereits geschrieben, als ich mit Freunden eine überregionale Schülerzeitung herausbrachte, die sehr politisch war, einfach weil das die zweite Hälfte der 1960er-Jahre war. Ich kann mich erinnern, dass ich darin die Lebenslüge der alten, der kleinen Bundesrepublik mit Blick auf die Hallstein-Doktrin[58] für völlig überholt hielt. Nach dem Motto ›wir bestrafen diejenigen, die die DDR diplomatisch anerkennen‹. Das war eine dieser dämlichen Konstruktionen, die es gab, um sich den Realitäten zu entziehen. Insofern war das Thema DDR für mich allein eine Frage danach, dass wir uns nicht gegenseitig die ›Köppe‹ einhauen. Und deshalb jede vertragliche Grundlage, die einem Spielregeln gab oder Umgangsformen im Ost-West-Verhältnis, von mir sehr begrüßt

58 Walter Hallstein war in den 1950er-Jahren Staatssekretär im Auswärtigen Amt. Die nach ihm benannte Hallstein-Doktrin begründete quasi einen Alleinvertretungsanspruch der Bundesrepublik für Gesamtdeutschland, also auch für die DDR. Für Hallstein existierte die DDR völkerrechtlich nicht, weil die sozialistische Gesellschaftsordnung nicht aus freien Wahlen hervorgegangen war. Diplomatische Beziehungen zu jenen Staaten, die die DDR anerkannten, sollten abgebrochen werden. Willy Brandt gab die Hallstein-Doktrin 1970 schließlich auf, weil sie in der Praxis nicht durchsetzbar war.

wurde. Für mich ist es das historische Verdienst von Brandt, dass er dies voranbrachte bis zu einem Aussöhnungsprozess, auch mit anderen osteuropäischen Ländern, insbesondere Polen. Insofern ist die DDR Bestandteil schon von zwei verschiedenen Blöcken gewesen, wo aber es in meinen Augen in der Tat darum ging, nie in eine solche Spannung hineinzugeraten, dass kriegerische Auseinandersetzungen passieren, und zwar unter ganz anderen technischen Vorzeichen, wenn ich an die Atombewaffnung denke.«

»Was hat dich dann bewogen, Kontakt mit uns aufzunehmen?«

»Ich glaube, es war rein private Neugier, eine Cousine kennenzulernen, die ich in meinem Leben noch nie gesehen hatte, die nur wenige Jahre älter war als ich, vielleicht auch die Neugier, mal nach Thüringen zu kommen, um zu sehen, wie es da aussieht.«

»Wie verlief die erste Begegnung?«

»Die war nach meiner Erinnerung unkompliziert. Und schon beeinflusst von obwaltenden Veränderungen im Ost-West-Verhältnis. Es war schon entspannter. Und man hatte den Eindruck: Es ist Zeit, dass man sich näher kennenlernt. In Erinnerung geblieben sind mir, da ich ja nicht nur einmal dort war, diese nächtlichen Übergänge bei Mellrichstadt. Mit diesem ganzen Aufwand, den die DDR-Grenzpolizei und der Zoll dort betrieben. Mit der aberwitzigen Geschichte, dass ja eines Tages auch mein Bruder mitkam, um mal mit zu schnuppern. Und da brachte ich euch irgendwelche Stereogeräte und dergleichen mit …«

»… darunter ein schmuckes Elite-Stereo-Radio z. B. …«

»… und die waren bei mir alle auf so einer Zoll-Liste eingetragen. Weil ich sie einfach aufgezählt hatte. Und daraufhin sollte ich einen ziemlich hohen Zoll zahlen, Einfuhrgebühr oder wie immer das heißen mag, und darauf habe ich gesagt, ok, dann nehmen wir die Hälfte davon auf den Zettel meines Bruders, dann ist es unterhalb der Grenzen, die offenbar zahlungspflichtig sind. Diese DDR-Leute stellten sich natürlich dagegen, bis mir der Kragen platzte und ich sagte, sagen Sie doch gleich, Sie wollen meine Knete haben, und eiern Sie hier nicht lange rum. Das hat sie dann doch getroffen, dass ich ihnen sagte: ›Also geht es um meine Westknete, die Sie haben wollen, obwohl es völlig ok ist, wenn wir die Hälfte auf den Namen meines Bruders schreiben.‹ Das ging so weit und eskalierte so, dass ich schon dachte, die weisen uns wieder zurück. Aber irgendwie muss doch ihr Stolz getroffen sein, und sie erlaubten das. Aber es war gespenstisch, denn es war immer kurz nach Mitternacht, um diese Tagesaufenthaltsgebühr oder was das war, nicht auch noch zu bezahlen. Und was sollte ich mit diesem ›Zwangsumtausch‹ kaufen außer Bücher?«

»Endlich drin in der DDR – was waren deine ersten Eindrücke?«

»Als Erstes der Geruch. Ich meine das nicht abfällig, versteh mich nicht falsch, auch nicht hochnäsig. Es war dieses Reinigungsmittel in öffentlichen Gebäuden, und selbst Meiningen durchzog ein leichter Kohlegeruch, der offenbar von der Hausverfeuerung von Braunkohle resultierte. Der legte sich wie Staub überall hin. Und das merkte man. Dieses Meiningen, das ja durchaus einen gewissen Charme hat, auch mit diesem Theater, das war schlicht und ergreifend grauer als andere westdeutsche Städte, und zwar nicht aus irgendeiner gedemütigten Haltung, sondern schlicht und einfach durch diese wahnsinnige Umweltverschmutzung.«

»Verwandt warst du mit meiner Mutter … mit wem war der Kontakt intensiver, mit ihr oder mit meinem Vater?«

»Sie war, wenn man so will, der rezessive oder eher zuhörende Teil. Der Lutz Riemann ist natürlich so, wie er ist – ein absoluter Drangpoller, sehr extrovertiert, auch Dominanz suchend, während deine Mutter sehr viel defensiver ist. Die Rollenverteilung war ziemlich klar.«

»Wenn du dich in die damalige Zeit, in die Berliner Straße 69 in Meiningen zurückversetzt: In welchen Verhältnissen lebte deine Cousine mit uns Kindern?«

»Ihr wart eigentlich zwei ziemlich extrovertierte Kinder, was ich ganz gut fand, nicht so schüchterne Feldhasen, das war schon mal ganz gut. Ihr wohntet da in der Berliner Straße nicht sehr typisch für DDR-Verhältnisse. Von der Quadratmeterzahl und dem Zuschnitt des Hauses, dieser Parterre-Wohnung, war mir schon klar, dass dort jemand zu einer mindestens privilegierten Schicht gehörte.«

»War die Arbeit meines Vaters fürs Fernsehen der DDR ein Thema?«

»Ja, ich kann mich erinnern, dass er in der DDR-Fernsehserie Daniel Druskat mitgewirkt hatte.«

Daniel Druskat

»Daniel Druskat« ist ein Fünfteiler aus dem Jahr 1975, aufwendig produziert, nicht nur wegen des für DDR-Verhältnisse gewaltigen Schauspieleraufgebotes, sondern auch hinsichtlich der Dramaturgie. Virtuos führt das Drehbuch mehrere Erzählstränge über ausgeklügelte Nebenhandlungen und Zeitebenen zusammen, wobei das Hauptthema nie aus den Augen verloren wird: die zwangsweise

Nicht der Mann in der Mitte, sondern der rechts im Bild ist mein Vater: Lutz Riemann (in der Rolle des »Kettner« in »Daniel Druskat« 1976; links Manfred Krug als »Max Stefan«)
Foto: DRA/Szenenfoto aus »Daniel Druskat«

Übertragung industrieller Produktionsweise auf die Landwirtschaft in den 1950er- und 1960er-Jahren. In dem Fernsehfilm stehen sich zwei ländliche Genossenschaften gegenüber, die eine geführt von Daniel Druskat (Hilmar Thate), die andere von Max Stephan (Manfred Krug), zwei Figuren, die unterschiedlicher nicht sein könnten. Auf der einen Seite Druskat, der idealistische Kommunist, der die Bauern zwar zum Zusammenschluss drängt, dabei aber auf Freiwilligkeit setzt; auf der anderen Seite Stephan, der schlitzohrig den eigenen Vorteil sucht. Lutz Riemann in der Rolle des »Kettner« wird im Verlauf der Handlung Daniel Druskat als Leiter der Genossenschaft ablösen.

Zwar lässt der Film den politischen Druck der SED auf die Bauern, ihre teilweise noch privaten Betriebe in »Landwirtschaftliche Produktionsgenossenschaften« (LPG) einzubringen, nur erahnen. Gleichwohl hebt sich dieses Werk wohltuend ab von anderen politisch einseitigen Produktionen, in denen die Verstaatlichung der Landwirtschaft glorifiziert wurde. Trotz der gelungenen Inszenierung und des beeindruckenden Schauspieler-Ensembles wurde der Film 1976 nur ein einziges Mal aufgeführt. Danach ließ ihn die SED stillschweigend in den Giftschrank sperren. Ein Grund dafür war politischer Natur: »Daniel Druskat« ließ auch die Nachteile der Zwangskollektivierung immerhin anklingen. Der zweite Grund war noch wichtiger: Zu jener Zeit nämlich wurde Wolf Biermann, den die SED schon seit zehn Jahren mit Auftrittsverbot belegt hatte, aus der DDR-Staatsbürgerschaft entlassen, sprich: ausgebürgert. Ausgerechnet die größten Stars des Druskat-Filmes unterzeichneten eine Protestresolution gegen die Ausbürgerung des Dichters und Liedermachers: Manfred Krug, Angelica Domröse und Hilmar Thate. Die Reaktion der SED ließ nicht lange auf sich warten. Alle Unterzeichner wurden fortan in ihrer Arbeit massiv behindert und stellten Ausreiseanträge. Kurz hintereinander übersiedelten die kritischen Darsteller aus »Daniel Druskat« in die Bundesrepublik über. Lutz Riemann hat die Resolution nicht unterzeichnet.

Privilegiert

Dass ich in der DDR tatsächlich ein privilegiertes Leben führen durfte, war mir seinerzeit nicht einmal ansatzweise bewusst. Rückblickend habe ich mir im Laufe der Jahre Widerspenstigkeit erlaubt, die für andere nicht ohne Folgen geblieben wäre. Wer es gar zu arg trieb und sich als Jugendlicher offen neben die sozialistische Ordnung stellte, landete im Jugendwerkhof. Jugendwerkhof war die beschönigende Umschreibung für eine Art Gefängnis. Kinder und Jugendliche zwischen 14 und 18 Jahren, die sich nicht »sozialistisch« erziehen lassen wollten, wurden von den SED-Pädagogen zur Läuterung in Spezialheime geschickt. Dort sollten sie zu »bewussten Bürgern« der Deutschen Demokratischen Republik umerzogen werden. Schikane, Rechtlosigkeit und Misshandlung – im Jugendwerkhof herrschten menschenunwürdige Bedingungen. Viele Jugendliche in der DDR empfanden ihre Zukunft im Sozialismus aber als derart hoffnungslos, dass sie in ihrer Renitenz gegenüber dem Staat nicht einmal der Gedanke an diese Spezialheime abschreckte. Bei anderen wirkte bereits die Drohung mit der Einweisung in einen Jugendwerkhof wie ein Damoklesschwert und hielt sie im Zaum.

Für mich hingegen war die DDR-Welt grundsätzlich in Ordnung, und was ich für falsch hielt, kritisierte ich laut, sowohl in der Schule als auch später in der Lehre. Um es nochmals klar zu machen: Ich war kein Rebell. Ich hatte das gar nicht nötig. Frei von jedem Dogmatismus, frei von jeder politischen Beeinflussung oder Ideologie wuchs ich in einem liberalen Haushalt auf, unterstützt und ermuntert von meiner Mutter, aber auch und vor allem von meinem Vater. Er gab die schlichte Losung aus: »Lass dir nichts gefallen.« Das galt für alles. Gab mir in der Schule jemand eine Ohrfeige, dann knallte ich ihm ganz unsozialistisch eine zurück. Erzählte jemand, nach meinem Empfinden, die Unwahrheit, dann hielt ich dagegen, ganz gleich, ob das politisch korrekt war. Nach allem, was ich heute weiß, unterschieden sich meine Kindheit, mein Leben in der DDR höchstens in Einzelheiten von dem Leben eines Kindes, das im Westen aufwuchs. Ich liebte »Schweinchen Dick«, aß Lübecker Marzipan, schrieb mit einem Pelikan-Füllfederhalter auf holzfreiem Papier, hörte den NDR und schmetterte in der Öffentlichkeit West-Schlager. Natürlich war auch ich, wie die meisten anderen DDR-Kinder, Mitglied der Pionierorganisation »Ernst Thälmann«. Aber: Ich habe mich dort nie unterordnen oder eingliedern müssen. In den ersten drei Schuljahren gehörte man zu den »Jungpionieren«, später zu den »Thälmann-Pionieren«. Wie in einer Religionsgemeinschaft mussten wir die 10 Gebote auswendig lernen:

»1. Gebot: Wir Jungpioniere lieben unsere Deutsche Demokratische Republik.
2. Gebot: Wir Jungpioniere lieben unsere Eltern.
3. Gebot: Wir Jungpioniere lieben den Frieden.
4. Gebot: Wir Jungpioniere halten Freundschaft mit den Kindern der Sowjetunion und aller Länder.
5. Gebot: Wir Jungpioniere lernen fleißig, sind ordentlich und diszipliniert.
6. Gebot: Wir Jungpioniere achten alle arbeitenden Menschen und helfen überall tüchtig mit.
7. Gebot: Wir Jungpioniere sind gute Freunde und helfen einander.
8. Gebot: Wir Jungpioniere singen und tanzen, spielen und basteln gern.
9. Gebot: Wir Jungpioniere treiben Sport und halten unsere Körper sauber und gesund.
10. Gebot: Wir Jungpioniere tragen mit Stolz unser blaues Halstuch.«

Die Reihenfolge der Gebote fand ich übrigens empörend. Ich sollte an erster Stelle die DDR lieben und nicht meine Eltern? Das kam überhaupt nicht infrage. Ich erklärte dem »Gruppenratsvorsitzenden«, vergleichbar mit einem Klassensprecher, dass ich ganz entschieden zuerst meine Eltern liebte. Auch in puncto Kleidung war ich ein Paradiesvogel, ebenfalls unfreiwillig. Weißes Hemd, auf dem linken Ärmel ein Emblem mit den gestickten Buchstaben JP – stilisiert in Form einer Fackel – und über dem Kragen ein blaues Halstuch, so war die Kleiderordnung bei den Jungpionieren. Ich bekam zu meiner Enttäuschung ein rotes Halstuch, weil die DDR bei der Produktion blauer Tücher mal wieder im Rückstand war. Rote Halstücher trugen aber eigentlich die älteren Kinder, die schon bei den Thälmann-Pionieren aktiv waren. So fiel ich also bereits optisch aus dem sozialistischen Rahmen. Das setzte sich ein paar Jahre später bei den Thälmann-

Pionieren fort: Weißes Hemd, darüber das blaue Halstuch der Jung- und zusätzlich das rote der Thälmann-Pioniere, so schick präsentierte man sich eigentlich bei besonderen Anlässen wie Zeugnisübergabe oder Fahnenappell. Und wie stand ich da? Mit zwei roten Halstüchern übereinander. Das war besonders albern, weil der Farbenwechsel beim Übergang von den Jung- zu den Thälmann-Pionieren überaus feierlich gestaltet wurde.

Was sich optisch andeutete, manifestierte sich auch inhaltlich: Konsequent weigerte ich mich, die Aufgaben eines Funktionsträgers, etwa des »Kassierers«, zu übernehmen, nicht etwa, weil ich ein Held war, sondern weil ich das ganze Brimborium wie z. B. die »Losung« einfach nicht ernst nahm und keine negativen Konsequenzen befürchtete. Für die Losung mussten wir uns zum Fahnenappell aufstellen, den rechten Arm heben und die Hand dabei seltsam verdreht über dem Kopf halten, Daumen nach unten, kleiner Finger gen Himmel. Dann brüllte ein Pionier im Range eines »Freundschaftsratsvorsitzenden« die Losung: »Für Frieden und Sozialismus – Seid bereit!« Und die Gruppe bellte zurück: »Immer bereit!« Albern fand ich das. Deshalb ging ich – Halstuch hin, Losung her – nur selten zu den wöchentlich abgehaltenen Pioniernachmittagen. Dabei sollte man deren hohe Bedeutung für die DDR nachträglich nicht unterschätzen, denn die »Thälmann-Pioniere«, benannt nach dem ehemaligen KPD-Vorsitzenden Ernst Thälmann, waren eine wichtige politische Massenorganisation für Kinder, aufgebaut nach sowjetischem Vorbild, Teil des sozialistischen Schulsystems und Vorstufe der FDJ. Bereits in diesem zarten Alter begann die kommunistisch-ideologische Durchdringung. Hatte ich dazu keine Lust, ging ich nicht hin. »Nun ordne dich endlich in unser Kollektiv ein. Hör auf, dich abzusondern«, hieß es dann. Darauf pflegte ich zu antworten: »Macht ihr das mal ruhig alles, seid schön aktiv, ich schaue euch dabei auf die Finger.« Auch in den folgenden Jahren sollte ich meinem Verhalten treu bleiben, indem ich mich von sozialistischen Gruppen absonderte und selbstständig blieb. Meinem Vater war es egal. Warum nur?

Kilometersteine

»Wenn man dir so zuhört«, sagt mein Imperialist, »dann bekommt man schon den Eindruck, dass du deinen Vater kompromisslos vergöttert hast. Er war der Mann, der alles kann, dein Rückhalt in allen Situationen …«

»Dein Eindruck stimmt. So habe ich das empfunden. Mit Ausnahmen.«

»Zum Beispiel?«

»Die Fahrten an die Ostsee nach Lubmin wurden regelmäßig zur Katastrophe. Weil ich als Kind in Mathe schlecht war. Mathematik war mein besonderes Steckenpferd. Da blieb ich ›stecken‹. Während dieser stundenlangen Fahrten musste ich immer Kopfrechnen üben. Stell dir das so vor: Man fährt Auto, man kann sich nicht wehren, man kann nirgendwo hin. Während der stundenlangen Fahrt gab es Kopfrechenunterricht. Und weil ich falsche Antworten gab, regte sich mein Vater mehr und mehr auf. Allein schon die Ankündigung – ›Ach, Mulle, wie schön, nun wollen wir etwas Kopfrechnen üben‹ – allein diese Ankündigung machte mich krank. Ich hatte so viel Angst davor, dass ich von Anfang an gar nicht mehr überlegte. Er stellte Aufgaben, und ich habe nur geraten. Wenn ich etwas ausrechnen sollte, sagte ich einfach irgendeine Zahl. Natürlich war sie falsch. Das ist ja klar. Ich fühlte mich unter Stress. Er brüllte mich dann an. Es wurde so schlimm, dass sogar meine Mutter sich einmischte. Sie legte, nach meiner Erinnerung, beschwichtigend ihre Hand auf seinen Arm. Sie bat ihn flehentlich, sich doch bitte beim Autofahren nicht so aufzuregen. Er fuchtelte mit den Armen, drehte sich zu uns Kindern herum nach hinten. Meine Mutter bekam Angst, dass wir vor den Baum fahren. So sehr regte sich mein Vater auf. Er gestaltete den Unterricht im Auto anhand der Kilometersteine. Die standen im Abstand von etwa 500 Metern. So konnte ein Stein bei Kilometer 8,5 liegen. Das Komma machte die Rechnungen schwerer. Wo sind wir denn in vier Kilometern? Was steht denn auf dem nächsten Stein in vier Kilometern Entfernung? Ach du meine Güte, oh Gott, die 0,5 hat mich vollkommen durcheinandergebracht. Mein Vater war die Strecke so oft gefahren, dass er die Kilometersteine auswendig kannte. Er kannte jeden einzelnen Stein.«

»Naja, so wurden die Fahrten wenigstens nicht langweilig …«

»Aber aus anderen Gründen. Auf den langen Fahrten auf der Autobahn teilte ich mit meinem Bruder die Lkw in zwei Gruppen ein: in die sogenannten Zweier und die sogenannten Dreier. Die Gruppenzugehörigkeit ermittelte sich durch die Anzahl der Scheibenwischer. Das war immer eine lustige Beschäftigung. Wir haben den Lkw und den Pkw zugewinkt. Eigentlich haben alle irgendwie zurückgewinkt. Wir waren aber ganz besonders froh, wenn die Fahrer aus den West-Autos reagierten. Und dann gab es Anfang der 1980er-Jahre diese seltsamen Begebenheiten. Es war wohl die Zeit, als Peer Steinbrück an der Ständigen Vertretung war. Ganz offensichtlich fuhren wir immer in Begleitung. Natürlich wussten wir Kinder das nicht. Mittlerweile waren wir ja schon Jugendliche. Es war sehr merkwürdig. Kein Fahrer hinter uns winkte mehr zurück. Wir winkten uns die Seele aus dem Leib, aber es kam keine freundliche Geste zurück. Wir wendeten uns gekränkt und empört an unsere Eltern: ›Die winken ja überhaupt nicht‹, klagten wir.«

»Die Stasi?«

»Scheint so. 1999, kurz nachdem mir mein Vater den Zettel rübergeschoben hatte, meinte meine Mutter offenbar, mir ein paar Brocken Information hinwerfen zu müssen: ›Kannst du dich erinnern, dass ihr euch als Kinder gewundert habt, dass keiner zurückgewinkt hat?‹ – ›Ja, daran kann ich mich erinnern.‹ Das sei, antwortete meine Mutter nach meiner Erinnerung, die Stasi gewesen, die hinter uns herfuhr. Die Stasi beschattete uns also. Wie das eben in diesem Saftladen so war, hat die linke Hand der Rechten nicht vertraut. Außerdem gab es eine merkwürdige Situation an einer Tankstelle. Auch das muss Anfang der 1980er-Jahre gewesen sein. Wieder einmal auf dem Weg nach Lubmin fuhren wir an eine Tankstelle heran. Plötzlich sah ich, dass mein Vater von einem unbekannten Mann angesprochen wurde. Ich beobachtete die Szene aus dem Auto heraus. Mein Vater kam zurück ins Auto und erklärte, der Mann habe ihn angesprochen, und zwar mit einem ganz anderen Namen. Mein Vater habe klargemacht, dass er dieser Mann nicht sei. Er sei nicht der, für den man ihn halte, aber der Mann ließ eine ganze Weile lang nicht ab, er ließ nicht locker. Komisch auch …«

»Komisch auch …?«

»Mein Vater hat nach meiner Erinnerung immer gesagt, wenn man dich weckt, und sei es mitten in der Nacht, dann musst du wie aus der Pistole geschossen deinen Namen sagen können. Und er sagte: Wenn jemand auf der Straße deinen Namen ruft, dann dreh dich nicht sofort um. Wenn du auf der Straße irgendjemanden rufen hörst, dessen Stimme du nicht einordnen kannst, dann reagiere nicht. Wenn du die Stimmen nicht zuordnen kannst, wenn du nicht sofort erkennst, dass die Stimme ein Freund oder ein Verwandter sein könnte, dann reagiere nicht darauf. Ich habe nicht danach gefragt, welche Beweggründe dieser Rat, diese Warnung hatte.«

Halber Schlag

»Geht mal kucken, wie das Wetter ist … ob ihr Schaumkronen seht!«, rief mein Vater aus der Küche. Gerade erst zog die Morgendämmerung herauf. Mein Bruder und ich schlüpften in unsere Strandklamotten, traten vors Haus, wetzten ein Stück die Karl-Marx-Straße herunter und bogen dann seitlich in den Philosophenweg ein, der direkt zur Strandpromenade von Lubmin führte. Dort blieben wir stehen und blinzelten noch etwas verschlafen auf den Greifswalder Bodden. Ein herbsüßes Duftgemisch aus Kiefernharz und feuchtem Sand umwehte uns. Nie konnte ich genug bekommen von dieser frühmorgendlichen Ostsee-Brise. Dabei ahnte ich nicht im Mindesten, wie sehr sich unsere Ferien von denen des normalen DDR-Bürgers unterschieden.

Wenn ich heute TV-Dokumentationen über »Freizeit in der DDR« sehe, fällt mir als Erstes das schmutzige Grau der Häuser auf. Der zweite Blick erfasst bröckelnde Fassaden und baufällige Balkons, auf denen orangefarbene Sonnenschirme zu wachsen schienen wie Blumen. So sah er wohl aus, der Urlaub auf Balkonien in der DDR. Natürlich konnte auch der Ossi verreisen, theoretisch und praktisch. Praktisch zum Beispiel in einige Bruderstaaten des Ostblocks. Theoretisch seit 1973 auch nach Kuba, allerdings blieb der Trip ins Karibikparadies meist verdienten SED-Funktionären oder besonders kampferprobten Genossen vorbehalten. »Entspannung, Erholung und Erhaltung der Arbeitskraft« und »Frei vom Alltag«, so die offiziellen Leitsprüche der Partei für den Urlaub der Untertanen. Doch in Wahrheit sollte der Werktätige in seiner Freizeit nicht nur »chillen«, sondern seine sozialistische Einstellung gegenüber dem Staat vertiefen. »Erholungsurlaub war nicht Privatsache, sondern Teil der Politik.«[59] Manfred Krug sagte einmal sinngemäß: »Wie soll ich

59 Christoph Gunkel, Verreisen in der DDR. Zwangseinweisung ins Ferienheim, in: Spiegel Online, 9. 7. 2009, http://www.spiegel.de/einestages/verreisen-in-der-ddr-a-948359.html [20. 3. 2019].

eine Weltanschauung haben, wenn ich mir die Welt nicht anschauen kann?« Während die Westdeutschen frei umherreisten, sich ein Bild von der Welt machten, fremde Kulturen und exotische Köstlichkeiten entdeckten, blieb dem DDR-Bürger nur der organisierte Tourismus im Inland: die Sächsische Schweiz, der Thüringer Wald, vor allem aber die Ostsee-Region, z. B. Rügen, der Darß oder Usedom. Die touristische Infrastruktur von West- und Ostdeutschland hätte nicht unterschiedlicher sein können. An der Nordseeküste wurden Pensionen und Hotels privat geführt.

Der Ostsee-Tourismus war dagegen fest in der Hand der SED. Die Partei griff zu rigiden Mitteln, um die Kontrolle darüber zu erlangen. Im Rahmen der »Aktion Rose« schickte sie in den 1950er-Jahren ein Großaufgebot der Volkspolizei auf Spitzeltour. Hunderte von privaten Hotels, Gaststätten und Pensionen wurden drangsaliert. Die Hoteliers, so die Beschuldigung, würden illegal eingeschmuggelte Westwaren verkaufen und für die Agentenzentralen des amerikanischen Imperialismus arbeiten. Schließlich wurden die Hoteliers enteignet und unter dem Vorwand krimineller Machenschaften eingesperrt.[60] Davon profitierte der »Feriendienst« des Freien Deutschen Gewerkschaftsbundes (FDGB) und wurde in den Folgejahren zum größten Reiseveranstalter der DDR. Der FDGB zwangsvermittelte gewerkschaftlich organisierte Ferienheime. Aber nicht in ausreichender Zahl. Wie überall in der DDR herrschte auch in diesem Bereich Mangel. So blühte ein Schwarzhandel mit illegalen Ferienwohnungen. Wer das Glück hatte, seinen regulären Wohnsitz in Feriengebieten zu haben, vermietete – ganz und gar unsozialistisch – heruntergekommene Zimmer, feuchte Kellerräume, Garagen, ja sogar Gartenlauben zu überteuerten Preisen. Mancher DDR-Bürger freute sich dennoch, war dankbar, den Zwangseinweisungen in Ferienheime wenigstens für eine Woche zu entschlüpfen und einen individuellen Urlaub ohne politische Gängelung erleben zu dürfen.

60 Ebenda.

Und wir? Wir waren wieder einmal privilegiert. Die Ferienheime des FDGBs konnten uns gestohlen bleiben.

»Blauer Himmel, Damenbrise, keine Schaumkronen«, flüsterte ich den sanft ausrollenden Wellen zu, voller Vorfreude auf die bevorstehende Bootsfahrt. Wir eilten den sandigen Philosophenweg entlang zurück ins Haus der See-Oma, den Wetterbericht zu verkünden. See-Oma, die Mutter meines Vaters, wohnte zeit ihres Lebens im Seebad Lubmin. Ende des Krieges aus Stettin geflüchtet, war sie von der sowjetischen Besatzungsmacht im »Haus Frieden« untergebracht worden, einer ehemaligen Ferienpension, die von den Sowjets kurzerhand zur Flüchtlingsunterkunft umfunktioniert worden war. Das »Haus Frieden« bestand aus Souterrain, Hochparterre und Obergeschoss, alle Zimmer hatten Nummern. Seit Anfang der 1970er-Jahre bewohnte See-Oma zwei kleine Räume im Obergeschoss und verfügte über eine eigene Küche. Ihre Tochter Angelika,[61] die Halbschwester meines Vaters, bewohnte mit ihrem Mann und Sohn Alexander[62] ebenfalls zwei Zimmer. Bad und Toilette befanden sich zwar auf dem Flur und mussten mit den anderen Bewohnern des Hauses geteilt werden, aber trotzdem war es für DDR-Verhältnisse der pure Luxus, und für uns Kinder sowieso. Man könnte sagen, Familie Riemann hatte das »Haus Frieden« fest im Griff. Bis auf Tante Emmi.

»Tante Emmi?«, fragt mein Imperialist.

»Wir nannten sie so. Tante Emmi wohnte auch da, aber die bekam niemand in den Griff, nicht einmal See-Oma. Tante Emmi hatte in ihrer alten Stube keinen Kühlschrank. Sie stellte alle Nahrungsmittel raus ins Freie, aber im Sommer ist das natürlich blöd, wenn draußen 30 Grad sind, brauchst du dein Essen nicht rauszustellen.

61 Name geändert.

62 Name geändert.

Emmi war in den Siebzigern und hatte einen Buckel. Sie gab uns immer Süßigkeiten. Sie wohnte ganz allein und suchte Kontakt. Wenn meine Familie oben saß … in der Küche … beim Mittagessen … beim Abendbrot … das war ganz egal, Emmi platzte immer unangemeldet herein: ›Hach Erika‹ – See-Oma hieß Erika – ›das tut mir leid, das wusste ich nicht, ich will nicht stören …‹
›Ach, erzähl doch nicht …‹, plusterte sich See-Oma auf, ›du weißt ganz genau, dass wir hier essen, du kommst immer, wenn wir essen!‹
›Ja? … das, äh, das äh …‹
›Ja, du bist taub auf diesem Ohr!‹
›Ja, ich bin auf dem Ohr taub, ja, das hör ich nicht …‹ Dabei zwinkerte sie uns zu. ›Darf ich hier meine Butter bei dir in den Kühlschrank stellen?‹
›Ja, leg sie jetzt endlich in den Kühlschrank und verschwinde …‹
›Ich wollte auch nicht stören …‹
›Ja, ja, das wissen wir.‹
›Ja, ja, dann guten Appetit.‹
Und dann verschwand Emmi wieder oder sie redete einfach weiter … mein Vater ging manchmal darauf ein, und dann kam sie zum Tisch und kaute uns ein Ohr ab. Emmi nahm öfter ein Fußbad in ihrer Stube. Fichtennadel war es nicht, das hätte nett gerochen. Es war irgendein medizinisches Fußbad, das ganz schrecklich müffelte. Emmi war ein sparsamer Mensch: ›Das Wasser schütte ich doch nicht einfach so weg.‹ Und dann schüttete sie ihre gesamte Schüssel mit dem Fußbad in den Holzhausflur und wischte drüber. Im Holz blieb dieser Duft ewig lange hängen. Und meine Oma tobte jedes Mal von oben runter: ›Du sollst nicht mit deinem verdammten Fußbad den Hausflur wischen, das stinkt wie die Pest, lass das doch endlich …‹
›Ja, aber …‹
Das hat Emmi nie eingesehen, sie hat das bis an ihr Lebensende gemacht …«

Wenn wir aus Meiningen angereist kamen, rückten die anderen »Riemänner« zusammen, Zimmer wurden geräumt, Betten freigemacht, Sofas zu Schlafstellen umfunktioniert. Bis einschließlich 1984 – in diesem Jahr kam ich in die Lehre – verbrachte ich die Sommerferien ausnahmslos an der Ostsee, jeweils sechs herrliche Wochen lang.

»Das heißt, ihr seid auch schon an die Ostsee gefahren, als du noch ganz klein warst?«

»Sogar schon, als ich noch ein Baby war. Auf der Strandpromenade habe ich laufen gelernt.

»Keine Schaumkronen«, verkündeten wir. Mein Vater hatte die günstigen Wetterbedingungen mit routiniertem Seemannsblick längst erkannt, das Fresspaket war auch schon fertig, meine Mutter hatte eine Thermosflasche mit heißem Tee zubereitet, Wurststullen und ungarische Salami eingepackt. Zehn Minuten später machten wir am Liegeplatz das Boot startklar. Im Laufe der Jahre waren nicht nur unsere Boote immer größer und stabiler geworden, sondern auch die Außenborder. Wo mein Vater die vielen Boote in der DDR auftrieb? Keine Ahnung, gefühlt hatten wir jedes Jahr ein neues. Zu Anfang tuckerten wir mit einem wackeligen Faltboot und »2-PS-Tümmler-Motor« über den Bodden. Der Flitzer, mit dem wir an diesem Tag ausliefen, war ein 20-PS-Außenborder aus stabilem Kunststoff. Außerdem konnte man einen Aluminiummast aufschrauben und ein Segel daran hochziehen. So liefen wir wahlweise, je nach Wetter, unter Motor oder segelten mit dem Wind. In unserem Garten in Meiningen hatten wir zur Erheiterung unserer Nachbarn »Trockenangeln« geübt. Mein Vater brachte mir die »Basics« bei: Umgang mit der Rolle, Bügel umlegen, Auswerfen; so eine Angel mit Blinker und Drillingshaken kann ein Mordwerkzeug sein. So ein Ding will man nicht im Hintern haben. »Voll Speed« hielten wir auf den Fischgrund zu: den Auslaufkanal des Lubminer Kernkraftwerks.

»Am Kernkraftwerk gab's Fische?«

»Immer. Um den Auslaufkanal herum war warmes Wasser. Und wenn du mit deinem Blinker in einen Barschschwarm kamst, hat jeder Wurf gesessen. Du hast die Schnur rausgeworfen, schon hast du einen Barsch gehabt … mein Vater sagte dann meistens: ›Da werfe ich gleich noch mal hin‹ – Wumm – wieder ein Barsch. Man konnte fast den ganzen Schwarm leer angeln. Das war wirklich irre. An manchen Stellen holte man Kawenzmänner von Barschen raus.«

Zu Füßen meines Vaters stand eine Kinderbadewanne, die sich innerhalb kurzer Zeit mit zuckenden Fischleibern füllte. Mein kleiner Cousin Alexander[63] war zum ersten Mal dabei und sichtlich beunruhigt: »Wir werden ein größeres Boot brauchen«, murmelte er mit Blick auf die Badewanne und fragte in seinem nasalen, gedehnten Pommerschen Norddeutsch: »Onkel Luuhhutz?«

»Ja? Was ist denn los?«

»Onkel Luuhhutz … was machste denn, wennde so viele Fische fängst, dass das Boot untergeht …?«

»Na, dann hör' ich vorher auf«, antwortete mein Vater.

»Ja, aber wenn du doch so viele Fische fängst …«

»Ja, aber ich kann doch vorher aufhören …!«

»Ja, nein, nein, aber wäääann dann doch …«

Mein Vater beteuerte, die Situation im Griff zu haben, aber Alexander war nicht zu überzeugen. Trotzdem fuhr er immer wieder mit.

»Und ihr habt jeden Tag Fisch gegessen?«

»Barsche. Es gab sie immer, und zwar immer gekocht. See-Oma kochte den Fisch, weil es das Einfachste war, und das hängt dir

63 Name geändert.

nach sechs Wochen zum Hals raus. Wir haben dann rebelliert. Meine Mutter hat sich nicht geäußert, obwohl es ihr genauso ging. Die Rebellion kam von den Kindern. Pellkartoffeln, weiße Soße, gekochter Fisch, das hing uns zum Hals raus. Wir wollten den Fisch wenigstens auch mal gebraten. Und da hat meine Oma gesagt: ›Wenn ihr den gebraten haben wollt, dann müsst ihr das selber machen, mir ist das zu aufwendig, ich brate hier nicht für jeden einen Extrafisch.‹ Wir Kinder hätten natürlich beim Braten und Rummantschen die ganze Küche versaut, also hat See-Oma meinen Vater verpflichtet.«

So hatten wir sechs Wochen lang abwechslungsreiche Mahlzeiten. Im Gegensatz zu den armen DDR-Urlaubern, die im nahe gelegenen FDGB-Heim hausen und ihr Essen an den sogenannten Verpflegungsstellen fassen mussten. Die SED war mit der Versorgung von drei Millionen Gästen an der Ostsee völlig überfordert. Wie überall stieß die Planwirtschaft auch im Tourismus an ihre Grenzen. »Manche Lebensmittel gingen aus, das Bier wurde knapp […] Plan-Urlaub in einer Plan-Wirtschaft war für viele DDR-Bürger ein Alptraum«.[64] »Hotel Teufelstein«, »Hotel am Meer«, »Gastmahl des Meeres«, so romantisch und verlockend die Namen der FDGB-Heime auch klangen, es waren sämtlich heruntergekommene Kaschemmen: außen pfui, innen pfui. Und die Küchenkollektive verzweifelten, weil ihnen die Zutaten fehlten, um die Gäste zufriedenzustellen. Doch dann kam mein Vater auf die Idee, einen Teil des Fanges den nahe gelegenen FDGB-Heimen zu spenden. Wenn mein Vater mit der bis zum Rand gefüllten Kinderbadewanne daherkam, löste das jedes Mal Begeisterung aus. Die Köche revanchierten sich mit einem Schnaps, und die Gäste, die Fisch nur in Form von tiefgefrorenen Stäbchen kannten, bekamen leuchtende Augen.

64 Gunkel, Verreisen in der DDR.

Wenn wir nicht zum Angeln rausfuhren, steuerte mein Vater das Boot an eine tiefe Stelle zwischen der zweiten und dritten Sandbank. Von der Badeleiter aus sprang ich kopfüber in das kristallklare Wasser und tauchte zu den Muschelbänken hinunter. Als im »Schuhmachergrund«, einem Angelgebiet inmitten des Boddens, versehentlich unsere Ausrüstung ins Wasser fiel, glitt ich pfeilschnell hinab bis in drei Meter Tiefe und klaubte die Angeln vom Sandboden. Nach Osten hin führte der Greifswalder Bodden hinaus in die offene See, die Strömung machte aus mir eine sehnige Schwimmerin mit stahlharten Muskeln.

»Deshalb hast du so viele Medaillen gewonnen …«

»Genau, im Meininger Schwimmverein kam ich in die Leistungssportgruppe. Wir Kinder waren den ganzen Tag im Wasser. Die Boddenwellen hatten durchaus bis zu anderthalb Meter. Meine Mutter konnte nicht schwimmen. Bis zu den Knien ins Wasser war das höchste der Gefühle. Dabei konnte sie eigentlich schwimmen, hat den Freischwimmer als Kind gemacht. Zum allerersten Mal habe sie die Ostsee oder den Greifswalder Bodden mit 21 Jahren gesehen, wie sie mir erzählte. Der Anblick dieses großen Gewässers hat ihr vielleicht Angst gemacht. So große Angst, dass sie uns auch im Notfall möglicherweise nicht hinterhergeschwommen wäre. Manchmal waren wir stundenlang im Wasser, hatten schon blau angelaufene Lippen, meine Mutter stand am Ufer und drehte die Arme wie eine Windmühle, wir haben das durchaus mitbekommen, aber einfach ignoriert.«

Der Kampf um die besten Liegeplätze am Strand wurde in Lubmin vermutlich mit ebenso harten Bandagen geführt wie in Rimini. Der Streifen Sand war nur wenige Meter breit. Die Leute aus den FDGB-Heimen standen in aller Herrgottsfrühe auf, um ihre Marke zu setzen, sprich, um noch vor dem Frühstück ihr Handtuch an die bevorzugte

Stelle zu legen. Mit dieser Schlacht hatten wir nichts zu tun. Unser persönlicher Strandplatz lag hinter einer Kettenabsperrung beim Bootsliegeplatz. Da lag niemand außer uns. Und wenn sich unverschämterweise doch jemand hinter die Absperrung gewagt hatte, dann pfiff ich die Leute einfach zurück, die sich in den meisten Fällen murrend fügten. Für Freunde machte ich natürlich eine Ausnahme.

Annette hatte ich beim Wasserballspielen kennengelernt. Nun sah ich sie den Strand entlangspazieren, um mich zum nächsten Baden abzuholen. Just in dem Augenblick, als sie über die Kette stieg, legte mein Vater mit dem Boot an. Annette blieb wie angewurzelt stehen und beobachtete mit offenem Mund das Manöver. Sie wirkte regelrecht paralysiert. Ich sprang auf und schüttelte sie.

»Was ist denn los mit dir?«, rief ich.

Sie sah mich an: »Ist das dein Vater?

»Ja.«

»DAS ist dein Vater?«

»Ja, sicher doch.«

»Lutz Riemann? Der SCHAUSPIELER?«

»JA!«

»Und DU spielst mit uns?«

»Natürlich, warum denn nicht?«

Meine neue Freundin konnte nicht fassen, dass die Tochter eines so berühmten Mannes sich dazu herabließ, mit ihr Wasserball zu spielen. In diesem Augenblick begriff ich zum ersten Mal, was es bedeutet, wenn der Vater ein Fernsehstar ist. Wenn mein Vater mit geübten Handgriffen das Boot festmachte, konnte es passieren, dass sich quasi aus dem Nichts eine Menschentraube bildete. Ist er es? Wirklich und leibhaftig? Ungläubiges Staunen, Geraune ringsum, zuerst über den riesigen Kescher, mit dem er den Fisch an Land brachte. Dann erkannten sie ihn, Lutz Riemann, den Schauspieler. Man tuschelte, der Kreis aus Dutzenden Menschen schloss sich enger. Während mir angst und bange wurde, war mein Vater in seinem Element. Die Menge hing an seinen Lippen, der Strand verwandelte sich in eine imaginäre

Bühne. Oben stand mein Vater, unten stellten seine Bewunderer neugierige Fragen: »Was ist denn das für ein Fisch?« ... »Wie viel PS hat der Motor?« ... »Welche Rolle spielen Sie als Nächstes?« ... »Wie ist das denn eigentlich so, ein Schauspieler zu sein?« ... »Kennen Sie Hilmar Thate?« ... Wie ist denn der Günter Naumann so privat?« Mein Vater beantwortete, umringt von seinen Fans, alle Fragen geduldig, während ich mich fieberhaft bemühte, die letzten Knoten zu tüddeln und die Persenning über das Boot zu legen. »Mach mal einen halben Schlag«, hatte mein Vater gesagt.

»Und das wusstest du natürlich nicht, was ein ›halber Schlag‹ war?«

»Ich hatte keine Ahnung. Die Menschen standen alle um das Boot rum, guckten alle, und ich stand da nun, und alle lachten, es war mir superpeinlich. Ich fand das unangenehm und unfair. Solche Sachen bleiben hängen.«

Eine unangenehme Situation, zumal ich mir über die Berühmtheit meines Vaters bisher keine Gedanken gemacht hatte. Auf solche Fan-Ansammlungen hätte ich verzichten können, doch sie sollten kein Einzelfall bleiben. Die Kunde über die Anwesenheit des Schauspielers Lutz Riemann verbreitete sich rasend schnell und durchbrach kurze Zeit später die Schallmauer. Schuld daran war ein Friseur aus Leipzig. Dieter Arpad[65] hatte als Mitglied der Handwerkskammer offenbar Beziehungen. Es gelang ihm jedes Jahr aufs Neue, einen Ferienplatz im Handwerkerheim für sich und seine Frau zu ergattern. Das war äußerst ungewöhnlich, weil der normale DDR-Bürger mit Glück höchstens alle zehn Jahre einen solchen Platz bekam. Dieter Arpad besaß ein Surfbrett. Ebenfalls ungewöhnlich in der DDR. Er konnte ziemlich gut damit umgehen, und eines Morgens machte er

65 Name geändert.

sich daran, ein Abenteuer zu wagen. Er brachte sein Brett zu Wasser und fuhr los Richtung Rügen. Dafür musste er einmal komplett über den Greifswalder Bodden, geschätzte 20 Kilometer. Der Wind stand günstig, tatsächlich schaffte er den Hinweg ohne Probleme. Retour aber, mitten auf dem Bodden, plötzlich Flaute. Ein Gewitter war im Anmarsch. Und zwar ein Böses. Da braute sich was zusammen. So elektrisiert war die Luft, dass unsere Haare zu Berge standen. Meine Eltern, mein Bruder und ich waren gerade dabei, das Boot zu sichern und die Persenning überzulegen, als Frau Arpad aufgeregt herbeilief. »Mein Mann … mein Gott … mein Mann … ist noch da draußen … Flaute … Gewitter … liegt schon im Wasser … schafft's nicht mehr …« Unser Blick wanderte auf den Bodden, und tatsächlich, winzig klein konnten wir den Surfer erkennen, der sich auf sein Brett gesetzt hatte. Es war ihm gelungen, das Segel einzurollen und so zu befestigen, dass es nicht vom Brett rutschte. Das Schwert hatte er aus dem Board gezogen. Nun ruderte er damit eine kurze Strecke, um sodann wild mit den Armen das Notsignal zu winken. Das Gewitter zog sehr schnell heran, die ersten Sturmböen ließen die Wellen branden und die Kiefern erzittern. Mein Vater gab uns kurze Anweisungen: »Alles in den Handwagen, den ganzen Kram, zack-zack, ab nach Hause, ihr geht schon mal vor.« Er schob das Boot über den Sand zurück ins Wasser. Zu jener Zeit hatte er ein kompaktes Boot mit zwei Außenbordern von jeweils 40 PS, robuste russische Neptunmotoren. Während wir uns auf dem Heimweg immer wieder nach ihm umdrehten, jagte er mit Höchstgeschwindigkeit über das Wasser. Als der Regen eben zu peitschen begann, hievte mein Vater Dieter Arpad mitsamt seinem Surfbrett ins Boot. Schon drehte er wieder Richtung Land und brachte sich und den Friseur wohlbehalten zurück.

Der Kontakt zwischen den beiden Familien blieb noch jahrelang bestehen. Zum Dank durfte mein Bruder auf dem Surfbrett üben. Die Kunde von der Rettungstat meines Vaters verbreitete sich auch in den FDGB-Heimen, sodass die Zahl seiner Bewunderer unaufhaltsam stieg.

Aufbauschen und dramatisieren

Am 12. Dezember 1975 nimmt »Heinz Falk« wieder an einer Veranstaltung des literarischen Arbeitskreises in Suhl teil und belauscht dabei, dass Roger Nastoll und Lutz Riemann nach der Veranstaltung gemeinsam nach Meiningen fahren wollen. Bespitzeln sich die auf Nastoll angesetzten IMs auch untereinander? Weiß »Heinz Falk« von »Richard König«? Kennt »Richard König« seinen Kollegen »Heinz Falk«? Oder hat nur der Führungsoffizier, einem Regisseur gleich, den Überblick? Fast hat man den Eindruck, dass sich auch die Stasileute untereinander nicht über den Weg trauten. »Heinz Falk« meldet:

> »Die Personen Nastoll und Riemann waren nach Meiningen gefahren; Nastoll wollte dort in der Wohnung von Riemann übernachten, was er auch getan hat.«[66]

Und »Richard König« tut kund:

> »Am 11. 12. konnte ich nachmittags Roger Nastoll in Ilmenau in seinem Betrieb anrufen, und es kam bei diesem Telefonat eine Vereinbarung zwischen uns zustande, daß wir uns am nächsten Abend in Suhl etwa gegen 21:30 Uhr am Suhler Hauptbahnhof treffen wollten und daß wir im Anschluß daran gemeinsam nach Meiningen fahren und er bei uns übernachten wollte.
> Er war in Suhl am 12. 12. zwecks der Zusammenkunft der Gruppe Podium.
> Erst beabsichtigte er am 12. 12. bei dem Michael Wolfram zu übernachten. Ich war zum angegebenen Zeitpunkt am 12. 12. abends in Suhl, fand aber vor dem Bahnhof nicht Roger Nastoll. Als ich mich vergewissern wollte, ob er vor der Eingangshalle

66 BStU, Bericht »Heinz Falk« vom 16. 12. 1975 über die Veranstaltung des literarischen Arbeitskreises in Suhl am 12. Dezember 1975.

des Bahnhofes oder darin ist, wurde ich plötzlich von Michael Wolfram angesprochen, ob ich auf Roger Nastoll warten würde. Ich bejahte das und fragte dann, wieso er mich kennen würde und wer er sei, obwohl ich ihn aufgrund der mir vorgelegten Fotos erkannt hatte. Ich tat so, als würde ich ihn nicht kennen.
Wolfram erklärte mir, daß Nastoll im Klub sei, und er würde hier eigentlich einen Bekannten erwarten, der mit dem Zug kommen wollte. Es kam auch tatsächlich um diese Zeit der Schnellzug aus Berlin. Dieser Bekannte von ihm ist aber offensichtlich nicht eingetroffen.
Wie sich am nächsten Tag herausstellte, handelte es sich bei diesem Bekannten um den mir dann bekannt gewordenen Willi. Ich ging dann zusammen mit Wolfram in den Klub Johannes R. Becher, in den Raum, in dem sich die Gruppe Podium trifft (im Keller). In dem Raum waren anwesend: Die Frau von Wolfram, Klaus Helfricht, Michael Wolfram und ein gewisser Poldi. Alle anwesenden Personen hatten im Verlaufe des Abends bei ihrer Diskussion anscheinend sehr heftig auch schon dem Alkohol zugesprochen. Die ausgetrunkenen Flaschen ließen jedenfalls diesen Schluß zu. […] Es gab dann eine kleine Episode, die ich dann erzählte, wie mir das vorgekommen ist, wie mich Michael Wolfram angesprochen hat. Diese Geschichte bauschte ich ein bißchen dramatisch auf, um eine Legende zu besorgen. Ich wäre doch sehr erstaunt gewesen, von einem fremden Herrn angesprochen zu werden und dann in diese Katakomben geführt zu werden. Diese Geschichte wurde also mit viel Lachen und Verständnis aufgenommen.
Nastoll ist dann mit mir nach 20–30-minütigem Aufenthalt dort in diesem Keller nach Meiningen gefahren. Auf dieser Fahrt kam ich mit ihm ins Gespräch über folgendes: ich hatte versucht, den Gerhard Schenk, den Leiter der Schenk-Combo, Texte von Nastoll zu zeigen, ihn zu überzeugen, ob er nicht dazu Musik machen könnte. Das sind Texte, die bekannt sind

und mir ganz gut gefallen. Schenk zeigte großes Interesse. Ich erzählte das Nastoll und er erklärte mir daraufhin, ich sei ein Lump. Ich würde ihm immer große Dinge versprechen in dieser Richtung und dann würde das immer schiefgehen. Er wäre zwar geneigt, das zu glauben, aber er sei sich nicht ganz schlüssig darüber. Ich habe dann sofort das Auto gewendet – ich wußte, wo Schenk an diesem Abend in Suhl spielte – und bin mit Nastoll zu Schenk gefahren. Es kam also zur Bestätigung Schenks Nastoll gegenüber von dem Angebot, das ihm Schenk machen wollte. Daraufhin entschuldigte sich Nastoll sehr eingehend bei mir. Wir sprachen auch noch, als wir zu Hause waren, darüber. Er versuchte, mir sein Mißtrauen zu erklären. Er meinte, ich dürfe das nicht vergessen, er wäre immerhin schon einmal vorbestraft gewesen – völlig ungerechter Weise. Er vermutet in jedem, der sich ihm nähert, einen, der ihn verraten könnte, der ihm was Schlechtes will.«[67]

Die grüne Mütze

Auch ich kämpfte zu dieser Zeit gegen ein »negatives Element«. Allerdings ging es dabei nicht um Systemkritik, sondern um eine Mütze, die ich aus Überzeugung als meinen Feind betrachtete. Kaum zeigte das Thermometer Temperaturen um den Gefrierpunkt, was in Meiningen häufig vorkam, entspann sich ein Zweikampf zwischen uns. Eigentlich war es ein Zweikampf mit meinem Vater. Bei eisigen Temperaturen sollte ich die mir verhasste Mütze aufsetzen. Diskutieren zwecklos. Sicher, es gab Mützen in der DDR zu kaufen. Aber wie hässlich und unmodisch waren sie doch. Ich verabscheute sie aus tiefstem Herzen, sogar noch mehr als die Milch-Pelle, die ich bei Tante

67 BStU, Bericht »Richard König« vom 21. 12. 1975 über Roger Nastoll und die Gruppe Podium in Suhl.

Uhmann herunterwürgen musste. Mein Vater war in puncto Mütze ebenso gnadenlos. Eines Tages bedrohte er mich mit einer besonders grauenvollen Haube, popelgrün und noch dazu ohne Bommel. Sie lag platt auf meinem Schädel wie eine Badekappe, unfassbar beschämend, geradezu demütigend. Zum Schein setzte ich bei Verlassen des Hauses die Mütze auf. Kaum war ich außer Sichtweite, rupfte ich sie herunter, egal wie kalt es war. Überzeugt, dass mich niemand beobachten konnte, hatte ich trotzdem zusätzlich noch einen Sicherheitspuffer eingebaut. Wenn ich den Hof verließ und durch das Gartentor weiter Richtung Schule ging, wusste ich genau, wann der neuralgische Punkt passiert war. Mein Vater konnte mir nämlich durch das Küchenfenster hindurch noch ein gutes Stück des Weges hinterhersehen. Ich kannte die Grenze genau.

»Und dann nichts wie weg mit der Mütze?«, fragt mein Imperialist.

»Nichts wie runter damit. Erst bei meiner Rückkehr pflanzte ich mir das schreckliche Ding wieder auf den Kopf. An einem solchen kalten Tag kam ich aus der Schule zurück nach Hause. Ich betrat das Haus, und mein Vater sagte mir auf den Kopf zu, in einem sehr autoritären Ton: ›Du hast deine Mütze abgesetzt!‹ Weil er natürlich recht hatte, erschrak ich zutiefst. Ich hatte doch einen Sicherheitspuffer eingebaut! Ich hatte die Mütze doch erst an einer ganz bestimmten Stelle des Weges abgesetzt! Wo ich ganz sicher sein konnte, dass es niemand sah! Er konnte es unmöglich gesehen haben! Er hätte auf die Straße gehen und mir ein Stück des Weges hinterherlaufen müssen, um das zu sehen. Ich war schockiert. Dass ich innerlich so schockiert war, zeigte ihm, dass er voll ins Schwarze getroffen hatte. Ich weiß heute nicht mehr, ob ich die Behauptung zurückgewiesen habe, ob ich abgestritten habe. Ich weiß also nicht mehr, ob ich in diesem Moment gelogen habe. Ich weiß nur, dass ich mich preisgab. Er konnte meinen

Gesichtsausdruck sofort unmissverständlich lesen. Ich konnte das nicht verhindern. Mir ging durch den Kopf: Du hast eine Sicherheit eingebaut, und trotzdem hat er dich entlarvt.«

Besondere Fähigkeiten

»Richard König« ist nicht nur linientreu und von stabiler Psyche, er besitzt eine weitere Fähigkeit, die ihn zu einem besonders wertvollen Mitarbeiter der Stasi werden lässt: Er kann sich in das von ihm bearbeitete »negative Element« vollständig hineinversetzen und dessen Fehler, Schwächen und Komplexe erspüren. Längst hat der Stasi-Mann bemerkt, dass Roger Nastoll ein gebrochener Mann ist. Die acht Monate in Stasi-Haft haben ihn verbittert und seine ohnehin vorhandene Neigung zum Alkohol verstärkt; vor allem aber hat die Haftzeit dazu beigetragen, die enge Bindung zu seiner Frau Hannelore schleichend aufzulösen. All diese Schwächen und Krisen nutzt »Richard König« aus, um sein Opfer zu Bemerkungen zu verleiten, die in der DDR als »feindlich« gelten:

> »An diesem Abend war Nastoll bei mir in der Wohnung bis in die frühen Morgenstunden hinein. Er war ziemlich stark angetrunken. Er erzählte auch von Problemen seiner Familie. Zuerst wäre da das Problem mit seinem Sohn Thomas, der durch den Unfall Ende letzten Sommers schwer verletzt war und wohl auch einen steifen Arm behält, was ihn verständlicherweise sehr beschäftigt.«[68]

»Was empfindest Du bei der Lektüre solcher Passagen?«, fragt mein Imperialist.

68 Ebenda.

»Ich erinnere mich an den Vorfall. Mein Vater berichtete, dass Thomas Nastoll von einem Klettergerüst gefallen war. Thomas brach sich dabei ganz schrecklich den Arm. Danach haben wir die Familie besucht. Da ging es ihm schon wieder besser, aber er hatte einen steifen Arm behalten. Das war ein Schock. Und so etwas Privates, Intimes steht in den Akten?! Schlimm, dass ›Richard König‹ auch in diese Gefühlswelt hineindringt. Er nutzt die Situation aus, er nutzt Rogers Alkoholismus aus, er nutzt die Schwäche von Roger Nastoll aus, der noch ganz unter dem Eindruck des Unglücks seines Sohnes steht. All das, um noch mehr den Vertrauten zu spielen. Man muss die Akte eigentlich weglegen, es wird einem schlecht. Und dann scheint es ja so zu sein, dass ›Richard König‹ sein Opfer danach bewusst zum Trinken verführt, damit es irgendwas Staatsfeindliches sagt.«

»Zwischen ihm und seiner Ehefrau würde es eben auch lautstarke und furchtbare Auseinandersetzungen geben, die ihn sehr unglücklich machen würden und auch seine Frau. Außerdem kamen wir zu sprechen auf die Geschichte Mißtrauen und politische Haltung insgesamt. In diesem stark angetrunkenen Zustand äußerte Nastoll in einer mir bisher nicht bekannten Form richtige feindliche Gedanken. Und zwar, daß man es hier mit viel Faschisten zu tun hätte, daß man an diesem Zustand grundsätzlich etwas ändern müsse. Daran sei zwar nicht der Marxismus-Leninismus Schuld an der Situation hier, sondern daran wären die Menschen schuld, die das als Marxismus-Leninismus ausgeben würden. [...] Er ging dann sogar soweit, daß er mir sagte: ›Na ja, deine politische Haltung ist klar, und es ist auch insofern klar, daß du wirklich kritische Bemerkungen machst, du kannst dir das auch leisten, weil sie dich hier im Bezirk als eine Art Ventil, als Clown benutzen ...‹ Ob ich mir nicht selber komisch in dieser Rolle vorkäme, für die Leute den Clown zu spielen und mit dem, was ich kritisch sagen und

meinen würde, könnte ich sowieso nichts ändern. Das würde ich doch wissen und ob mich das nicht beschämen würde.
Gegen 4:00 oder 5:00 Uhr morgens sind wir dann schlafen gegangen. Gegen 8:45 Uhr fuhr Nastoll zu dieser Verabredung, wo sich die Mitglieder dieser Gruppe bei Wolfram in Suhl, Händelstraße 10, treffen wollten.
Bei dieser Einladung, daß ich dort mit hinkommen sollte, habe ich mich ein bißchen geziert, obwohl für mich feststand, daß ich hinfahren würde. Ich hätte an diesem Tag eben viel zu tun und wisse noch nicht genau, ob ich hinkommen würde. Ich bin dann gegen Mittag zu Wolframs nach Suhl gefahren. Anwesend waren bei diesem Treffen: Frau Wolfram, Michael Wolfram (er ließ mich rein), dieser Poldi vom Vorabend (Familiennamen weiß ich nicht), Nastoll, Klaus Helfricht mit Frau, ein gewisser Willi und dessen Kumpel.«[69]

Die Anwesenheit eines weiteren Mannes, nämlich die von Hans Schlütter alias »Heinz Falk«, erwähnt »Richard König« erstaunlicherweise nicht. Weiß »Richard König«, dass es sich bei ihm um einen Spitzel handelt? Hans Schlütter seinerseits hat jedenfalls kein Problem, Lutz Riemann in seinem Bericht an die Stasi hervorzuheben:

»Am 13. 12. 1975 trafen wir uns vereinbarungsgemäß, wie am 12. 12. 1975 besprochen, wieder in der Wohnung von Michael und Inge Wolfram. Als ich mit Klaus Helfricht und Christel Helfricht, die mit mir zusammen ankamen, in die Wohnung trat, waren bereits außer Michael und Inge Wolfram, Willi Liesegang, der Michael aus Karl-Marx-Stadt und Roger Nastoll anwesend. Später, gegen Mittag kam noch Lutz Riemann hinzu. Es wurde über allgemeine Dinge gesprochen, zuerst Witze erzählt, später konkret wurden die Lesungen der zwei Manuskripte, die am

69 Ebenda.

Vorabend im Klub ›Johannes-R.-Becher‹ vorgelesen wurden, ›Umkehrung‹ und ›Jeremias‹, noch einmal von Michael Wolfram vorgetragen. Die Diskussion verlief wiederum durchaus positiv. Nastoll kündigte an, nicht zuzulassen, daß jemand sich über Details und Kleinigkeiten der Geschichte ausließe; er sehe sich auch, nachdem er die Geschichte zum zweiten Mal gehört habe, außerstande sich kritisch zu äußern. Er halte die Geschichte für etwas ganz Großartiges [...] Lutz Riemann aus Meiningen, äußerte sich, daß er von der Geschichte so stark beeindruckt sei, wie er eigentlich es nicht erwartet hätte. Er hätte zwar schon von Nastoll und den Leuten gehört, er habe aber bisher in so einem Kreis noch nicht teilgenommen, aber er halte diese Geschichte wirklich für gut und empfahl Wolfram, auch diese Geschichte irgendeinem Verlag zur Veröffentlichung anzubieten. Wolfram reagierte darauf, daß er dies nicht tun werde, er habe so viele schlechte Erfahrungen gemacht, er habe beim Mitteldeutschen Verlag eine Absage bekommen, [...] wir glauben nicht daran, daß diese Geschichte [...] dort irgendwie ankommen könnte.«[70]

Es kommt zu einer Diskussion über die Geschichte. Keiner der Anwesenden kann sich vorstellen, dass ideologische Gründe gegen eine Veröffentlichung sprechen, einer jedoch äußert Verständnis für den Pessimismus von Michael Wolfram. »Heinz Falk« berichtet darüber:

»Riemann, der sich auch noch einmal in die Diskussion einblendete, ging davon aus, daß er wohl ein gewisses Verständnis für die Haltung von Wolfram aufbringen könnte trotzdem solle er nicht nachgeben. Mit dem gewissen Verständnis meinte Riemann, er habe selbst ein Programm für die SED-BL, wenn ich es richtig verstanden habe, für den 100-jährigen Geburtstag von Wilhelm Pieck gemacht, und er werde ein zweites Mal solch ein

70 BStU, Bericht »Heinz Falk« vom 16. 12. 1975 – Fortsetzung.

Programm nicht übernehmen, er sei auf derart hirnverbrannte Schwierigkeiten gestoßen, sowas könne einem nur im Bezirk Suhl begegnen, und er habe so einen Provinzialismus satt, und er ermahnte Wolfram, nicht in den Schwierigkeiten des Suhler Provinzialismus stecken zu bleiben und über den Bezirk hinaus zu gehen und dort woanders das Glück suchen.«[71]

»Richard König« wendet damit erneut eine bewährte Taktik an, indem er sich als engagierten Künstler in Szene setzt, der mit den Tücken des real-existierenden Sozialismus ebenso zu kämpfen hat wie der Rest der Gruppe. Das schafft Vertrauen.

»Es ergab sich dann so, daß man mich bei den zukünftigen Zusammenkünften des Podiums einladen wird. Die nächste Zusammenkunft wird im Januar sein. Man wird mich dann einladen. Man fragte den Nastoll, warum er mich nicht früher mitgebracht habe. [...] Es ist auf alle Fälle vereinbart, daß ich mich [...] in der nächsten Zeit öfters sehen lassen kann. [...] Sie würden sich sehr darüber freuen. Ich habe mich gegen 16 Uhr verabschiedet. Ich habe den viel beschäftigten Menschen herausgekehrt, um keine Verdachtsmomente auf mich zu lenken.«[72]

Die Stasi setzt unterdessen die Künstler auf allen Ebenen unter Druck, zum Beispiel damit, dass sich die Mitglieder des Podiums Suhl zu keinem Zeitpunkt sicher sein können, ob nicht einer der Ihren ein trojanisches Pferd ist. Denn immer wieder stoßen neue Teilnehmer dazu, die einen Unsicherheitsfaktor darstellen: Ist ein solcher »Neuer« wahrhaft an Kunst und Literatur interessiert? Oder spitzelt er für die Stasi? Zudem hat jeder der Künstler ein Privat- und Berufsleben und

71 Ebenda.

72 BStU, Bericht »Richard König« vom 21.12.1975 über Roger Nastoll und die Gruppe Podium in Suhl – Fortsetzung.

die Notwendigkeit, Geld zu verdienen. Auch Schriftsteller müssen Miete zahlen, für die Familie sorgen, private Probleme bewältigen. Die Stasi versteht es, die Chefs und Abteilungsleiter in den Betrieben auf die »Feinde« anzusetzen. Die Druckmittel: Anstehende Beförderungen werden ausgesetzt, Gehaltserhöhungen gestrichen – das volle Programm. Manch ein Künstler hält diesem Druck nicht stand und zieht sich aus dem literarischen Kreis zurück. Freilich nicht alle. Roger Nastoll denkt nicht im Traum daran, sich einschüchtern zu lassen. Berufliche Nachteile will er in Kauf nehmen. Roger Nastoll ist konsequent, für seine Überzeugungen würde er notfalls sogar in den Knast gehen. Der harte Kern des Podiums Suhl bleibt, auch wenn die Teilnehmerzahl sinkt und man sich vordergründig mehr auf theoretische Arbeit konzentriert. Der Name »Podium Suhl« wird modifiziert durch die Bezeichnung »Arbeitskreis Literatur«. Die Schriftsteller halten aber unbeirrt an ihrer Forderung nach künstlerischer Unabhängigkeit fest. Für die Stasi ein Grund, aktiv zu bleiben:

Am 1. März 1976 schreiben Major Stirzel (Stellvertretender Leiter der Abteilung XX) sowie Hauptmann Timmler (Referatsleiter XX/7) eine »Konzeption zur weiteren Bearbeitung der VAO Literat«. Darin formulieren sie das Ziel, den Schriftstellern parteifeindliches Verhalten nachzuweisen und sie gleichzeitig im Kreis anderer literarisch interessierter und schriftstellerisch tätiger Personen als Literaten unmöglich zu machen. Den bisherigen Kenntnisstand fassen sie am 1. März 1976 aus Sicht der Stasi so zusammen:

> »In der bisherigen operativen Bearbeitung der VAO ›Literat‹ wurde durch inoffizielle Hinweise unterlegt, daß die bisherige Einschätzung richtig war, daß es sich bei den verdächtigen Personen um eine oppositionelle Gruppierung handelt, [...] Seit Oktober 1975 widmen sich die verdächtigen Personen nur noch der Arbeit im Arbeitskreis Literatur [...] Durch die offizielle Kritik an dem Inhalt der Arbeit des Podiums zogen sich die verdächtigen Personen immer mehr zurück. Die Veranstaltungen

des Arbeitskreises Literatur wurden zwar nach wie vor im Klub ›Johannes R. Becher‹ durchgeführt, doch konzentriert man sich mehr auf theoretische Arbeit und schränkte den Teilnehmerkreis immer enger ein. Dabei wurden in erster Linie solche Personen nicht mehr eingeladen, die für ihre Ziele einen Unsicherheitsfaktor darstellten. Geringste Verdachtsmomente, die eine Verbindung zum MfS, Bezirksleitung der SED, oder engere Verbindungen zum Bezirksschriftstellerverband andeuteten, endeten damit, daß diese Personen nicht wieder eingeladen wurden. [...] Seit September/Oktober 1975 ist festzustellen, daß in der Gruppe differenzierte Meinungen über das weitere Vorgehen vorhanden sind. Deutlich sichtbar wurde, daß die verdächtigen Personen [Name geschwärzt] und [Name geschwärzt] gegenwärtig aus Angst vor eventuellen Sanktionen gegen sie und Verlust ihrer beruflichen Stellung in ihrer Aktivität nachgelassen haben und nach anderen Formen der Arbeit suchen, mit denen sie gleichfalls ihr Ziel erreichen können.
Sehr massiv, teils aggressiv tritt die Person Nastoll in Erscheinung. N. forderte bei der letzten Zusammenkunft mehrfach, die legale Form ihrer Arbeit zu verlassen, die Arbeit so weiter fortzuführen, wie die verdächtigen Personen in ihrem mündlich abgesprochenen Statut dargelegt haben, selbst mit der Konsequenz, inhaftiert zu werden. Bei der letzten Zusammenkunft am 27. 2. 1976 forderte er wiederum ein Manifest, sich mehr auf illegale Arbeit zu konzentrieren und eine illegale Zeitschrift herauszugeben. Der Vorschlag der Zeitschrift wurde von den anderen verdächtigen angenommen und es wurden Festlegungen getroffen, daß demnächst die erste Ausgabe erscheinen wird. [...] In der Zeitschrift, die den Namen ›unsere Blätter‹ hat, wird das alles veröffentlicht, was ihm angeblich der Staat in seinen Massenmedien verweigert.«[73]

73 Konzeption zur weiteren Bearbeitung der VAO »Literat«, 1. März 1976.

Das kann die Stasi natürlich nicht dulden. Stirzel und Timmler werden aktiv. Die Zersetzungsmaßnahmen greifen, die Zeitung wird nie gedruckt. Unvermindert soll das IM-Kollektiv den Maßnahmeplan VAO Literat vorantreiben. Die voraussehbare »Öffentlichkeitswirksamkeit« einer solchen Zeitung ist für die Stasi der Horror. Die eingesetzten IMs sollen weitere »Beweise« für die Feindtätigkeit der Künstler beibringen. Bei ihrer Zersetzungsarbeit soll sich der jeweilige IM so verhalten, »daß das Vertrauen zu ihm gefestigt wird und er mit in die Konspiration genommen wird«.[74] Im Klartext: Der IM soll Sympathie und Freundschaft vorgaukeln und die Gutgläubigkeit seiner Zielperson schamlos ausnutzen. In besonderem Maße gilt das für den IM »Richard König«, der sich auf Roger Nastoll konzentrieren soll. Für Roger Nastoll soll ein besonderer Maßnahmeplan erarbeitet werden.

Am 1. März 1976 berichtet »Heinz Falk« über eine »Tagung des Literarischen Arbeitskreises am 27.2.1976«. Zunächst muss er mit anhören, wie Roger Nastoll eine neue Prosa-Geschichte vorträgt. Deren Inhalt fasst der IM so zusammen:

> »Es wurde eine Leiche gefunden, die die Geschichte vorgibt, eine Leiche, die aus unserer Zeit stammt, gefunden im Jahr 3000, den Ermittlungen über die Leiche folgt die Auffindung eines Berichtes, der ebenfalls aus unserer Zeit stammte, einem Komputer wurden Daten und dieser Bericht eingegeben, wobei der Komputer zu der Person, die aufgefunden wurde, feststellt, daß es sich in unserer Zeit um einen Linksabweichler gehandelt habe, der wegen seiner Haltung zur psychiatrischen Behandlung vorgesehen war und deswegen versuchte, außer Landes zu gehen, wobei er dann beim Passieren der Grenzsicherungsanlagen getötet wurde.«[75]

74 BStU, Ebenda.

75 BStU, Bericht von »Heinz Falk« vom 1.3.1976

»Heinz Falk« dürfte bemerkt haben, dass es sich bei dieser Science-Fiction-Story um eine Geschichte handelte, die im übertragenen Sinne parabelhaft die politischen Verhältnisse in der DDR kritisierte. Natürlich ging es in dieser Geschichte um Mauer, Stacheldraht und Schießbefehl und um die psychiatrische Zwangsbehandlung politischer Häftlinge. Roger Nastoll hatte also ein weiteres Mal seine feindlich-negative Haltung demonstriert.

Im »Sachstandsbericht zum OV ›Literat‹, Reg-Nr. XI 66/73 vom 11. Mai 1976« fasst Hauptmann Timmler die Verbrechen der Literaten in etwa so zusammen:

> »1. Beschäftigung mit philosophisch-ethischen Fragen.
> 2. Beschäftigung mit der Frage: was ist künstlerische Wahrheit?
> 3. Beschäftigung mit der Frage: Darf die führende Rolle der Arbeiterklasse in der DDR-Gesellschaft geleugnet werden?«

Außerdem gefällt es Hauptmann Timmler überhaupt nicht, dass die Schriftsteller auch über soziologische Fragen, Kafka, und Malerei diskutieren. Es empört ihn, dass die Schriftsteller über kulturästhetische Fragen sprechen, ohne dabei Bezug auf die gesellschaftlichen Verhältnisse der DDR zu nehmen; Kunst ohne Bezug auf den Marxismus-Leninismus: pfui! Timmler resümiert:

> »Durch die Angehörigen der Gruppe werden vorrangig solche Stücke gelesen, die dekadenten Inhalt bzw. unklare politische Aussagen haben.«[76]

Die Stasi ermittelt nun auf der Grundlage des Paragrafen 106 des Strafgesetzbuches der DDR:[77]

76 BStU, Sachstandsbericht zum OV »Literat«, Reg-Nr. XI 66/73 vom 11. 5. 1976.

77 Strafgesetzbuch der Deutschen Demokratischen Republik vom 12. Januar 1968, http://www.verfassungen.de/ddr/strafgesetzbuch74.htm [20. 3. 2019].

»§ 106
Staatsfeindliche Hetze
(1) Wer mit dem Ziel, die sozialistische Staats- oder Gesellschaftsordnung der Deutschen Demokratischen Republik zu schädigen oder gegen sie aufzuwiegeln,
1. Schriften, Gegenstände oder Symbole, die die staatlichen, politischen, ökonomischen oder anderen gesellschaftlichen Verhältnisse der Deutschen Demokratischen Republik diskriminieren, einführt, herstellt, verbreitet oder anbringt;
2. Verbrechen gegen den Staat androht oder dazu auffordert, Widerstand gegen die sozialistische Staats- oder Gesellschaftsordnung der Deutschen Demokratischen Republik zu leisten;
3. Repräsentanten oder andere Bürger der Deutschen Demokratischen Republik oder die Tätigkeit staatlicher oder gesellschaftlicher Organe und Einrichtungen diskriminiert;
4. den Faschismus oder Militarismus verherrlicht, wird mit Freiheitsstrafe von einem Jahr bis zu fünf Jahren bestraft.
(2) Wer zur Durchführung des Verbrechens Publikationsorgane oder Einrichtungen benutzt, die einen Kampf gegen die Deutsche Demokratische Republik führen oder das Verbrechen im Auftrage derartiger Einrichtungen oder planmäßig durchführt, wird mit Freiheitsstrafe von zwei bis zu zehn Jahren bestraft.
(3) Im Fall des Absatzes 1 Ziffer 3 ist der Versuch, in allen anderen Fällen sind Vorbereitung und Versuch strafbar.«

Roger Nastoll ist von nun an ein staatsfeindlicher Hetzer und umso mehr ein Fall für den IM »Richard König«:

»Zur Person Roger Nastoll:
am 25. 5. 1976 fuhr ich nachmittags zur Familie Nastoll nach Ilmenau. Zunächst waren nur die Frau und der eine der Söhne, der Christoph, anwesend. Der Nastoll selber war, wie seine Frau mir sagte, zu einem Spaziergang weggegangen mit dem Hund.

[...] Ich habe, noch bevor Roger Nastoll kam, mit ihr mich unterhalten, was die Schule macht usw. Sie erzählte mir dann, daß sie in der Schule aufhören würde. Die Dolmetscherstelle, die sie annehmen wollte, das hätte nicht geklappt. Sie würde jetzt in dem Ausländerwohnheim in Ilmenau von der Hochschule aus als Leiterin dort arbeiten.
Sie erzählte dann auch, was mir dann später Nastoll im Gespräch bestätigte, daß Roger gekündigt habe im VEB Relaistechnik, weil er einfach nicht genügend Zeit habe für seine schriftstellerische Tätigkeit, und aus dem Grunde wolle er freischaffend werden. Das nötige Betriebskapital so zum Leben, was man unbedingt braucht, das würde er sich mit einigen Stunden am Tage als Bauarbeiter auf Baustellen von Eigenheimen usw. in Ilmenau verdienen können.
Wir trafen die Vereinbarung, daß er mich am Sonnabend, dem 29. Mai, in Meiningen mit beiden Kindern besuchen wolle, und er hätte es den Kindern versprochen. Aufgrund der schwierigen Verkehrsverbindung nach Meiningen haben wir uns dann verabredet, daß ich ihn in Suhl abholte am Sonnabend früh um 10:00 Uhr. Wir trafen uns dann in Suhl und sind dann gemeinsam nach Meiningen gefahren. [...]
Er ist dann auch nachmittags wieder weggefahren. Wir haben dann vereinbart, daß wir am Pfingstsonntag nachmittags bis zum späten Abend mit den Familien uns in Ilmenau treffen wollen.
Wir haben auch über den neunten Parteitag gesprochen und seine Meinung dazu war, daß dieser Verlauf dieses Parteitages wenig bewiesen habe, daß es ein sowjetischer Parteitag gewesen wäre und daß er enttäuscht sei über das Ergebnis dieses Parteitages.«[78]

78 BStU, Abteilung XX/7 der BV des MfS, Suhl, den 17. 6. 1976 Bericht »Richard König«.

Die zwölf Spitzel

Ein freundlicher Sommertag im Jahr 2015. Im Lesesaal der Stasi-Unterlagenbehörde in Berlin-Mitte spricht man nur gedämpft, am besten gar nicht. Klassenzimmer-Atmosphäre wie am Tag der schriftlichen Abiturprüfung. Ganz vorn sitzt ein Mitarbeiter der Behörde und achtet auf Disziplin. An den Nebentischen Stasi-Opfer, Betroffene, Journalisten, Wissenschaftler. Jeder hat sein eigenes Motiv, den Inhalt einer Akte zu erforschen. Immer geht es um Aufklärung und Aufarbeitung. Auch ich sitze im Lesesaal und durchforste die Akte von »Richard König«. Oder besser: das, was man mich lesen lässt. Um die Interessen Dritter zu schützen, sind viele Namen von Opfern geschwärzt. Doch manchmal kann ich durch die dicken, schwarzen Balken hindurchsehen. Natürlich nicht wirklich, aber ich erkenne sie sofort, die Namen, die Gesichter, die Stimmen. Denn ich war dabei. Ich weiß, wer sich hinter der Schwärze verbirgt, wenn ich etwa lese:

> »Operative Personenkontrolle … Bericht von ›Richard König‹ … am 3. 4. 1976 waren die [GESCHWAERZT] bei uns zu Gast. Er erzählte von seiner Reise nach Ägypten und zeigte selbstgefertigte Fotografien von dieser Tour.«

Ich weiß, über wen »Richard König« hier Bericht erstattet. Ich sehe die freundlichen Augen, höre die warme Stimme eines jungen Kunstmalers. Oft war er mit seiner Frau bei uns zu Gast. Da kann der Balken noch so dick und schwarz sein. Ich erkenne sie beide wieder. Fast 40 Jahre sind vergangen, als ich mich entschließe, brieflich Kontakt aufzunehmen:

> »Sehr geehrter, lieber Herr […],
> mein Name ist Petra Riemann, ich bin die Tochter von Lutz Riemann. Unsere Familien waren in den 1970er-Jahren miteinander

bekannt. Ich selbst habe Sie das letzte Mal gesehen, als ich noch ein Kind war, trotzdem habe ich Sie gut in Erinnerung.
Ich habe kurz überlegt, ob ich einfach zum Telefonhörer greifen soll, mich dann aber nicht getraut. Den Grund können Sie sich vorstellen: Im Jahre 2013 wurde mein Vater durch die ›WELT am Sonntag‹ als Stasi-IM enttarnt, der unter dem Decknamen ›Richard König‹ nicht nur den SPD-Politiker Peer Steinbrück ausspioniert haben soll, sondern auch die Künstlerszene in Meiningen. Ich gehe davon aus, dass Sie davon gehört haben. Natürlich ist mir das peinlich, und es könnte ja sein, dass Sie, Herr [...], auch auf mich nicht gut zu sprechen sind. Deshalb also habe ich gezögert, Sie einfach anzurufen.
Der Grund meiner Kontaktaufnahme ist Folgender.
Wie so viele Kinder von Stasi-Mitarbeitern möchte ich mehr erfahren über die Rolle der Eltern zu DDR-Zeiten. Als mein Vater enttarnt wurde, hatte ich leider schon keinen Kontakt mehr zu ihm. Mich hat die Sache nicht losgelassen, weil durch den Zeitungsartikel so viele Begebenheiten in meinem eigenen Leben begannen, einen Sinn zu ergeben. Ich musste den Schock verarbeiten und begann zu recherchieren. Auf diese Weise konnte ich viel über die Wirkungsweise des IMs ›Richard König‹ erfahren und wie die Stasi ihn einsetzte. Wie die Stasi-Akten nahelegen, hat mein Vater offenbar auch über Sie berichtet, Herr [...]; und das tut mir besonders weh, weil ich in Erinnerung habe, dass unsere Familien miteinander bekannt, wenn nicht gar befreundet waren.
Ich weiß nicht, ob Sie Ihre Akten beantragt haben, ob Sie überhaupt darüber sprechen mögen. Ich würde vollkommen verstehen, wenn Sie mit diesem Thema endgültig abgeschlossen haben. Sollten Sie jedoch offen sein für ein Gespräch und interessiert sein am Austausch von Informationen, dann würde ich mich über eine Rückmeldung freuen.
Ich wünsche Ihnen alles Gute und verbleibe mit den besten Grüßen aus Berlin, Petra Riemann«

Die Antwort kam prompt, und sie bestätigte meinen Verdacht. Der junge Mann, den »Richard König« seinerzeit für die Stasi ausspionierte, war der Maler und Grafiker Manfred Hausmann. Seine Antwort rührte mich, denn aus ihr sprach, wenngleich nach so langer Zeit, die tiefe persönliche Enttäuschung. Manfred Hausmann gestattet es mir, seinen Namen in diesem Buch zu nennen. Ich erfahre, dass nicht nur »Richard König« auf ihn angesetzt war, sondern zwölf weitere Spitzel ihn überwachten. Jede Einzelheit – oder, wie Hausmann heute aus verständlicher Verbitterung formuliert: jeder »Scheißdreck« aus seinem Leben wurde »nach oben« berichtet.

Manfred Hausmann zwischen Subtext und Kontext

»Richard König« soll den Kunstmaler und Grafiker im Rahmen einer »Operativen Personenkontrolle« überwachen. Zu jener Zeit, Mitte der 1970er-Jahre, hat Manfred Hausmann noch keinen großen Namen in der DDR, sein außerordentliches Talent ist den Kulturpolitikern der SED aber nicht entgangen. Die Partei will daher mehr über die politische Haltung des Künstlers wissen. Wie etwa sollen sich »die Organe« verhalten, wenn der Maler zur Inspiration und künstlerischen Weiterentwicklung eine Reise ins nichtsozialistische Ausland beantragen sollte? »Richard König« soll den Mann überwachen und politisch einschätzen. Bei der Bespitzelung wendet er die schon bekannten Strategien und Methoden an, indem er persönliche Beziehungen ausnutzt und die eigene Familie ins Spiel bringt:

> »Ich habe Hausmann vor ca. einem Jahr kennengelernt zufällig durch einen Kollegen, der ihn schon kannte, und der mich eingeladen hatte, mal mit zu ihm hin zu gehen, um sich Arbeiten von ihm anzusehen. Wie sich inzwischen herausstellte, waren meine Frau und die Familie Hausmann schon vorher flüchtig bekannt durch Tanzstunde. Hausmann hat in der letzten Zeit

häufig Besuch gehabt, d. h. zweimal Besuch gehabt aus der BRD.«[79]

Der Besucher, eine Bürgerin aus der Bundesrepublik, kaufte offensichtlich Grafiken bei dem Künstler. Allerdings, so der IM, wurden bei dem Geschäft nur »pro forma Rechnungen« ausgestellt:

> »Der wirkliche Bezahlungsweg ist der, daß er Naturalien bekommt, so bestimmte Wünsche, wie Mäntel und so etwas, die es hier nicht zu kaufen gibt [...] auffällig war mir, ich war bei einer Begegnung ganz zufällig dabei an einem Nachmittag in der Wohnung, daß diese Frau in ungeheuren Tönen also die bundesrepublikanischen Verhältnisse und gerade die Lebens- und Arbeitsbedingungen [...] für Künstler darstellte, so lobend darstellte, daß es eigentlich schon selbst Hausmann, der diese Verhältnisse überhaupt nicht einzuschätzen vermag in der BRD, daß der doch etwas skeptisch darauf reagierte [...] er ist ein bewußter Staatsbürger in grundsätzlichen Fragen zumindest. Er ist bestimmt mit einigen Fragen belastet oder hat einige Fragen zu der Politik, die es bei uns gibt, genauer kann ich dazu nichts sagen, weil ich noch nicht sehr viel Gelegenheit hatte, mich mit Hausmann zu unterhalten und das bisher auch noch nicht so erforderlich und so dringend erachtete. Ich habe es nur erlebt, daß er [...] unseren Staat und die Gesellschaftsordnung, den Sozialismus, sehr stark verteidigt hat, und das war wörtlich seine Äußerung, als die einzige Alternative für die Zukunft der Menschheit betrachtete, wobei sich in der Meinung, in der Einschätzung also eine Differenz ergibt zwischen dem, was er sich vorstellt und dem, was praktiziert wird, das schloß er nun ein.«[80]

79 BStU, Bericht »Richard König« vom 31. 10. 1975.

80 Ebenda.

Das Credo des obersten Geheimpolizisten Erich Mielke lautet: »Wir müssen alles wissen, an uns darf nichts vorbeigehen!« In diesem Sinne müssen Inoffizielle Mitarbeiter alles wissen und alles aufschreiben. Um ermessen zu können, welchen Schaden »Richard Königs« Einschätzungen anrichten, muss man aufmerksam sowohl den Subtext (oder: Klartext) als auch den Kontext der Berichte beachten. Wenn der IM zum Beispiel schreibt, dass Manfred Hausmann »bestimmte Wünsche« habe, dann heißt das im Subtext: Manfred Hausmann ist »unzufrieden mit der Versorgungslage in der DDR«. Berichtet der IM, Manfred Hausmann sei »bestimmt mit einigen Fragen belastet oder hat einige Fragen zu der Politik, die es bei uns gibt«, dann bedeutet diese Aussage im Klartext: »Es gibt Indizien, die darauf hindeuten, dass Manfred Hausmann in einigen Fragen der DDR kritisch gegenübersteht«. Wenn »Richard König« der Stasi kolportiert, dass sein Beobachtungsobjekt den Sozialismus zwar verteidigt habe, sich aber »eine Differenz ergibt zwischen dem, was er sich vorstellt und dem, was praktiziert wird«, dann versteht sein Führungsoffizier genau, was eigentlich gemeint ist: »Es besteht der Verdacht einer feindlich-negativen Einstellung gegenüber den Verhältnissen in der DDR.« Mögliche Konsequenzen: strengere Überwachung, Berufsverbot, Inhaftierung. Der IM erfährt nicht in jedem Fall, welche Folgen seine Opfer erleiden müssen; aber er weiß sehr wohl, dass seine Berichte niemals folgenlos bleiben.

Ebenso wichtig ist der Kontext der »Operativen Personenkontrolle«: »Richard König« steht unter Erfolgszwang. Er muss liefern. Das ist sein Job. Auch wenn das zu beobachtende »Objekt« rein gar nichts dem Verständnis der Stasi nach »Feindliches« unternimmt, so hat sich der IM trotzdem wachsam zu zeigen. Er muss seinen eigenen Wert täglich neu rechtfertigen. Ein IM kann daher nicht einfach schreiben: »Der Maler Manfred Hausmann ist in Ordnung, lassen wir doch den Mann einfach in Ruhe seinen künstlerischen Beruf ausüben.« Im Gegenteil. Bei der Bespitzelung und Zersetzung der Opfer darf ein IM niemals nachlassen. Dabei nimmt er bewusst in Kauf,

Unschuldige zu denunzieren. Erst, wenn man diesen subtilen Zusammenhang zwischen Subtext und Kontext wahrnimmt und analysiert, also quasi zwischen den Zeilen liest, erschließt sich die besondere, jedem Stasibericht anhaftende Niedertracht. Am 17. Februar 1976 trägt »Richard König« seinem Führungsoffizier zu:

»Zur Person Hausmann:
Seit etwa 1 ½ Jahren ist mir Hausmann bekannt. Wir treffen uns öfters, besuchen uns gegenseitig, auch unsere Familien einbeziehend. Wir sind recht gute Bekannte geworden. Von Freundschaft kann man allerdings nicht oder auch noch nicht sprechen, um das Vertrauensverhältnis zu charakterisieren. Das liegt daran, daß Hausmann ein Mensch ist, der nicht sehr intensiv sich um Kontakte bemüht. Über sein künstlerisches Vermögen möchte ich mich nicht sehr viel äußern. Er ist bestimmt ein sehr begabter junger Maler. [...] Er besucht keine Kneipen, wandert gerne, läuft gut Ski. [...] Ich war am Mittwoch, dem 11. Februar abends bei ihm zu Besuch. Besonderen Raum nahm an diesem Abend seine geplante Reise in die VAR Ägypten, in unserem Dialog, ein. Er hat sich eine bessere Kamera auf ›Pump‹ gekauft, die einen Neuwert von fast 1000 Mark besitzt. [...] Zehn Dia-Farbfilme hat er sich für die Reise gekauft. [...] Es kam auch dazu – während unseres Gespräches – daß wir über die Möglichkeit sprachen, daß man ja von Ägypten aus die Chance hätte, sich in den Westen abzusetzen. [...] Von seiner politischen Haltung würde ich sagen ›Loyaler Bürger‹. Ich glaube, daß er die Reise wirklich dazu benutzen wird, viel an Eindrücken für seine künstlerische Arbeit zu sammeln und daß er sich nicht zu einer verräterischen Haltung an unserem Staat bewegen lassen könnte.«[81]

81 BStU, Abteilung XX/7 der BV des MfS, Suhl, den 17. 2. 1976, Ti/Gr, Bericht »Richard König«.

Die Stasi will trotzdem auf Nummer sicher gehen und legt einen Übersichtsbogen zur Operativen Personenkontrolle an:

»1. Entscheidung über das Einleiten
Ltn. Lymann
2. Gründe für das Einleiten
Hausmann unterhält intensive Verbindungen zu im bildkünstlerischen Bereich tätigen Personen der BRD, der Charakter der Verbindungen ist ungeklärt und kann noch nicht eingeschätzt werden.
3. Ziel der operativen Personenkontrolle
Klärung des Charakters der Verbindungen Hausmanns in die BRD bei gleichzeitiger Überprüfung, ob er Verbindungen zu negativ eingestellten Personen aus dem bildkünstlerischen Bereich unterhält. Bei Abschluß der OPK ist Hausmann einzukategorisieren bzw. seine Eignung als IM zu überprüfen!
4. Eingesetzte IM
›R. König‹
Und andere [...]«[82]

»Die OPK [...] trägt aktiv vorbeugenden Charakter und zielt auf die Verhinderung gegnerischer Wirkungsmöglichkeiten sowie auf das Erkennen der Möglichkeiten, Fähigkeiten und Eignung Hausmanns zur Gewinnung und zum Einsatz als IM.
Zur Aufklärung des Charakters und der Intensität der Verbindungen Hausmanns in die BRD sowie seines Persönlichkeitsbildes werden folgende Maßnahmen durchgeführt:
1. Der Einsatz der IME ›R. König‹ u. a. Zur Erarbeitung von Informationen und Hinweisen, die über
– Charakter und Intensität der Verbindungen in die BRD
– berufliche und gesellschaftliche Position und den Umgangskreis

82 BStU, Übersichtsbogen zur Operativen Personenkontrolle, 26.2.1976.

> – politische Grundhaltung
> Auskunft geben.«[83]

Bei der Überwachung von Manfred Hausmann wandert »Richard König« auf dem schmalen Grat zwischen Konspiration und Enttarnung (Stasi-Jargon: Dekonspiration). Möglicherweise zum ersten Mal ahnt der IM, dass er seine Rolle offensichtlich nicht immer für alle glaubwürdig spielt. Am 3. April 1976 hat er den Maler und dessen Frau in seine Privatwohnung eingeladen. Unvermittelt wird er mitten im Gespräch mit gefährlichen Vorwürfen konfrontiert, worüber er den Führungsoffizier auch informiert:

> »Er erzählte von seiner Reise nach Ägypten und zeigte selbst gefertigte Fotografien von dieser Tour. Er war und ist voll von Eindrücken von dieser Reise und meint, jederzeit und koste es, was es wolle würde er diese Reise wiederholen. Er berichtete dann davon, daß vor seiner Abreise an einem Vormittag zwei Herren ihn besucht hätten, die wohl von der Staatssicherheit gewesen wären. Sie hätten sich jedenfalls so ausgewiesen. Sie hätten von ihm verlangt, er möchte von diesem Besuch niemandem erzählen, auch nicht seiner Frau. Ein klares Anliegen hätten sie ihm gegenüber jedoch nicht formuliert. Zudem hätte er sie wohl auch durch seine Redefaulheit ausgetrickst. Er hatte jedoch den Eindruck, sie wollten ihn wohl zur Mitarbeit gewinnen. Sein Kommentar: ›Die müssen wohl spinnen‹. In diesem Zusammenhang erzählte sie [Frau Hausmann] mir, daß [...] überall in der Stadt verbreitet würde: ich wäre nur mit dem Meininger Ensemble in die BRD gefahren, weil ich für die Stasi arbeiten würde.«[84]

83 BStU, Abteilung XX/7 der BV des MfS, Suhl, 3. 3. 1976, Ly/Tr, Maßnahmeplan zur OPK Hausmann.

84 BStU, Abteilung XX/7 der BV des MfS, Suhl, den 23. 4. 1976, Bericht »Richard König«

Das Ehepaar versichert dem Spitzel jedoch, dass es dies für Unfug hält. Bei den Leuten, die so etwas behaupteten, sei wohl Neid im Spiel.

> »Sie hätten es mir sonst ja wohl auch nicht erzählt und würden, wenn sie das von mir glaubten, uns wohl nicht besuchen. Ich kommentierte diese Geschichte in etwa wie folgt: ›Das sei ja wohl die Höhe, so einen Blödsinn zu verzapfen.‹«[85]

Es grenzt an ein Wunder, dass der Maler und seine Frau den IM nicht ernsthaft verdächtigten. Eine unbedachte Reaktion und »Richard König« hätte sich in dieser Situation dekonspiriert. Er behält in diesem wichtigen Augenblick aber die Nerven, reagiert kontrolliert und wird nicht enttarnt.

Übrigens: Manfred Hausmann, über dessen »künstlerisches Vermögen« sich der IM in überheblichem Tone »nicht sehr viel äußern« mochte, sollte zu einem bedeutenden Maler werden, nicht nur in der DDR, sondern auch im wiedervereinigten Deutschland. Es ist tröstlich, dass es die Stasi nicht vermochte, Hausmanns Talent zu hemmen oder gar zu zersetzen.

Der konspirative Treffpunkt

Wo trifft »Richard König« seinen Führungsoffizier? Wo kann der IM seinem Chef Bericht erstatten? Wo erhält er neue Aufträge? Auf keinen Fall in Meiningen. Dort pfeifen die Spatzen, wie gezeigt, seine Kollaboration mit der Stasi geradezu von den Dächern. Als das Ehepaar Hausmann den Spitzel mit Verdachtsmomenten konfrontiert, gelingt es ihm nur mühsam, die Konspiration zu wahren. Um ein Haar fliegt seine Tarnung auf. Will das MfS mit »Richard König« sprechen, persönlich, ungestört und vor allem unerkannt, dann muss dies außer-

85 Ebenda.

halb von Meiningen passieren, in einer »konspirativen Wohnung«. Nur dort können IM und Führungsoffiziere eine neue Verschwörung gegen Menschen anzetteln, die sie als »feindlich-negative Kräfte« herabwürdigen wollen. Das Ministerium für Staatssicherheit hat Tausende solcher Wohnungen eigens zu diesem Zweck angemietet, verstreut über die gesamte DDR. Nur mithilfe solcher geheimen Treffpunkte kann das Schnüffelsystem der »Firma« funktionieren. Möglichst unauffällig muss die Wohnung sein. Sorgfältig kundschaftet die Stasi interessante Objekte aus: Wem gehört die Wohnung? Wie viele Mietparteien gibt es im Haus? Welche politische Gesinnung hat der Eigentümer? Erst wenn alle offenen Fragen zufriedenstellend geklärt sind, unternimmt der Geheimdienst einen Versuch der Anmietung. Auch für die Verschwörungsaktionen von »Richard König« nutzt die Stasi derartige Wohnungen. Eine davon befindet sich in Oberhof. In einer Unterlage der Geheimpolizei aus dem Jahr 1980 werden alle mit der Anmietung verbundenen Abläufe im Detail beschrieben:

»Abteilung XX, Suhl, 2. Dezember 1980, Ti/Gr, XX/7, Major Stirzel, Major Timmler.
Vorschlag zur Schaffung einer IMK/KW
hiermit schlage ich vor, daß separate Zimmer im Haus ›Martha‹, Oberhof, Zellaer Str. 6 als IMK/KW zu werben und zu registrieren. Der Besitzer dieses Hauses ist die im Objekt wohnende Langenhan, Marianne, geboren am 28. 12. 1908. Es ist vorgesehen, das im Erdgeschoß des Hauses ›Martha‹ liegende Zimmer unter Legende zu mieten. Die legendierte Abdeckung im Mietvertrag erfolgt durch das Ministerium für Kultur, Büro des Ministers und durch den IME ›Zabel‹ im FDGB-Bezirksvorstand Suhl.
Notwendigkeit der Werbung: die Notwendigkeit der Schaffung von IMK/KW wird weiter dadurch erhärtet, daß IMB und wertvolle IM aufgrund ihres operativen Einsatzes und Einsatzrichtung nicht in der Bezirksstadt getroffen werden können. In der

IMK/KW sollen nachfolgende IM/GMS getroffen werden:
IMB ›Heinz Falk‹
IMB ›Richard König‹
U. a.
[...]
Durch den IME ›Zabel‹ wurde bekannt, daß die Besitzerin des Hauses alle Fremdenzimmer des Hauses ab 1979 an den FDGB-Feriendienst vermietet hat. Das im Parterre gelegene Zimmer hatte sich die Inhaberin vorerst als Gästezimmer reserviert.
[...]
Die Konspiration der IMK/KW ist garantiert durch die legendierte Abdeckung gegenüber der Öffentlichkeit und den beschäftigten Personen und Institutionen. Als Legende wurde bei den Verhandlungen mit der Besitzerin des Hauses sowie gegenüber den verantwortlichen Mitarbeitern des FDGB-Feriendienstes und im Mietvertrag dargelegt, daß das Zimmer als Ferienzimmer vom Ministerium für Kultur, Büro des Ministers benutzt werden soll bzw. wird. [...] Alle Absprachen zwischen der Vermieterin erfolgen unter dieser Legende. Die Legende erfordert, daß die operativen Mitarbeiter und IM/GMS mit derselben vertraut gemacht werden und diese auch anwenden. [...] Es ist zu prüfen inwieweit es sich notwendig macht, daß der vorgangsführende Mitarbeiter zur Objektivierung der Legende sich einen fiktiven Ausweis vom Ministerium für Kultur beschafft. Die bisherigen Aufklärungs- und Überprüfungsergebnisse: die Besitzerin des Hauses wohnt seit 1954 in Oberhof. Ihr verstorbener Ehemann hat zu diesem Zeitpunkt das Haus ›Martha‹ (Privatpension) übernommen. Die Besitzerin hat bisher nur als Wirtschaftlerin in dieser Pension gearbeitet. 1979, als ihr Ehemann schwer erkrankte, verpachtete sie die Fremdenzimmer an den FDGB-Feriendienst. Er verstarb im März dieses Jahres. Die Einstellung der Besitzerin zu unserem Staat wird

Das »Haus Martha« in Oberhof.
Hier, in einer von der Stasi angemieteten »konspirativen Wohnung«, trafen sich »Richard König« und »Heinz Falk« mit ihrem Führungsoffizier, nahmen Aufträge entgegen und erstatteten Bericht.
Foto: Oberhof Haus Martha, VEB Volkskunstverlag Reichenbach i. V.

loyal eingeschätzt. Obwohl ihr Ehemann während der Nazizeit aktiver Parteigänger gewesen sein soll, trat das Ehepaar nicht negativ in Erscheinung. Die Besitzerin reist seit 1968 regelmäßig zu ihrer Stiefmutter nach Stuttgart. Besucher aus der BRD hat die Besitzerin nicht erhalten.

[…]

Aufgrund der Lage, der objektiven Umstände und der Anwendung der erarbeiteten operativen Legende der Abdeckung kann die IMK/KW zu jeder Tages- und Nachtzeit aufgesucht und auch wieder verlassen werden. Es ist beabsichtigt, folgende IM in der KW zu treffen:

IMB ›Richard König‹

u. a.

[…]

> Während der Zeit von operativen Sicherungseinsätzen können auch IM getroffen werden, die nicht aus Oberhof sind. Operative Mitarbeiter, die in Oberhof als Mitarbeiter des MfS bekannt sind, dürfen die Wohnung nicht benutzen. Die Miete wird auf das Konto der Vermieterin überwiesen. Dabei ist als Absender Ministerium für Kultur anzugeben.«

Das Abklopfen aller denkbaren Unwägbarkeiten braucht seine Zeit. Erst am 27. Juli 1983 wird der Mietvertrag, geschlossen für die Dauer von zehn Jahren, unterschrieben. Das Zimmer im Erdgeschoss darf übrigens nur zum »vertragsmäßigen Gebrauch« genutzt werden; von der wahren Zweckbestimmung erfährt die Vermieterin freilich nie etwas. Vermutlich hat sie sich auch nicht dafür interessiert, denn die Stasi zahlte pünktlich den Mietzins von 45,00 DDR-Mark monatlich. Das Mietverhältnis sollte übrigens keine zehn Jahre dauern. Die Eigentümerin kündigte den Vertrag kurzfristig schon zum 30. November 1989, exakt 21 Tage nach dem Mauerfall.

Kunstvolle Rache

Am 31. Juli 1976 ist der fleißige IM »Heinz Falk« wieder im Einsatz gegen Roger Nastoll. Während eines Spazierganges kommen die beiden ins Gespräch. Der Schriftsteller muss Dampf ablassen. Im Kreis Mühlhausen hatten Volkspolizisten Nastoll unter dem Vorwand, er wolle Republikflucht begehen, vorübergehend festgenommen. Roger Nastoll war in der Gegend auf einer Recherchewanderung für sein geplantes Buch unterwegs. Zu DDR-Zeiten liegt Mühlhausen rund zehn Kilometer von der innerdeutschen Grenze entfernt. Westlich des Todesstreifens liegt Hessen. »Heinz Falk« berichtet:

> »Seine Reaktion auf diese Verhaftung war wie folgt: er stellte die zuständigen Volkspolizisten als Leute von niedriger Bildung

dar, die gewagt hätten, ihn als den freiberuflichen Schriftsteller festzunehmen, hätten im Glauben gehandelt, daß er ein Republikflüchtiger sei bzw. den Versuch einer Republikflucht hätte unternehmen wollen. Dies hätte ihn sehr empört, und vor ihm habe gleich die Frage gestanden: wie dieses für ihn häßliche Geschehen und diese häßlichen Vorgänge, zu der die Verantwortlichen dort in keiner Weise berechtigt gewesen wären, die aber ein Ausfluß der Nationalitätenfrage bei uns sei, literarisch bewältigen könne.«[86]

Roger Nastoll setzt die willkürliche Festnahme durch die Volkspolizisten arg zu. Er ist dünnhäutig, fühlt sich getroffen und zu Unrecht beschuldigt. Er muss sich den Groll von der Seele schreiben, das Erlebnis künstlerisch verarbeiten. Da trifft es sich gut, dass er zu dieser Zeit bereits über seinem Manuskript sitzt. Das Buch »Wanderimpressionen aus Nordthüringen, einem Freunde mitgeteilt in Briefen« entsteht. Er möchte es im Greifenverlag Rudolstadt veröffentlicht sehen. Der Greifenverlag, gegründet 1919, ist seit 1965 ein Volkseigener Betrieb, der vor allem billige Unterhaltungsliteratur herausgibt. Allerdings steht der Verlag in der Tradition von anspruchsvoller Literatur; Lion Feuchtwanger und Victor Klemperer sind nur zwei Namen von Rang, mit denen der Greifenverlag in den 1940er-Jahren einst Akzente setzte. Als Roger Nastoll an den Verlag herantritt, arbeitet Ernst Karl Wenig als Cheflektor.[87] Ob dieser an die literarisch guten Zeiten zurückdenkt? Erkennt er in Nastoll, dessen kraftvolle und zugleich lyrische Sprache sich so wohltuend vom Einheitsbrei der Unterhaltungsromane unterscheidet, einen Schriftsteller von Format? Roger Nastoll orientiert sich

86 BStU, Abteilung XX/7 der BV des MfS, Suhl, den 25. 8. 1976, Ti/Gr, Bericht »Heinz Falk«, Abschiedsfete am 31. 7. und 1. 8. 1976.

87 Frank Esche, Greifenverlag zu Rudolstadt, Rudolstadt, Juli 2007, in: Archivportal Thüringen http://www.archive-in-thueringen.de/findbuch/view/bestand/25982/vorwort/1 [20. 3. 2019].

bei seinen »Wanderimpressionen« am Stil Joseph von Eichendorffs, besonders an dessen Werk »Aus dem Leben eines Taugenichts«. Dem Cheflektor kann die Sprachgewalt von Roger Nastoll unmöglich entgehen. Er will diesen erstaunlichen Formulierungskünstler, der wie ein Artist mit Worten jonglieren kann, in sein Programm aufnehmen.

Hauptmann Timmler gefällt das gar nicht. Er ist angesicht der »dem Sozialismus feindlichen Kunstauffassung« des Schriftstellers beunruhigt. Am 20. September 1976 entwirft er einen weiteren Maßnahmeplan. »Richard König« soll die Persönlichkeit von Roger Nastoll weiter aufklären:

> »IME ›Richard König‹ hat seine persönliche Verbindung zu der verdächtigen Person Nastoll weiter auszubauen mit dem Ziel, in das literarische Schaffen des Nastoll Einsicht zu erhalten. [...] Es sind geeignete Maßnahmen einzuleiten, die garantieren, daß die feindliche Person R. Nastoll schriftstellerisch nicht produktiv wird. Über die BV Gera, Abteilung XX/7 ist zu erreichen, daß die Verträge des N. mit dem Greifenverlag Rudolstadt rückgängig gemacht werden.«[88]

Erstaunlicherweise bleibt die Zersetzungsarbeit der Stasi hier erfolglos. Offenbar lässt sich Ernst Karl Wenig nicht einschüchtern. Hat der Cheflektor den Mut, vorsichtig wider den sozialistischen Stachel zu löcken? Vielleicht ist alles auch nur ein glücklicher Umstand oder ein Zufall. Unterm Strich bleibt: Es soll zwar noch zwei Jahre bis zur Veröffentlichung dauern, aber Nastoll wird sein Buch schreiben und bekommt ein Honorar, der Cheflektor gewährt seinem Autor weitgehende Freiheit, stilistisch und inhaltlich. Sogar sein Erlebnis mit den Vopos wird Nastoll in seinem Buch verarbeiten, indem er die Festnahme in seine Wanderung integriert:

88 BStU, Abteilung XX/7 des MfS, Suhl, den 20. 9. 1976, Ti/Gr, Maßnahmeplan OV »Literat« XI 66/73.

»Am Leib gestärkt und frohen Mutes ging ich, den gelben Wegweisern folgend, außerorts und gen Heiligenstadt. Am Ortsausgang kam ich an einer Fabrik vorbei, durch deren weit geöffnete Fenster ich Frauen an Wirkmaschinen arbeiten sehen konnte. Etwa 500 Meter weiter begegnete mir ein Automobil mit blauen Rundumleuchten auf dem Dach, das von einem Volkspolizisten mit weißer Mütze gesteuert wurde. Wir hatten en passant Kenntnis voneinander genommen, als ich plötzlich Bremsenquietschen hörte. Das Auto hatte gehalten und fuhr mir nun im Rückwärtsgang nach. Es hatte rasch aufgeschlossen, hielt, und von den Polizisten wurde mir bedeutet, ich solle stehen bleiben. Was ich auch artig tat, war ich mir ja, da vorschriftsmäßig auf dem linken Randstreifen gegangen, keines Verstoßes gegen die Straßenverkehrsordnung bewußt. Woran ich freilich nicht dachte, war, daß ich mich seit der Überquerung jenes Westerwaldes im Kreis Heiligenstadt, also in einem Grenzkreis, befand. Der Volkspolizist stieg aus, musterte mich (Niethosen! Bart! Praller Rucksack!) und verlangte mit strenger Miene meine Ausweispapiere zu sehen. Ich gab sie ihm höflich, immer noch nicht ahnend, daß man als auswärtiger in einem Grenzkreis durch eine andere Brille betrachtet wird als beispielsweise Urlauber in der Mark Brandenburg. Nun gut; warum sollte der Polizist meine Papiere nicht überprüfen – was die Grenze und alle anderen Dinge, die die Polizei vor Überschreitung zu hüten hat, anlangte, hatte ich das Gewissen eines Säuglings. Wie ich jedoch sehr rasch feststellen mußte, besaß mein Polizist durchaus nicht die Gabe, auf dem Grund meiner Augen jenes reine Gewissen zu schauen, wohl aber besaß er seine Vorschriften und, wie mir schien, auch eine wundersame Schablone, nach der Gut und Böse zu scheiden sei:
gar selten ist von guter Art, bei dem sich findt ein roter Bart,
was er offenbar vollends bestätigt glaubte, als ich ihm auf seine diesbezügliche Frage in kindlichster Naivität kundtat, daß ich zu Fuß über das Eichsfeld zum Kyffhäuser wandern wolle. Dennoch

schien er unschlüssig, was mit mir zu machen sei, als ihm der Zufall mit einem weiteren VP-Auto zu Hilfe kam. Es hielt, und mein wachsamer Freund und Helfer beriet sich mit seinen Genossen im Fonds des Wagens über das weitere Verfahren mit dem suspekten Fremden. Die hinzugekommenen Volkspolizisten hatten offensichtlich wenig Lust, eine Diskussion auf der Straße zu führen, darum baten sie mich, einzusteigen – auf dem VPKA in Heiligenstadt würde die Sache sicherlich rasch geklärt. So kam ich denn schnell und bequem in die eichsfeldische Kreisstadt, und die Fahrt war auch deshalb angenehm, weil die freundlichen Polizisten mir unterwegs noch allerlei über die Gegend und die Orte am Wege erzählten. Auf dem Kreisamt wurde ich einem jungen Kriminalpolizisten vorgeführt, der, wie mein erster Eindruck war, gewillt schien, das Mißverständnis rasch und unbürokratisch zu meinen Gunsten aufzuklären. Er nahm meine Erklärung, wonach ich mich auf Wanderschaft befände, aufmerksam zur Kenntnis, überprüfte meine Papiere, und ich glaubte, seinem Gesicht und seinen Bemerkungen entnehmen zu dürfen, daß ich nun gleich mit guten Wünschen für weiteren Erfolg meiner Reise entlassen würde. Hier nun aber hatte ich mich einer süßen Täuschung hingegeben. Bis es soweit war, dauerte es noch einige Stunden, so daß ich mir nur sagen konnte: verschlungen sind die Wege der Ämter – wehe da dem Ungeduldigen.«[89]

Welch kunstvolle Rache, ein Stich, ein Stoß, geführt mit der spitzen Waffe des Wortes. Der Kunst von Roger Nastoll hatte die Stasi nur ihre primitive Willkür entgegenzusetzen.

89 Roger Nastoll, Wanderimpressionen aus Nordthüringen. Einem Freunde mitgeteilt in Briefen, Rudolstadt, 1. Aufl., Rudolstadt 1979, S. 71 ff., Zitat mit freundlicher Genehmigung von Thomas Nastoll.

Manfred Krug, Karl Stülpner und der Robin Hood des Ostens

Der Organisator des Podiums Suhl, Michael Wolfram, verlässt Thüringen und zieht nach Schwerin. Nastoll bleibt im Bezirk Suhl, nicht ahnend, dass er die IMs »Richard König« und »Heinz Falk« dicht im Nacken hat. Zur Erinnerung: In den vergangenen Monaten ist viel passiert. Die SED bürgert den Liedermacher Wolf Biermann kurzerhand aus, indem sie ihm nach einer Konzert-Tournee in der Bundesrepublik die Wiedereinreise verweigert. Im Gefolge dieser Ausbürgerung werden viele DDR-Künstler aus dem Land gedrängt, darunter auch Manfred Krug. Der Schauspieler und Sänger unterzeichnet, wie viele andere, ein Protestschreiben gegen Biermanns Rausschmiss und bekommt Berufsverbot. Krug stellt einen Ausreiseantrag und verlässt die DDR im Sommer 1977. »Richard Königs« Aufgabe ist es nun, Roger Nastoll eine politische Nähe zu den beiden Staatsfeinden Biermann und Krug unterzuschieben. Er berichtet an die Stasi:

> »Am Samstagnachmittag, dem 2. 7. 1977 weilte ich, entsprechend meines Auftrages, bei der Familie Nastoll in Ilmenau. Die Aufnahme durch Nastoll war bei diesem Besuch in keiner Weise zu vergleichen mit dem vorangegangenen. Sie war bedeutend kühler, obwohl dieses Treffen zwar nicht unbedingt zu diesem Tag und zu dieser Zeit vereinbart war. [...] Wir kamen dann zu privaten Dingen zu sprechen und ich erzählte von dem Pech, das mein Sohn hatte mit seinem Unfall, das natürlich sehr viel Interesse verständlicherweise hervorrief, da der Thomas selbst einen Unfall hatte – ich spreche von dem älteren Sohn von Nastolls. Ich versuchte auf diese Weise die Situation zu entfrosten. Die wesentlichen Gesprächspunkte, die mir als Anknüpfungspunkt günstig erschienen, kam ich auf das Verlassen der DDR durch den Schauspieler und Sänger Manfred Krug zu sprechen. Er stieg auch auf dieses Gespräch ein, aber doch in allem sehr

oberflächlich, ohne echtes Engagement, obwohl er Tage vorher da ziemlich engagiert schien. Aber an diesem Tag völlig desinteressiert zu diesem Thema. Ich kann nicht sagen, daß er unfreundlich war, aber er stieg einfach in diese Diskussion nicht ein. Er war maulfaul. Ich versuchte ihn zum Thema Biermann und dessen Verbindung zu Krug in dieses Gespräch zu verwickeln, war an diesem Tag erfolglos.«[90]

»Dann wird der Staatsfeind Manfred Krug bei euch ein Tabu-Thema gewesen sein?«, fragt mein Imperialist.

»Im Gegenteil, ich war doch Karl-Stülpner-Fan.«

»???«

»Typisch Wessi, dass du den nicht kennst. Karl Stülpner, Sachse, Wilderer, sozusagen der Robin Hood des Ostens. Er lebte um 1800 herum, eine historische Figur. Er beraubte die Reichen und gab den Armen. Und Manne Krug hat ihn gespielt in einer DDR-Fernsehserie: Die Stülpner-Legende.«

»Aha, das muss vor dem Berufsverbot für Krug gewesen sein, also etwa Mitte der 1970er-Jahre.«

»Genau. Und in dieser Zeit hätte uns der Stülpner beinahe zu Hause besucht. Eine meiner Kindheitserinnerungen geht so: Mein Vater erzählt mir eines Tages freudestrahlend, dass KARL STÜLPNER morgen zu Besuch kommt. Karl Stülpner war mein Held, ich konnte es kaum glauben. Manfred Krug, also Karl Stülpner, kommt? Privat? Zu mir? Wirklich? Du machst dir keine

90 BStU, Abteilung XX/7 der BV des MfS, Suhl, den 6. 7. 1977, Ti/Gr – Bericht »Richard König« zu Roger Nastoll.

Vorstellung davon, wie aufgeregt ich war. Und wie schrecklich enttäuscht, als er dann leider doch nicht bei uns auftauchte.«

»Vielleicht hatte sich dein Vater mit Krug verabredet. Die beiden drehten doch ›Daniel Druskat‹ und hatten eine gemeinsame, große Szene.«

»Richtig, und ich erinnere mich, dass sich mein Vater über ein Lob von Manfred Krug gefreut hat, der mit der gemeinsamen Szene wohl sehr zufrieden war. Dieses Lob schien meinem Vater sehr wichtig zu sein. Natürlich frage ich mich heute: Trügt mich meine Erinnerung? War ein solcher Besuch wirklich geplant? Wusste Krug davon? Falls ja, warum kam es dann nicht dazu? Hatte er näheren Kontakt zu meinem Vater? Ich habe Manfred Krug sogar geschrieben und nachgefragt, und er hat sehr freundlich geantwortet. Warte mal, ich hole den Brief … Hier. Er schreibt:

›Sehr geehrte, liebe Frau Riemann, als ich den Namen Ihres Vaters las, dachte ich sofort: Den kennst du, das ist ein Mensch aus deiner DDR-Zeit. […] Einen näheren Kontakt, eine Freundschaft gar, gab es wohl nicht. […] Das glaube ich sofort, daß ich Ihren Vater gelobt habe, denn wenn ich vermutete, daß ein guter Kollege sich über ein Lob von mir freuen würde, dann gab ich ihm eines. Ansonsten hatte ich damals gerade in jenen Jahren so viel Arbeit, daß ich mich an die Szene mit L. Riemann nicht erinnern kann. […] Also ich finde: Jeder Autor, der Erinnerungen aufschreibt, darf alles verwenden, an das er sich erinnert. Da sollten Sie großzügig mit sich selbst sein […] Seien Sie und die Ihrigen herzlich gegrüßt von Ihrem Manfred Krug.‹«[91]

»Ein wirklich freundlicher Brief. Ein guter Typ!«

91 Private Korrespondenz mit Manfred Krug vom September 2015.

»Ja, ich war immer ein Krug-Fan, ich liebte ihn als Schauspieler und Musiker. Und nach diesem Brief respektiere ich ihn besonders als Mensch.«

Roger Nastoll verfolgt unterdessen konsequent seinen Plan, als Schriftsteller zu arbeiten. Seine Arbeitsstelle hat er gekündigt, er hält sich mit Gelegenheitsjobs auf dem Bau über Wasser, um seine Frau finanziell zu entlasten. Zum Begründer des »Podiums Suhl«, Michael Wolfram, der nun in Schwerin lebt, hält er Kontakt, er besucht ihn auch, wie die Stasi besorgt registriert. Privat läuft es für Roger Nastoll nicht rund. Alkoholprobleme führen zu Spannungen mit seiner Frau, wie »Heinz Falk« seinen Vorgesetzten brühwarm übermittelt. Und dann entdeckt »Heinz Falk« in der Wohnung der Familie Nastoll etwas wahrhaft Staatsfeindliches:

»Ich stellte fest, daß [...] in der Wohnung von Nastoll ein Bild von Manfred Krug hängt. Dieses Bild trägt ein Autogramm.«[92]

Das signierte Krug-Porträt in Roger Nastolls Wohnung und dessen Vorliebe für Wolf Biermann kann von der Stasi nur als Protest gegen die DDR interpretiert werden. Hauptmann Timmler und Oberstleutnant Heinz halten am 25. November 1977 geradezu angewidert fest:

»Nastoll definiert sein Motiv für das Schreiben: ›Ich schreibe, weil ich aussprechen will, was andere verschweigen.‹ Er tritt gegen jede Parteilichkeit in der Literatur auf und sympathisierte mit Biermann [...] N. arbeitet freischaffend als Schriftsteller. Er will unbedingt ein Buch veröffentlichen, um erst einen Namen zu haben. Das Buch ›Reisebeschreibungen‹, das er dem Greifen-Verlag angeboten hat, dient auch dieser vorgenannten Absicht. Die Mehrzahl seiner Geschichten, die er für die Schub-

92 BStU, Bericht »Heinz Falk« vom 21. 7. 1977.

lade schreibt, haben eine feindliche Aussage. Sie entsprechen nicht dem sozialistischen Realismus und greifen Verhältnisse in der DDR an, die insbesondere durch westliche Massenmedien in der Organisierung der politisch-ideologischen Diversion gegen die DDR hochgespielt werden. [...] Weitere inoffizielle Kontrolle und Bearbeitung [...] durch die IMV ›Heinz Falk‹ und IME ›Richard König‹ ...«[93]

Marx statt Murks

So fixiert war die DDR auf ihren Kampf gegen vermeintlich negative Künstler, dass eine andere Entwicklung glatt an ihr vorbeiging: Die SED war nämlich längst keine Einheitsfront mehr. Auch innerhalb der Nomenklatura waren nicht mehr alle davon überzeugt, dass der Arbeiter- und Bauernstaat auf dem richtigen Weg war. Nicht nur im Volk, auch in den Führungskadern der Partei machte sich Unmut über die realsozialistischen Verhältnisse breit. Noch trauten sich die renitenten Bonzen nicht nach draußen. Ihren eigenen Kopf wollten sie nicht hinhalten. Aber sie hatten einen gewieften Plan ausgeheckt. Sie suchten nach einem Medium, das ihre Kritik an die Öffentlichkeit bringen sollte, während sie selbst anonym blieben. Sie fanden es im Nachrichtenmagazin »Spiegel«. Im Herbst 1977 trat ein Abgesandter des »Bundes Demokratischer Kommunisten Deutschlands« (BDKD) an das westdeutsche Nachrichtenmagazin heran. Der abtrünnige SED-Mann bat um Veröffentlichung eines rund 30 Seiten langen »Manifestes«. Zum Jahreswechsel 1977/78 erschien im »Spiegel« in zwei aufeinanderfolgenden Ausgaben »Das Manifest einer SED-internen Opposition«. Sein Inhalt war unerhört und von nie dagewesener Radikalität. Die »demokratischen Kommunisten« formulierten:

93 BStU, Abteilung XX/7 der BV des MfS, Suhl, den 25. 11. 1977, Abschlußbericht OV »Literat« Reg. Nr. XI 66/73.

»Manifest der ersten organisierten Oppositon in der DDR [1977]
[…] Es ist unser Ziel, in ganz Deutschland auf eine demokratisch-kommunistische Ordnung hinzuwirken, in der alle Menschenrechte für jeden Bürger voll verwirklicht sind nach dem Marx-Wort, daß man alle Umstände vernichten muß, unter denen der Mensch ein unterdrücktes, verächtliches, geknechtetes Wesen ist. Wir wissen nicht, ob und wann wir oder Generationen nach uns das erreichen. […]

I. Krieg und Frieden
[…]
5. Die sowjetische Aufrüstung zu Lande, zu Wasser und in der Luft, das Schüren von Kriegsherden im afrikanisch-arabischen Raum durch Lieferung von Waffen, Personal und Ausbildern, die zunehmende Militarisierung des gesamten öffentlichen Lebens im Ostblock gefährden den Weltfrieden. […]

II. Reformkommunismus und sowjetische Orthodoxie
[…]
9. […] Die soziale, rassische, nationale und religiöse Unterdrückung ist eine Schande für eine Partei, die sich kommunistisch nennt und voll und ganz im Sinne der Gemeinschaft zu handeln vorgibt. Unsere klare Aussage ist: Unsere Sympathie gilt allen Völkern der SU – mit der herrschenden Klasse dort, auch persönlich korrupt bis auf die Knochen, wollen wir nichts zu tun haben. So wenig wie mit ihren Statthaltern in der DDR, die ihr Dasein vorwiegend zur persönlichen Bereicherung durch beachtliche Präsente auf Kosten der DDR-Werktätigen benutzen.
10. Wir treten ein für einen theoretisch und politisch total reformierten Kommunismus […].
Wir sind daher
– gegen die Einparteien-Diktatur, die eine Diktatur der Sekretärs- und Politbüro-Clique ist […]

III. Deutschlandpolitik

[...]

2. [...] Wir sind für eine offensive nationale Politik, für ein Konzept, das auf die Wiedervereinigung Deutschlands zielt [...].

3. [...] Die Beseitigung der Staatsverschuldung und festgefrorenen Inflation wäre Voraussetzung für die hauptstädtische Einheitswährung und die Konvertierbarkeit der DDR-Mark.

Sie würde politisch bedeuten, daß der »reale Sozialismus« sein unmenschliches Gesicht mit Mauer, KZ-Tötungsanlagen und Minenfeldern aufgeben kann, weil der ökonomisch-politische Anlaß entfiele, der DDR-Obrigkeit millionenfach zu entfliehen.

[...]

IV. Zur inneren Situation der DDR

[...]

Warum ebben die Wellen der Ausreise-Anträge und die Versuche zur Republikflucht, selbst unter Einsatz des Lebens, nicht ab?

Warum treten 94 Prozent aller DDR-Bürger, also auch die Mehrheit der Funktionäre, Abend für Abend die geistige Republikflucht an und schalten auf ARD und ZDF? Weil der politideologische Psychoterror unerträglich, die Flucht in eine andere Welt Notwendigkeit zum Überleben ist! [...]

Nach Marx ist das Recht ein gleicher Maßstab für ungleiche Individuen, sonst hört es auf, Recht zu sein. Wir stellen fest: Die DDR ist demnach ein Staat mit absoluter Rechtsunsicherheit. Die nackte Willkür regiert. [...]

Wir erklären: Kein DDR-Bürger ist zur Einhaltung bestimmter politischer Gesetze verpflichtet, wenn die Führung ihre Verpflichtungen nicht einhält. Protest ist die erste Bürgerpflicht. Wir sind für Marx, nicht für Murx.«[94]

94 Zitiert nach: Der Spiegel Nr. 1 und 2, 2. und 9. Januar 1978, S. 21–24 und S. 26–30, http://magazin.spiegel.de/EpubDelivery/spiegel/pdf/40693805 und http://magazin.spiegel.de/EpubDelivery/spiegel/pdf/40693713 [20. 3. 2019].

Die Sowjetunion ist laut Manifest eine Diktatur, die DDR ein künstliches Konstrukt von Moskaus Gnaden, und die Wiedervereinigung beider deutscher Staaten wäre ein wichtiger Schritt auf dem Weg zum Frieden – jedes Wort Kanonendonner, jeder Satz ein Einschlag in den Palast der Republik, solche Thesen konnte die SED nicht schlucken. Nach Veröffentlichung des Manifestes, so erinnert sich Ex-»Spiegel«-Korrespondent Ulrich Schwarz, »sahen die Genossen richtig rot«.[95] In der Rückschau liest sich das Manifest wie eine Prophezeiung, denn schon elf Jahre später fiel die Mauer, und der Kommunismus brach weltweit zusammen. Die SED reagierte, indem sie das Büro des »Spiegel« in Ost-Berlin umgehend dichtmachte. Sieben Jahre lang konnte der »Spiegel« nicht mehr aus der DDR berichten, so verärgert waren die Genossen um Honecker und Mielke. Die Verfasser des Manifestes blieben anonym.

Ein Silvesterscherz

Der Inhalt des Manifests macht auch in der DDR die Runde. Roger Nastoll findet ihn offensichtlich so erheiternd, dass er sich kühn zu einem Ulk versteigt, dessen Folgen er aber wohl nicht absieht. Für die Stasi Anlass zu einem Sachstandsbericht:

> »Bei der Silvesterfeier am 31. 12. 1977 in der Wohnung des Wolfram, Michael in Schwerin, [...] bezeichneten sich Wolfram und Nastoll als die Verfasser des ›Manifestes‹ aus dem Auszüge am 29. 12. 1977 im ZDF veröffentlicht wurden.«[96]

95 Ulrich Schwarz, Gift und Galle, in: Spiegel Online, 8. 1. 2008, http://www.spiegel.de/einestages/pressefreiheit-a-949004.html [20. 3. 2019].

96 BStU, Bezirksverwaltung für Staatssicherheit Suhl, Abteilung XX/7, Suhl, den 4. 1. 1978, Ti/He, XI/55/78, Sachstandsbericht.

Ein Silvesterscherz unter Alkoholeinfluss, nichts weiter, doch Hauptmann Timmler versteht keinen Spaß. Das »Manifest« ist der Vorwand, nach dem er so lange gesucht hat. Obwohl es freilich keinerlei Beweise gibt und – so wird bald klar – nicht einmal die Stasi selbst an eine Urheberschaft Nastolls glaubt, steht der Schriftsteller nun im »Verdacht der staatsfeindlichen Verbindungsaufnahme und Spionage« gemäß §§ 100 und 97 des StGB der DDR. Wörtlich heißt es unter der Registriernummer XI/55/78, Ziel sei es:

> »bei Nachweis dringender Verdachtsmomente den N. durch Verhaftung zu liquidieren«.[97]

IME »Richard König« hat

> »unter Ausnutzung der bestehenden familiären Beziehungen zu Roger Nastoll [...] Zuarbeit zu leisten«.[98]

Und »Richard König« bemüht sich nach Kräften. Bei einer gemeinsamen Autofahrt versucht er, Roger Nastoll nach allen Regeln der Stasi-Kunst auszuhorchen und seinem Freund negativ-feindliches Verhalten nachzuweisen. Besonders suspekt erscheint dem IM der Kontakt zu einem gewissen Gottfried:

> »Nastoll erzählte mir bei der Passage der Autobahn zwischen Magdala-Berg und Jena-Göschwitz, daß er besagte Strecke vor einiger Zeit mit einem großen und neuen Mercedes-Benz mit Rechtslenkung befahren habe, zusammen mit seinem Freund

97 BStU, Abteilung XX der BV des MfS, Timmler, Suhl, 30. 1. 1978, Reg.-Nr. XI/55/78, Beschluß über das Anlegen eines Operativen Vorganges, Deckname »Literat«, Tatbestand Verdacht staatsfeindlicher Verbindungsaufnahme §§ 100 und 97 StGB.

98 BStU, Maßnahmeplan vom 15. 1. 1978.

> Gottfried, und der sei Entwicklungshelfer in Indonesien und Bürger der BRD. Der habe ihn in Ilmenau besucht, bevor er nach Indonesien gegangen sei, zusammen mit dem Mercedes. 185 km/h sei er auf dem Autobahnabschnitt mit dem Auto selbst gefahren und noch dazu bergan. Es sei ein herrliches Gefühl gewesen. Weiter erzählte Nastoll aber nichts über diesen G. und mir erschien es zu riskant, weiter danach Fragen zu stellen. Ich hatte für einen Augenblick den Gedanken an eine Falle, den Gedanken, daß er mit diesem G. meine Neugier provozieren wollte. Deshalb unterließ ich entsprechende Fragen an ihn. Er kam auch im weiteren Verlauf der Fahrt mit mir nicht mehr auf das Thema zurück.«[99]

So verzweifelt sich der IM auch anstrengt, den Verdacht der feindlichen Verbindungsaufnahme zu konstruieren, der Nachweis will ihm einfach nicht gelingen. »Richard König« verbreitet in seinem Bericht noch intimste Details über die kriselnde Ehe der Nastolls, um dann frustriert festzuhalten:

> »Ich muß N. bescheinigen, er bemühte sich nicht, mir klarzumachen: ›Die Partei soll verschwinden‹, nein, im Gegenteil, nur laßt uns kein Verein von Schwätzern sein.«[100]

Die Stasi macht einen vorerst letzten Versuch und schickt Nastoll aus reiner Schikane als Reservist zur »Volksmarine«, Stützpunkt Warnemünde-Hohe Düne. Vom 1. November 1978 bis 26. Januar 1979 leistet Roger dort Wehrdienst. Stasi-Oberstleutnant Heinz sensibilisiert die Kollegen in Rostock dafür, dass es sich bei Nastoll um eine »operativ bedeutsame Person« handele, die einer staatsfeindlichen Gruppierung angehöre – und:

99 BStU, Bericht »Richard König« vom 21. 7. 1978.

100 BStU, Abteilung XX/7 der BV des MfS, Suhl, den 21. 7. 1978, Ti/Gr, Bericht »Richard König«.

»Im Zusammenhang mit dem Erscheinen des ›Spiegel‹-Pamphlets in der Westpresse identifizierte sich N. mit dessen Inhalt und bezeichnete sich im Kreise anderer negativ-feindlicher Personen hochstaplerisch als Mitverfasser dieses Pamphlets. In der bisherigen operativen Bearbeitung konnte erarbeitet werden, daß N. eine feindliche Einstellung zur Kulturpolitik der SED hat; die als Feinde der DDR identifizierten Personen Biermann und Krug verherrlicht, in der Öffentlichkeit ihre Lieder singt und gegen ihre Ausbürgerung aus der DDR auftritt. [...]
Ich bitte um operative Beachtung dieser Fakten und zu prüfen, inwieweit N. während des Ableistens des Wehrdienstes unter operative Kontrolle gebracht werden kann.«[101]

Der Rostocker Volksmarine muss angesichts dieses kriminellen Kalibers Angst und Bange geworden sein, um dennoch feststellen zu müssen: Der Verdächtige verhält sich ganz und gar unverdächtig. Mittlerweile ist die »Operation Literat« endgültig zu einer Posse mutiert. Denn spätestens zu diesem Zeitpunkt, nach sage und schreibe mehr als vier Jahren Zersetzungsarbeit, hat auch der letzte Stasi-Mann kapiert, dass von Roger Nastoll keine Gefahr für die DDR ausgeht. Die Hauptabteilung I/Volksmarine, Unterabteilung 4. Flottille, Warnemünde, 23. 1. 1979, Hauptmann Thomas, meldet pflichtschuldigst,

»daß der Nastoll während des Reservedienstes sogenannte psychologische Betrachtungen anstellte. Er studierte das Auftreten, das Verhalten und charakteristische Reaktionen mehrerer Reservisten und vermutlich auch dienstlicher Vorgesetzter. Er begründete dieses damit, daß er in seinem Beruf solche Feststellungen bei schriftstellerischen Arbeiten benötigt. Operative

101 BStU, Die »Bezirksverwaltung für Staatssicherheit« Suhl, Abteilung XX/7, Suhl, 7. November 1978, Ti/Gr 1227/78 informiert die »Bezirksverwaltung für Staatssicherheit«, Hauptabteilung I, Abteilung VM, Rostock.

Hinweise oder Anhaltspunkte, die einer Klärung bedürfen, ergaben sich daraus nicht.[102]

Und so müssen Timmler und Heinz in ihrem Abschlussbericht auch die letzte Hoffnung begraben:

»– Verbindungen in die BRD wurden keine ermittelt. Der Vater des N. hatte Mitte der Fünfzigerjahre die DDR ungesetzlich verlassen. Es konnten keine Hinweise erarbeitet werden, daß der N. Verbindung zu ihm unterhält. Die im OV genannte Person ›Gottfried‹, zu der N. Umgang unterhalten soll, (Bericht des IME ›Richard König‹) konnte bisher nicht identifiziert werden.
– Aus den gesamten Verhaltensweisen und Äußerungen des N. kann eingeschätzt werden, daß er weder Autor bzw. Mitautor des ›Spiegelmachwerkes‹ (Manifest der ersten organisierten Opposition in der DDR) ist.
– N. unterhält keine brieflichen Kontakte mit dem aus der Staatsbürgerschaft der DDR entlassenen Schauspieler und Sänger Manfred Krug oder anderen Personen. (IME ›Richard König‹ 21. 7. 1978)
– In der operativen Bearbeitung des OV wurden objektive Fakten in Form von Äußerungen und anderen Verhaltensweisen des N. erarbeitet, die den Schluss zulassen, daß Nastoll zu keinem imperialistischen Geheimdienst sowie zu anderen Organisationen, Einrichtungen, Gruppen oder Personen, deren Tätigkeit gegen die DDR gerichtet sind, unterhält. Der Verdacht strafbarer Handlungen im Sinne der Paragraphen 97 und 100 StGB wurde nicht bestätigt.«[103]

102 BStU, Hauptabteilung I/Volksmarine, Unterabteilung 4. Flottille, Warnemünde, 23. 1. 1979, Hauptmann Thomas.

103 BStU, Abteilung XX/7 der BV des MfS, Suhl, 30. 3. 1979, Abschlußbericht OV »Literat II«, Reg. Nr. XI 55/78, Major Timmler, Oberstleutnant Heinz.

Mit anderen Worten: Freispruch in allen Anklagepunkten. Die jahrelange Überwachungsarbeit war nicht nur vergeblich, überflüssig und grundlos, sondern sogar getrieben von einer wahnhaften »Überschätzung des ›staatsgefährdenden‹ Potentials unangepaßter, kritischer Literatur. Doch hat der Wahn Methode, da Verfolgungsdrang und Verfolgungswahn ursächlich zusammenhängen. Es ist die Furcht des nackten Kaisers vor der Entblößung durch das Wort, die Furcht davor, das Volk, der große Lümmel, könnte angstfrei mündig werden. [...] Doch erging es MfS und SED letztlich wie dem Zauberlehrling. Zwar riefen sie die kritischen Geister nicht ausdrücklich herbei, doch beschworen sie diese unablässig als Gefahr, und indem sie den Emanzipationsprozeß der Dichtung von Dogma und Doktrin mit repressiven Mitteln zu verhindern suchten, beförderten sie ihn zugleich, freilich ungewollt.«[104]

Der Operative Vorgang wird vorübergehend »abgelegt«. Die Zersetzung über all die Jahre hat nicht zu dem gewünschten Erfolg geführt. Auch fantasievollste Bemühungen der »Firma«, Roger Nastoll etwas anzuhängen, enden im Nichts. Das ärgert die Stasi. Deshalb verfährt die Geheimpolizei nach der Devise »Was man angefangen hat, muss man endlos weiterführen, auch wenn es vollkommen sinnlos ist«. Roger Nastoll möchte Thüringen verlassen, in Schwerin einen persönlichen Neubeginn wagen und dort auch wieder enger mit seinem Schriftsteller-Kollegen Michael Wolfram zusammenarbeiten. Um das zu verhindern, entwickelt die Stasi eine Strategie nach dem Motto »Zuckerbrot und Schikane«. Zur Schikane gehört, dass die Stasi alle Bemühungen Nastolls, in Schwerin künstlerisch zu arbeiten, torpediert. Dem dortigen Schriftstellerverband wird verboten, den Autor als Mitglied aufzunehmen. Ebenso wenig darf er zu Buchlesungen eingeladen werden. Vermieter spüren den Druck der Staats-

104 Joachim Walther, Sicherungsbereich Literatur. Schriftsteller und Staatssicherheit in der Deutschen Demokratischen Republik, Analysen und Dokumente, 2. korr. Aufl., Berlin 1998, S. 12 f.

sicherheit: Nastoll findet keine Wohnung. Und das Zuckerbrot? Im Bezirk Suhl darf er immerhin Buchlesungen organisieren. Zu Nastolls Verwunderung bietet ihm die Abteilung Kultur des Rates des Bezirkes Suhl sogar einen Fördervertrag an, für ein monatliches Honorar von 300 Mark. Der Autor empfindet dieses regelmäßige Einkommen natürlich als Segen. Er unterschreibt den Vertrag in der Überzeugung, dass damit seine künstlerischen Fähigkeiten gewürdigt werden sollen. An Kunst aber ist die Stasi nicht im Geringsten interessiert, in Wahrheit geht es ihr um eine »stärkere Bindung an den Bezirk Suhl sowie eine kontinuierliche ideologische Beeinflussung«.[105]

Tatsächlich bekommt Roger Nastoll in Schwerin kein Bein auf die Erde. In den folgenden Jahren gerät sein Leben vollständig aus den Fugen, ein Leben, aus dessen unseligen Anfängen er sich mühevoll und doch voller Elan herausgekämpft hatte. Er trinkt mehr Alkohol, als ihm wohltut. Seine Ehe wird im August 1980 geschieden.

Das Ende einer Freundschaft

»Und dann war plötzlich Schluss?«, fragt mein Imperialist.

»Ja, ganz plötzlich. Ein paar Jahre lang hatten wir Kontakt zu Nastolls. Dann brach die Beziehung abrupt ab. Wie man den Stasi-Akten entnehmen kann, war das die Zeit, in der sich Roger mehr nach Berlin orientierte und seine Ehe auseinanderging. Meine Eltern sagten, so habe ich es in Erinnerung: ›Nastolls haben sich scheiden lassen, sie wohnen nicht mehr in Ilmenau, sie sind jetzt in Berlin.‹ Das mit der Scheidung stimmte. Aber die Kinder und auch Tante Hanne waren noch in Ilmenau. An Tante Hanne war mein Vater wohl nicht interessiert. So brach die Beziehung einfach

105 BStU, Abteilung XX/7 der BV des MfS, Suhl, 30. März 1979, Abschlußbericht OV »Literat II«, Reg. Nr. XI 55/78, Major Timmler, Oberstleutnant Heinz.

ab. Und wir Kinder verloren Freunde. An ein seltsames Ereignis aus dieser Zeit erinnere ich mich noch. Es muss im Frühsommer gewesen sein, es war warm. Es klingelte an der Haustür. Ich konnte durch die Tür sehen, dass es Onkel Roger war. Wir Kinder freuten uns, sprangen an die Tür und wollten aufmachen. Wieder klingelte es. Ganz offensichtlich war er allein. Obwohl er ohne die Kinder war, freute ich mich auf ihn, ich mochte ihn, ich wollte ihn hereinlassen. Es klingelte wieder, aber meine Mutter gab uns Zeichen. Wir sollten uns ruhig verhalten und die Tür nicht aufmachen. Sie machte immer ›psst‹. Nicht aufmachen! Wir sind nicht da. Das hat mich vollkommen irritiert. Wieso denn? Was ist denn eigentlich los? Das ist doch der Onkel Roger! Roger Nastoll gab auf und zog wieder ab. Er stand im Garten und rief ein paar Mal: ›Ich weiß, dass ihr da seid.‹ Eine aberwitzige Szene. Ich habe es als Kind nicht verstanden und ich verstehe es jetzt auch nicht.«

Doch das Kapitel Roger Nastoll war noch lange nicht geschlossen. Für mich nicht – und für die Stasi auch nicht.

Thälmann

Das Telefon klingelt. Ich nehme ab.

»Petra Riemann …«

»Sekretariat Krenz, einen Moment, ich verbinde …«

»Hallo?«

»Hier Egon Krenz. Frau Riemann?

»Petra …«

»Ah … Ist dein Vater da?«

»Ja, der sitzt hier auf dem Sofa«.

»Na, dann hol ihn mal an den Apparat.«

Ich reiche den Hörer weiter. Die beiden Männer duzen sich, reden sehr lange miteinander. Es handelt sich offenbar um eine ernste

Angelegenheit. Mein Vater schickt mich nicht aus dem Raum, er schließt nicht die Tür, ich darf alles mithören. Es geht um Querelen bei einer Fernsehproduktion, Namen und Begriffe schwirren durch den Raum … Thälmann … Politbüro … Gerhard Bengsch … Drehbuch … Eberhard Fensch … Lothar Bellag … Langsam kapiere ich, worum es geht. Es hat irgendwas mit unserer Familienversammlung zu tun, neulich in der Küche. Mein Vater hatte uns alle zusammengerufen. Es muss Anfang/Mitte der 1980er-Jahre gewesen sein. Wir saßen alle am Tisch, und mein Vater sprach zu uns in einem, nach meiner Erinnerung, ernsten Tonfall. Ich fühlte mich sehr erwachsen. »Wir werden eine Zeit lang kürzertreten müssen«, sagte er. Seine Worte beunruhigten mich, was war denn bloß passiert? Es lief doch gerade alles prima. Mein Vater war gut beschäftigt. Er spielte die unterschiedlichsten Charaktere in der Krimireihe »Polizeiruf 110« sowie in der Serie »Archiv des Todes«. Er bekam seine erste große Hauptrolle: die des »Ernst Thälmann« in dem Film »Das Ermittlungsverfahren« (Regie: Lothar Bellag). Mein Vater war im Begriff, ein richtiger Star zu werden. Massig, kraftvoll, überlebensgroß sprengte er in Gestalt des Helden der ostdeutschen Arbeiterklasse die Titelseite der »FF dabei«,[106] der DDR-Fernsehzeitschrift. Der Nazi-Scherge neben ihm auf dem Bild wirkte symbolträchtig wie ein Zwerg. Bis auf die Glatze hatte der Maskenbildner nicht viel zu tun, die physische Ähnlichkeit zwischen Thälmann und meinem Vater war frappierend. Der Film wurde am 5. April 1981 im ersten Programm des DDR-Fernsehens zur besten Sendezeit um 20 Uhr ausgestrahlt. In Konkurrenz zur ARD-Tagesschau. »Ernst Thälmann als Held eines neuen Fernsehfilms« titelte das Neue Deutschland und hob den Hauptdarsteller auf Seite eins hervor: »Die Rolle des hervorragenden Kommunisten und Arbeiterführers wurde von dem Schauspieler Lutz Riemann gestaltet.«[107]

106 FF dabei, Nr. 14, Programmwoche vom 30. 3. bis 5. 4. 1981.

107 Henryk Goldberg, Ein unbeugsamer Kommunist. Sein großes Beispiel lebt in uns, in: Neues Deutschland, 4./5. April 1981, S. 1.

Lutz Riemann als Thälmann in den Schlagzeilen, hier in »FF dabei«

Die Kritiken in den gleichgeschalteten DDR-Zeitungen erinnerten an die angeblich grenzenlose Leidensfähigkeit und den Heldenmut des Arbeiterführers, Beispiel »Neues Deutschland«: »Am 3. März des Jahres 1933 wird der Vorsitzende der Kommunistischen Partei Deutschlands, Ernst Thälmann, verhaftet. Über elf Jahre Kerker liegen vor ihm, elf lange Jahre, die ihn nicht zu brechen vermochten, die ihn nicht schwanken ließen in seiner Treue zur revolutionären Sache der Arbeiterklasse, zur Sowjetunion […] Für Lutz Riemann war es die erste große Fernsehrolle. Ein Mann mit kräftiger Statur, der Stärke ausstrahlt und Beharrungsvermögen. So zeigte Riemann […] die ruhige, kraftvolle Überlegenheit des Arbeiterführers.«[108] Und die »Neue Zeit« schrieb unter der Überschrift »Triumph der Wahr-

108 Ebenda, S. 4.

Lutz Riemann als Arbeiterführer Thälmann, 1981
Foto: DRA/Szenenfoto aus »Das Ermittlungsverfahren«

heit«, die eindringliche Wirkung des Filmes gehe vor allem »aus der Konzentration auf die Darstellung der menschlichen Größe hervor, die Ernst Thälmann in der einsamen Zellenhaft gewinnt, aus einer unbeugsamen Haltung, seiner ungebrochenen Willensstärke«.[109]

Weder im Film noch in den Kritiken fand sich ein einziges Wort darüber, dass Thälmann sich von seinen kommunistischen Genossen in der Haft verraten fühlte. Weder Stalin noch Walter Ulbricht setzte sich für seine Freilassung ein. Von den eigenen Leuten im Stich gelassen und von den Nazis ermordet, war der legendäre Arbeiterführer also weniger ein magischer denn ein tragischer Held. Thälmann taugte nicht einmal als moralisches Vorbild. Der Film »Das Ermittlungs-

109 Triumph der Wahrheit, in: Neue Zeit, 8. 4. 1981, S. 4.

verfahren« beginnt mit der Nachricht von Thälmanns Verhaftung, verschweigt aber, wo die Nazis ihn aufgriffen: nämlich in der Wohnung seiner Geliebten. Der angeblich so edle Held betrog schamlos seine Frau. Doch um historische Wahrheiten ging es der DDR nicht. Die Macher des Filmes wurden mit dem Kunstpreis des »Freien Deutschen Gewerkschaftsbundes« ausgezeichnet.

Vor dem Hintergrund solcher Lobeshymnen ging vollkommen unter, wie mein Vater selbst seine Rolle interpretierte. Dass er mit undifferenzierter Glorifizierung nichts anfangen konnte, war mir schon lange klar. Meine Eltern hatten mir die DDR niemals als Paradies beschrieben und Thälmann nicht als Heilsbringer. Für mich war der Typ sowieso ein rotes Tuch. Jedes Jahr am 16. April musste ich seinetwegen einen öden Vormittag über mich ergehen lassen. Der Thälmann-Ehrentag war ein ewiges, nicht totzukriegendes Ritual. Alle Schulklassen hatten vor seiner Büste im Meininger Stadtzentrum zum Fahnenappell anzutreten. Lehrer und Parteisekretäre hielten vor Ehrfurcht triefende Marathonpredigten über die Ruhmestaten des Arbeiterführers. Ernst Thälmann hing allen Kindern zum Hals raus. Denn die Lehrer präsentierten ihn als Vorbild für uns selbst, für unsere schulischen Leistungen. An ihm müsse man sich messen. Die Lehrer versicherten uns, er sei ein Genie gewesen. Besondere Begabungen habe er in den Fächern Geschichte, Naturgeschichte, Volkskunde, Turnen und Rechnen gezeigt, nur mit Religion habe er nichts am Hut gehabt. Und fleißig sei er gewesen, unglaublich fleißig, seine Schularbeiten habe er in Windeseile frühmorgens vor dem Unterricht erledigt, damit er seinen Eltern nachmittags im Geschäft helfen konnte. Thälmann, das war ein Typ, der mit geballter Faust ins Bett ging, der immer nur Gutes wollte, der auch unter Folter immer standhaft und hart blieb.

Dass jemand so übermenschlich sein konnte, war mir suspekt. Ich dachte: Aus mir kann unmöglich etwas werden. Ich bin ja schlecht in Mathematik! Wie soll der mein Vorbild sein? Was der konnte, schaffte ich doch nie. Nach der Veranstaltung am 16. April 1980 äußerte ich gegenüber meinen Eltern Zweifel an der offiziellen Biografie dieses sozialistischen Edelmannes. Es war reiner Zufall, dass mein Vater sich just zu dieser Zeit in seine Rolle vertiefte. Nachdem ich mich einigermaßen beruhigt hatte, nahm er mich zur Seite und erklärte mir seine Sichtweise. Er machte das sehr vorsichtig, nicht indoktrinierend, und vor allem machte er es nicht so plump wie unsere Lehrer. Nun also hatte sich mein Vater vorgenommen, mir die Rolle und die Bedeutung von Ernst Thälmann zu erklären, so, wie er sie sah, auf seine ganz eigene Art, nicht wie in der Schule. Es war eine der wenigen Situationen, in denen er zu Hause wirklich politisch wurde. Das war zum Beispiel der Fall, wenn ich mein Abendbrot nicht aufessen wollte. Dann erinnerte er mich an seinen eigenen Hunger im Krieg. Er sagte: »Es gibt eben heutzutage immer noch Menschen, die Hunger leiden.« Ich konnte Salami nicht leiden und mochte sie nicht essen. Mein Vater sagte dann: »Das ist doch keine Salami, Mulle, das ist Räuberwurst« – das fand ich abenteuerlich, und schon schmeckte sie mir. Auf diese Weise machte er mir auch den Sozialismus schmackhaft, kindgerecht und, ja, ein bisschen suggestiv. Aber niemals plump. Und so erklärte er mir nun nicht den Helden, sondern den Menschen Ernst Thälmann. »Weißt Du«, sagte er nach meiner Erinnerung, »schon nach dem Ersten Weltkrieg gab es Menschen, die dachten, man müsse einen anderen Weg gehen, man müsse einen sozialistischen, nicht einen kapitalistischen Weg gehen. Menschen, die so dachten, sind für ihre Ideale auch gestorben. Es waren Menschen, die für die anderen eine bessere Welt bauen wollten. Thälmann war so einer.«

Als er begann, von seinen Dreharbeiten zu erzählen, hörte ich ihm gern zu. Die Figur bekam für mich plötzlich ein Gesicht. Mein Vater zeigte mir historische Bilder, und ich lachte über die Ähnlichkeit der beiden Männer. Die begann schon bei der Kopfbedeckung. Mein Vater trug im Thälmann-Film dieselbe Schirmmütze wie in »Daniel Druskat«. Es war seine eigene. Er trug sie vorzugsweise beim Angeln. Nun wurde sie zur Thälmann-Mütze. Ich fand schon immer, dass mein Vater damit aussah wie Ernst Thälmann. Ich hatte genügend

Zeit, das zu studieren. In den Klassenzimmern hingen nämlich neben Erich Honecker auch immer Bilder von Ernst Thälmann. Da hatte er diese Mütze auf und guckte mit dem Halbprofil in die Kamera. Ich dachte immer schon: Der muss mit uns verwandt sein. Als mein Vater sich für die Rolle eine Glatze schneiden ließ, trat die Ähnlichkeit noch mehr hervor. Man hatte zunächst versucht, seine Haare unter einer Maske zu verstecken. Aber da gab es Probleme, denn zeitgleich mit dem »Ermittlungsverfahren« fanden die Arbeiten zu einem weiteren Fernsehspiel statt. Es hieß: »Aufklärung eines Mordes«, im Mittelpunkt ebenfalls Ernst Thälmann, dargestellt von meinem Vater. Gedreht wurde mit einer neuen elektronischen Kamera, also nicht auf Filmmaterial. Das stellte den Maskenbildner vor neue Herausforderungen. Diese elektronische Kamera machte dem Zuschauer nämlich deutlich, dass es keine echte Glatze war. Es war ganz erstaunlich, welche Einzelheiten die Optik ans Licht brachte, man konnte die einzelnen Haare unter der Gummihaube sehen. Also beschloss man, ihm die Wolle abzuscheren.

Zur inhaltlichen Vorbereitung auf seine Rolle erhielt mein Vater von der Regie persönliche Briefe Thälmanns an seine Frau und seine Tochter, Briefe, die in der Haft geschrieben worden waren. Immer wieder las mein Vater uns nach Drehschluss daraus vor. All diese kleinen Details bestätigten mir, was ich immer gefühlt hatte: Auch Thälmann war nur ein Mensch. Und genau in diesem Sinne äußerte sich mein Vater auch in der Öffentlichkeit, zum Beispiel in einem Interview gegenüber dem »Filmspiegel«: »Ich wollte Thälmann als Menschen für mich ergründen und für den Zuschauer verständlich gestalten, kein Denkmal darstellen, sondern einen Menschen, der liebt und haßt, der gütig und zugleich hart sein kann, der unter der Isolierung während der Haft leidet, der das Leben, sein Leben, liebt, der um die Wahrheit kämpft. Beim Lesen fand ich Fakten und Angaben über Thälmann, doch wenig darüber, wie der Mensch Thälmann gesprochen hat, wie er gefühlt hat. Erst die Briefe an seine Frau, an seine Tochter, seinen Vater und an einen jugendlichen Mitgefangenen in Bautzen, seine Reden und Aufsätze gaben mir die Auskunft, die ich brauchte.«[110]

Nach diesem Interview saßen wir alle in der Küche, und mein Vater sagte diesen merkwürdigen Satz: »Wir werden eine Zeit lang kürzertreten müssen.« Hinter den Kulissen tobte offensichtlich eine künstlerische Auseinandersetzung, die in Wahrheit eine politische war. Sie betraf eine neue, gewaltige Produktion des DDR-Fernsehens. Ernst Thälmann sollte der Held eines sechsteiligen Monumentalwerkes werden, wieder mit Lutz Riemann in der Hauptrolle. Die Produktion war ein Parteiauftrag, ein Beschluss des SED-Politbüros zum 100. Geburtstag von Ernst Thälmann, also ein Werk von weitreichender politischer Bedeutung. Bei der Familien-Konferenz schüttete uns mein Vater sein Herz aus. Er schien wütend und unglücklich über die Vorgaben des Drehbuches. Wieder einmal sollte Thälmann als Superheld durch die deutsche Geschichte fliegen, weihrauchumwölkt hatte er, gemäß Parteiauftrag, gewissermaßen die Qualitäten aller Superhelden in sich zu vereinen, angefangen bei Superman über Batman bis zu den Fantastischen Vier. Einen solchen Mann wollte mein Vater nicht spielen. Gerade erst hatte er einen realistischen Zugang zu der Figur gefunden, nun wollte er den Charakter ausbauen, vertiefen, aber nicht künstlerisch den Rückwärtsgang einlegen. Der Sozialismus müsse den wahren Thälmann mit seinen Schwächen und Unzulänglichkeiten eben aushalten. Und deshalb, so erklärte er uns nach meiner Erinnerung, habe er sich entschieden, das Angebot abzulehnen. Wir applaudierten beeindruckt und fanden seine konsequente Reaktion hervorragend.

Dann allerdings erläuterte er uns die Kehrseite. „Man habe ihm den DDR-Nationalpreis angeboten, wenn er die Rolle spiele, einen Reisepass fürs nichtsozialistische Ausland, vielleicht ein neues Auto und viele andere Vorteile … Wenn er ablehne, gehe all das verloren. Und sie würden ihn auch sonst möglicherweise blockieren, von

110 Zitiert nach: Anita Butter, Filmspiegel, Nr. 6, 1981, S. 6.

Besetzungslisten streichen, das heißt, er werde wohl weniger verdienen …« So in etwa formulierte er seine erklärenden Sätze. Nichts davon konnte mich erschrecken. Mein Vater sollte so bleiben, wie ich ihn kannte, konsequent und aufrecht. Sollte er doch den Genossen ihren Thälmann um die Ohren hauen. In diesem Sinne hatte er doch auch mich erzogen. Man muss sich meine damalige Sichtweise ungefähr so vorstellen: Ein Mensch tut einfach seine Arbeit, egal ob er Müllfahrer ist, Bäcker oder Schauspieler. Ein Schauspieler tut auch nur seine Arbeit. Warum muss er dafür den Nationalpreis bekommen? Die Verleihung eines solchen Preises schuf in meinen Augen geradezu eine Klasse. Meine Eltern hatten mich nicht dazu erzogen, in Klassen zu denken. Mein Vater lehnte die Rolle also ab, aus dem sechsteiligen Mammutschinken wurde ein abgespeckter Zweiteiler. Den Thälmann spielte Helmut Schellhardt. In den folgenden Wochen und Monaten erwartete ich die befürchteten Konsequenzen. Die aber traten nach meiner Empfindung nicht ein. Ich bemerkte keinerlei Veränderung. Im Gegenteil. Wir fuhren immer noch in den Ostsee-Urlaub. Wir hatten Autos und ständig neue, größere Boote. Und wenig später bekam mein Vater eine feste Hauptrolle im »Polizeiruf 110«, die Rolle, die ihn endgültig zu einem der beliebtesten DDR-Schauspieler machte: die des Oberleutnants Zimmermann, Lutz Zimmermann.

Wie konnte das sein? Vielleicht, weil alles ganz anders war? Der Kameramann des »Ermittlungsverfahrens«, Franz Ritschel, erinnert sich bei einem persönlichen Treffen im Sommer 2016 folgendermaßen: »Wenn ich mich nicht irre, hat mir der Lutz gesagt, das ›Ermittlungsverfahren‹ sei quasi eine Zwischenphase. Gewissermaßen ein Test, wie er als Thälmann wirkt. Und ich glaube ganz bestimmt, der Lutz wollte unbedingt den Thälmann spielen in dem geplanten Mehrteiler.« Dazu passt, was der Publizist Klaus Behling recherchierte. In seinem Buch »Fernsehen aus Adlershof« geht er der Frage nach, welcher Schauspieler die Hauptrolle übernehmen sollte, und zitiert Erich Selbmann, damals Vorsitzender des Staatlichen Komitees für Fernsehen und Leiter des Bereichs Dramatische Kunst: »Die Besetzung der

Hauptrolle wurde – auf der Grundlage mehrerer Vorschläge des Fernsehens und der Vorführung von Probeaufnahmen – ebenfalls von der Parteispitze entschieden: Es entsprach auch unseren Vorstellungen, den Ernst Thälmann spielte das Mitglied unseres Ensembles Helmut Schellhardt.«[111] Ist es denkbar, dass Lutz Riemann bei den Probeaufnahmen oder im »Ermittlungsverfahren« nicht den Eindruck hinterlassen hat, den sich die SED-Spitze erhoffte, und er aus diesem Grund die Hauptrolle nicht bekam? Bisweilen haben dramatisch aufgebauschte Geschichten einen banalen Hintergrund.

Gespräch mit Peer Steinbrück – II.

»Peer, du weißt, DDR-Bürger konnten in der Regel nicht frei sprechen, heikle politische Themen konnte man zwischen den Zeilen nur andeuten. Hast du dich nicht über die direkte Sprache meiner Eltern gewundert?«

»Mir ist natürlich schon bewusst geworden, dass die sich offenbar in einem gewissen Sicherheitskokon bewegen. Den habe ich aber nicht abgeleitet über eine besonders herausragende oder hauptamtliche Funktion bei irgendeiner DDR-Behörde oder der Stasi. Sondern über den Freiraum, den dein Vater als durchaus nicht ganz unbekannter Schauspieler in der DDR hat. Da habe ich mir gedacht, okay, der bewegt sich da als Fisch im Wasser, deshalb darf er auch ausreisen. Deshalb erzählte er mir auch von Reisen, die er gemacht hat, ich glaube sogar nach Jugoslawien, also nicht nur in klassische ›Ostblockstaaten‹ – im damaligen Jargon. Das waren für mich Hinweise, na ja, der hat – dafür, dass er auch wieder zurückkommt und dass er verlässlich ist – einen gewissen

111 Zitiert nach: Klaus Behling, Fernsehen aus Adlershof, Das Fernsehen der DDR vom Start bis zum Sendeschluss, Berlin 2016 (eBook).

Kredit. Ich bin nicht auf die Idee gekommen, dass er gar nichts befürchten musste, weil er sowieso auf der sicheren Seite war.«

»1981 hast du einige Monate in Ost-Berlin gearbeitet, in der Ständigen Vertretung der Bundesrepublik. Das war so eine Art Praktikum?«

»Man musste im Kanzleramt, wenn man verbeamtet werden sollte, eine gewisse Stage außerhalb des Ministeriums oder außerhalb des Kanzleramtes machen. Das konnte man sich aussuchen. Und ich fand es ganz spannend, dahin zu gehen, wo das Kanzleramt direkt Zugriff drauf hatte. Das war die Ständige Vertretung, sie war ja nicht unserem Außenministerium zugeordnet, weil es keine Botschaft war, sondern eine ständige ›Vertretung‹.«

»Wo hast du gewohnt?«

»Die schickten mich die ersten Wochen, wenn nicht die ersten drei Monate, in dieses ›Hotel Unter den Linden‹, das jetzt abgerissen ist, Ecke Friedrichstraße/Unter den Linden.«

»Kurzzeitig hast du aber auch im Haus eines bundesdeutschen Diplomaten gewohnt.«

»Es war weit außerhalb, in einer Gegend mit für DDR-Verhältnisse wohlhabend geprägten Häusern. Der Diplomat, ich weiß nicht mehr, wer es war, muss so etwas wie ein Abteilungsleiter, wenn nicht stellvertretender Leiter gewesen sein … Es war fast Sommer, Mai oder Juni, er ging auf Reisen und kam auf die Idee: Dann hüten Sie doch solange bei uns ein. Ganz normal. Ich bin, sagte er, mit meiner Familie unterwegs und finde es ganz gut, wenn einer im Haus ist. Und deshalb habe ich da in irgendeinem Gästezimmer so etwas wie eine Bleibe gehabt.«

»Du hast ganz allein in dem Diplomatenhaus gewohnt, in einem Gästezimmer?«

»Ja.«

»Du warst der Ansicht, du warst allein in diesem Diplomatenhaus?«

»Ja.«

»Ich erzähle dir jetzt mal eine Geschichte. Kannst du dich erinnern, dass wir dich dort 1981 einmal besucht haben?«

»Ja, sicher.«

»Du warst da, Gertrud auch, ihr habt uns zum Essen ins Diplomatenhaus eingeladen. Gertrud hat Pizza gemacht. Ihr beide, meine Eltern, mein Bruder und ich, wir waren alle in der Küche und haben ein bisschen geholfen. Gegessen haben wir im Esszimmer des Diplomaten.«

»Ich erinnere mich.«

»Ich war damals 13 Jahre alt. Nach dem Essen habt ihr natürlich über Politik gesprochen. Das interessierte mich nicht so. Ich habe mich einfach abgeseilt und bin allein auf Entdeckungstour gegangen. Ich habe mir das Haus angesehen. Da und dort habe ich auf Türklinken gedrückt, meist waren sie abgeschlossen. Ich wusste natürlich, dass ich das nicht durfte, und habe mich auch ein bisschen geschämt, aber so ein schönes großes Haus hatte ich noch nie gesehen. Ich konnte der Versuchung nicht widerstehen. Und dann sah ich noch eine Treppe, die ins Souterrain führte. Da bin ich auch runter. Direkt auf eine Tür zu. Und dann stehe ich plötzlich in einer Art Kinderzimmer. Drei Männer gucken mich vollkommen verdutzt an. Ich bin zur Salzsäule erstarrt. Die Männer gucken mich an, und ich starre auf diese drei Gestalten. Keiner sagt was. Einer sitzt an einem Tisch, die anderen beiden stehen daneben. Der am Tisch trägt Kopfhörer. Ob ich ›Entschuldigung‹ oder etwas Ähnliches gesagt habe, weiß ich nicht mehr. Jedenfalls habe ich gemacht, dass ich ganz schnell da rauskomme. Ich habe die Geschichte für mich behalten. Ich habe sie nie erzählt. Weil ich mich geschämt habe, es gehörte sich ja nicht, einfach durch das Haus schnüffeln … Was hältst du von der Geschichte?«

»Offen gestanden kann ich mir nicht vorstellen, dass sich Leute in dem Haus eines Diplomaten einquartieren, es sei denn, sie haben gedacht, sie seien da allein. Und sind dann hier überrascht worden, dass entgegen der erwarteten Abwesenheit des Bewohners und seiner Familie plötzlich jemand spontan dort einquartiert wird. Aber dass die Stasi in die Wohnungen von Diplomaten gegangen ist, weiß ich aus mindestens zwei konkreten Fällen. Einer hat sogar einen Unterhaltungswert, weil einer von diesen Vollidioten ein Schmuckstück mitgenommen hatte, aus dem Badezimmer der Ehefrau. Und der sich anschließend darüber beschwerte, und 36 Stunden später war das Schmuckstück wieder da. Der muss wahnsinnig einen auf die Finger gekriegt haben. Also, das ist nicht neu. … Deine Geschichte wäre nur erklärlich dadurch, dass die wirklich gedacht haben, sie können da mal eine gewisse Zeit lang frei schalten und walten.«

»Wer könnte denn mehr darüber erzählen? Wer weiß über solche Diplomatenwohnungen in Ost-Berlin Bescheid?«

»Max Dehmel … mal gucken, wo ich seine Telefonnummer habe.«

Gespräch mit Max Dehmel

Ich blicke aus dem Fenster eines Cafés in Berlin-Nikolassee. Rundherum Kopfsteinpflaster, Gaslaternen, prächtige Villen mit Türmchen und Erkern. Durch Büsche und Hecken schimmert der Schlachtensee. Max Dehmel kommt mit dem Fahrrad. Zackig steigt er aus dem Sattel, wenige Sekunden später steht er vor mir, setzt sich, bestellt Tee. Moderne Brille, wache, lustige Augen, geschmeidige Bewegungen – dieser Mann soll über 80 sein? Der Lebenslauf ist beeindruckend: Dr. Max Dehmel, Ministerialrat a. D., geboren in Breslau, studierte in Bonn und Berlin, promovierte in Freiburg zum Dr. jur., war zwei Jahre Rechtsanwalt in Frankfurt am Main und von 1967 bis zu seiner Pensionierung Referent und Referatsleiter für Wirtschaft in verschiedenen Ministerien, darunter auch im Bundeskanzleramt und in der »Ständigen Vertretung der Bundesrepublik in der DDR«. Peer Steinbrück ist unser gemeinsamer Nenner. Ich erzähle von meinem Erlebnis mit den sonderbaren Männern im Ost-Berliner Diplomatenhaus. Sofort kommen wir ins Gespräch.

»Wie war die Situation innerhalb und außerhalb der ›Ständigen Vertretung‹«?

»Die Bundesrepublik hatte bei Gründung der Ständigen Vertretung vereinbart, dass die Bürger der DDR freien Zugang zur Ständigen Vertretung haben. Günter Gaus hat sich das Grundstück der Ständigen Vertretung ausgesucht. Er hat alle Angebote, die die DDR gemacht hat, gegeneinander abgewogen. Günter Gaus wollte, dass die Ständige Vertretung in der Mitte Berlins ist. Sie sollte nicht irgendwo am Rande angesiedelt werden, damit die Bürger der DDR die Möglichkeit hatten, die Vertretung zu besuchen. Das Grundstück war in der Hannoverschen Straße. Es grenzte an die Ecke Friedrichstraße. Die DDR hat die Zusagen auch weitgehend eingehalten. Es gab zwei oder drei Vorfälle, bei denen der Eingang auch einmal geschlossen werden musste. Im Prinzip war es aber so, dass DDR-Bürger und auch Westdeutsche in die Vertretung gelangen konnten. Aber natürlich wurden die DDR-Bürger nach einem solchen Besuch an der nächsten Straßenkreuzung, die von der Ständigen Vertretung nicht mehr einsehbar war, befragt. Sie wurden nach ihrem Namen gefragt, was sie da gemacht hatten, nach ihrer Adresse. So hatten Polizei und Staatssicherheit Kenntnis von den Besuchen der DDR-Bewohner. Wir wussten auch, das war ziemlich deutlich, dass gegenüber Richtmikrofone auf die Ständige Vertretung gerichtet waren. Die Arbeitsräume, die an der Hannoverschen Straße lagen, wurden abgehört, die Staatssicherheit hat jedes Wort, das dort gesprochen wurde mitgehört.«

»Verstehe ich das richtig: Die Stasi saß in einem gegenüberliegenden Haus und hatte eine derart präzise Technik, dass sie mit ihren Mikrofonen jedes Wort in der Ständigen Vertretung mit anhören konnte? Und das Ganze funktionierte über den Straßenlärm hinweg?«

»Ja. Nach der Wende habe ich mir das angesehen. Die hatten große Einrichtungen, alle Wohnungen waren belegt. Sie waren belegt mit Abhörgeräten. Wolf Biermann wohnte auch in der Hannoverschen Straße. Er wohnte ein bisschen weiter Richtung Chausseestraße, aber eigentlich praktisch gegenüber der Vertretung. Die anderen Wohnungen im ersten und zweiten Stock waren mit Stasi-Leuten besetzt. Man konnte es merken, wenn sich die Ständige Vertretung einmal beschwerte, zum Beispiel darüber, dass Leute nicht in die Ständige Vertretung hereingelassen werden. Oder man beschwerte sich über irgendetwas, das einen störte und abgestellt werden sollte. Und dann passierte das auch. Daraus konnte man schließen, dass die DDR unmittelbar Kenntnis von den Vorgängen hatte.«

»Es wurde Abhilfe geschaffen, ohne dass man es offiziell vortragen musste?«

»Ja. Deswegen gab es auch einen speziellen Raum in der Ständigen Vertretung, die sogenannte Laube. Das war ein abhörsicherer Raum, der mit Aluminium gesichert war. Mir ist nicht bekannt, dass auch Gespräche aus der Laube abgehört wurden. Dieser Raum wurde extra eingerichtet. Es war ein Raum in der Mitte ohne Fenster. Das war unser morgendlicher Sitzungsraum. Dort haben wir getagt. Aber natürlich hat die Stasi bei vielen Kollegen versucht, sie zu verfolgen und zu beobachten.«

»Ich habe Ihnen schon kurz von meinem Erlebnis im Diplomatenhaus erzählt, also in dem Haus, in dem Peer Steinbrück kurzzeitig gewohnt hat. Wie war denn die Wohnsituation von Ihnen und Ihren Mitarbeitern?«

»Die größte Zahl der Wohnungen war in der Leipziger Straße. Da hatte die Bundesrepublik große Komplexe angemietet. Es war ja schwierig für die DDR, Wohnungen für Vertreter von achtzig Ländern aus dem Boden zu stampfen. Vertreter von Ländern, die die DDR in den 1970er-Jahren anerkannt haben, also nach dem Grundlagenvertrag, denn vorher galt ja die Hallstein-Doktrin. Der größte Teil der Mitarbeiter wohnte in Hochhäusern in der Leipziger Straße. Es gab aber auch außerhalb vier oder fünf Häuser. Dort hatten die höheren Chargen der Vertretung ein Anrecht. Günter Gaus wohnte in der Kuckhoffstraße. Bölling und Bräutigam wohnten später im selben Haus. Ich hätte auch ein Anrecht auf so ein Haus gehabt, in Pankow oder Niederschönhausen. Aber die waren belegt von Familien mit Kindern. Und deswegen habe ich beschlossen: Ich gehe lieber in die Leipziger Straße und nehme dort eine große Wohnung. Eindeutig war, dass auch in der Leipziger Straße viele Beobachter waren. Sie versuchten herauszubekommen, wer wo hingeht. Die Stasi hatte jedenfalls großes Interesse daran, einen großen Teil der Mitarbeiter der Ständigen Vertretung zu überwachen. Und ich gehörte zu denen, die offensichtlich besonders im Rampenlicht standen. «

»Die Frage aller Fragen für mich ist natürlich: Ist die Stasi auch in die Wohnungen der Diplomaten gegangen?«

»Natürlich haben sie auf allen möglichen Wegen versucht, auch in die Wohnungen reinzukommen. Alle Dienstpersonen, die wir hatten, Putzfrauen oder Kindermädchen, die mussten alle über das ›Dienstleistungsamt‹ der DDR vermittelt werden. So gab es regelmäßig Zutritt zu den Wohnungen der Kollegen. Sie haben auch versucht, wenn jemand nicht da war, in die Wohnungen zu gelangen. Man wusste nie, wann sie da reingingen und etwas suchten. Wir wurden häufig eingeladen von Leuten, von denen ich dann später mitbekommen habe, dass diese Leute bei der Stasi waren. Das waren ganz offensichtlich Versuche, die Wohnung ein oder zwei Tage freizubekommen. So hätte theoretisch jemand in die Wohnung einsteigen können. Ob sie bei uns in der Wohnung waren, weiß ich nicht. Aber sie haben Kinder geschickt, die meiner Frau Lügenmärchen erzählt haben, um hereinzukommen, um einen Eindruck von der Wohnung zu erhalten. Ich habe auch Erlebnisse: Ein Kollege, der auf Urlaub war, gab mir den Schlüssel, damit ich seine Blumen gieße. Als ich einmal nach dem Rechten sah, fand ich zwei Leute vor, die eindeutig nicht in die Wohnung gehörten. Die beiden haben dann erklärt, sie kämen vom Dienstleistungsamt (lacht). Das Dienstleistungsamt war zuständig für die Putzfrauen. Insoweit war das leicht zu behaupten. Sie behaupteten, sie müssten irgendetwas in Ordnung bringen. Das war ziemlich klar.«

»Halten Sie mein Erlebnis bei Peer Steinbrück im Jahr 1981 für plausibel?«

»Also, ich kann es mir gut vorstellen. Der Vorfall, den Sie geschildert haben – das ist sehr plausibel. Die haben vielleicht angenommen, dass niemand da war. Die haben mit allen Mitteln rauszukriegen versucht, wie die Leute leben.«

Das Barriere-Riff

Im »Fall Thälmann« hatte mein Vater, davon war ich jedenfalls überzeugt, Härte gezeigt. Ich versuchte, mir sein konsequentes Verhalten zum Vorbild zu nehmen. Bald schon sollte ich Gelegenheit bekommen, für meine eigenen Überzeugungen zu kämpfen. Mein Vater machte ja vor, wie das ging. Etwa indem er sich immer wieder kleinere und größere Gefechte mit unseren Lehrern lieferte. Eines Tages besuchte er z. B. den Geografieunterricht von Frau Schimanski. Ausgerechnet Frau Schimanski, die sehr unsicher wirkte und ihre Klasse kaum bändigen konnte. Da saß nun also ein Mann von der natürlichen Autorität meines Vaters im Unterricht. Dagegen konnte Frau Schimanski nicht anstinken. Die Klasse spürte das sofort. Alle verhielten sich friedlich. Auch ohne seinen Bekanntheitsgrad hätte er die Klasse ruhiggestellt. Seine Statur, seine Aura zeigten immer Wirkung, auch heute noch. Er betritt den Raum, und man erstarrt, alle halten die Luft an. Frau Schimanski hatte an diesem Tag »Australien« zum Thema. Sie erklärte die Geografie des Landes und die politische Zuordnung. Sie erläuterte, in welches politische Lager Australien gehörte, nämlich zum kapitalistischen Ausland, und wie viele Einwohner das Land hatte, wie die Hauptstadt hieß, Bruttosozialprodukt etc. Mit anderen Worten: Es handelte sich um einen vorbildlichen sozialistischen Unterricht, mit dem jeder Genosse hätte zufrieden sein müssen. Aber, um noch einmal Manfred Krug zu zitieren, wie soll man eine Weltanschauung haben, wenn man sich die Welt nicht anschauen darf? Wir Schüler hatten doch keinerlei Bezug zu Australien. Vor allem wussten wir, dass wir in unserem ganzen Leben niemals dorthin fahren durften. Trocken und korrekt arbeitete Frau Schimanski alles ab, was uns ganz bestimmt nicht interessierte. Nach dem Unterricht, so wurde es mir später erzählt, habe mein Vater sich die Pädagogin zur Brust genommen. Er fand den Unterricht offenkundig stinklangweilig. Er habe der Lehrerin Fragen gestellt wie etwa: »Warum erzählen Sie den Kindern nicht, dass Australien das Land der Kängurus und der Koala-Bären ist? Warum schwärmen Sie nicht vom Barriere-Riff und den Eukalyptusbäumen?« Aus den Poren von Frau Schimanskis Oberlippe perlte Schweiß. Vermutlich hätte sie den Kindern all das sehr gerne erzählt. Aber dann wäre sie wohl ihren Job los gewesen und im schlimmsten Fall im Knast gelandet. Mit Kängurus und Eukalyptusbäumen hätte sie bei den Schülern Sehnsüchte geweckt. Sehnsüchte kamen aber im Sozialismus nicht vor. Und eine Barriere hatte die DDR schließlich selbst.

»Ich komme aus dem Westen. Bestimmte Dinge verstehe ich einfach nicht«, sagt mein Imperialist. »Kannst du mir bitte Folgendes erklären: Du als DDR-Bürger liest in der Zeitung einen Bericht über Australien, Ägypten, die Pyramiden oder Hawaii. Wie kann es sein, dass du nicht sofort Sehnsucht bekommst, dort hinzufahren? Wie konntest du die Mauer einfach akzeptieren? Wie hat es die DDR geschafft, nicht nur dir, sondern auch den meisten anderen Menschen diese Sehnsucht zu nehmen?«

»Mir fällt dazu Folgendes ein. Viele DDR-Bürger haben ja nicht mehr bewusst erlebt, dass die Grenze offen war. Viele haben nicht erlebt, wie es war, als man noch zwischen beiden deutschen Staaten hin- und herreisen konnte. Ich kann nur über mich selbst sprechen, nimm mich selbst als Beispiel. Ich kaufte mir ein Buch über Paris. Und mein Bruder brachte mir Fotobände über Los Angeles und die USA. Ich weiß noch, dass wir über den Bildern saßen und die Architektur und die Landschaften bewunderten. Nun handelte es sich bei diesen Büchern nicht um Reiseführer. Es waren Bücher, die die Sichtweise der DDR wiedergaben. Die Bilder waren geeignet, Gegensätze darzustellen. Sie sollten nicht zum Reisen animieren. Die gleißende Sonne, die blitzenden Bauwerke, die gut gekleideten Menschen vor glitzernden, schönen, großen Autos: Das war der Hintergrund für die Obdachlosen, die auf der Straße lagen. Die DDR komponierte einen Gegensatz. Wenn ich diese Bilder sah, fühlte ich in mir, ohne es auszusprechen, eine Abneigung. Diese Gegensätze waren mir zu krass. Einerseits das Glitzernde, das Schillernde – das war nicht meins. Das konnte auch nie ein Teil von mir sein. Auf der anderen Seite die Armut und die Bettler. Die Situation des Bettlers konnte ich mir eher vorstellen als den Reichtum. Dazwischen schien es nichts zu geben. Das machte mir Angst. Im Fernsehen wurde auch über Hawaii berichtet. Man konnte Berichte über Surfwettbewerbe sehen. Der Name Robby Naish war mir ein Begriff. Aus den Berichten erfuhr ich, dass auf Hawaii zur Weihnachtszeit die größten Wellen der Welt zu sehen waren. In westlichen Sportsendungen oder in der Tagesschau konnte man sehen, wie Menschen auf ihren Brettern die gigantischen Wellen herunterritten. Aber das Ganze war für mich ungefähr so, als würde sich ein Tourist heute überlegen, seinen nächsten Urlaub auf dem Mars zu verbringen. Für mich als DDR-Bürger war das eine Welt, die ich nie erreichen würde. Das war eben so.«

»Ok, aber die Bundesrepublik … Die war doch nicht der Mars …«

»Aber selbst hier war doch klar, wo die Grenzen lagen. Ich konnte ja nicht einmal in das Land gleich nebenan fahren, wo dieselbe Sprache gesprochen wurde. Schon die Bundesrepublik war ja ein Land, das ich nicht zu sehen bekam, es sei denn in Person meines Onkels Peer Steinbrück und seiner Frau Gertrud. Den Rest der Verwandtschaft habe ich auch erst nach der Wende gesehen. Vorher waren mir die Onkels und Tanten unbekannt, abgesehen davon, dass sie mir Päckchen schickten. Darüber, also über die

Gips-Oma und ich an ihrem 80. Geburtstag

Nähe zur Bundesrepublik, dachte ich durchaus nach. Ich hatte ja auch meine Oma, den ›Dra‹ vor Augen. Die konnte erst im Rentenalter in den Westen fahren. Da war mir klar, dass auch ich so lange warten musste, um in den Westen zu fahren. Auf der anderen Seite hatte ich meine See-Oma vor Augen, der es im Alter von sechzig Jahren gesundheitlich schon nicht mehr gut ging, die wollte gar nicht mehr wegfahren, die wollte aus ihrem Lubmin gar nicht heraus. Dieses Verhalten wurde von Jahr zu Jahr eigentlich immer schlimmer. Natürlich habe ich mich gefragt, ob ich denn noch fit sein werde, wenn ich selbst das Rentenalter erreiche. Wenn ich noch fit bin, dann kann ich wenigstens in die Bundesrepublik reisen. Das war ja das nächstgelegene Ziel. Vor dem Rentenalter war auch die Bundesrepublik gedanklich tabu. Es war besser, nicht darüber nachzudenken. Wenn man nicht darüber nachdenkt, kommen alle diese Gefühle auch gar nicht auf. Auf die Idee, dass Reisefreiheit ein Grundrecht sein könnte, kam ich nicht. Außerdem: Das Westfernsehen zeigte mir mit all seinen Berichten über schreckliche Ereignisse und Arbeitslosigkeit, dass es sehr schön sein konnte, in der DDR zu leben. Ich fühlte mich geborgen, in der DDR gab es keine Arbeitslosigkeit. Wenn ich die Sendung Aktenzeichen XY sah, dann war ich froh, in der DDR zu leben. Die bösen Dinge fanden alle im Westen statt.«

Trotz meiner Grundzufriedenheit mit dem Leben in der DDR bekam der schützende Kokon, den mein Vater um mich gesponnen hatte, erste Löcher. Es sollte noch dauern, bis ich es bemerkte. Aber im Laufe der Zeit wurde es immer offenkundiger. »Nirgends kann man sich so gut verstecken«, schreibt die Kinderbuchautorin Christa Kożik, »um vor dem Leben sicher zu sein.«[112] Auch in der DDR holte einen das wahre sozialistische Leben ein, mit all seinen Hürden, Ungerechtigkeiten und seinem Schwachsinn. Nichts konnte einem ostdeutschen Schüler die Unzulänglichkeiten des Systems besser vor Augen führen als die »Einführung in die sozialistische Produktion«, kurz ESP. Die Schüler ab der siebten Klasse sollte ESP an die Realität der Arbeitswelt heranführen. Genau das tat es auch.

Zwei linke Stiefel

Wie Zwangsarbeiter einer Strafkolonie marschierten wir im Gänsemarsch durch den peitschenden Regen. Einige von uns schulterten Spitzhacken, andere Spaten oder Schaufeln. Nur die Fußfesseln fehlten. Rechts und links der Straße Schaulustige, die uns anfeuerten: »He, ho, nun aber in die Hände gespuckt … keine Müdigkeit vorschützen …« Und ähnliche blöde Sprüche. Die Leute in Meiningen

112 Christa Kożik, Moritz in der Litfaßsäule, 1. Aufl., Berlin (Ost) 1980, S. 111.

kannten die Tragikomödie schon. Sie wurde jedes Jahr um diese Zeit aufgeführt. Freilichttheater. Eintritt frei. ESP zur Volksbelustigung. Dahinter aber stand sozialistischer Ernst. Jedes Jahr mussten Meininger Schüler einen Schornstein bauen, und wenn der Schornstein nach wochenlanger Arbeit fertig war, kam ein Bautrupp und riss ihn wieder ab. Same procedure as every year. Generationen von Meininger Schülern hatte der Schornstein bereits verschlissen. Die ganze Stadt lachte darüber. Für uns war es gar nicht komisch. Es war Herbst, arschkalt und schüttete aus Kannen. Wir wussten: Das hier ist kein echtes Projekt, sondern blöde Beschäftigungstherapie. Wir näherten uns einer sumpfartigen Freifläche. Darauf stand ein Bauwagen, der schon einen Schornstein hatte. Lustig qualmte er in den trostlosen Himmel. Als sich die Tür des Bauwagens öffnete, spürten wir für einen Augenblick herausströmende Wärme auf unseren nassen Gesichtern. Ein dicker Glatzkopf kletterte schnaufend drei Stufen nach unten und baute sich vor uns auf. Auf seinem heißen roten Kopf verdampfte das Regenwasser. Hinter ihm erschienen zwei weitere Gestalten, ein Kleiner mit großer Warzennase und ein noch Kleinerer ohne besondere Eigenschaften. Der dicke Glatzkopf grinste: »Ich bin der Chef. Und ihr grabt heute ein Loch.«

»Da drüben stehen Hacken und Schaufeln«, bellte die Warzennase.

»Und hinterm Wagen Spaten«, blaffte der Mann ohne Eigenschaften. »Aber erst Arbeitsschutzkleidung anziehen.« Nacheinander kletterten wir alle in den Wagen, ich zuletzt. Die Warzennase hielt mir eine viel zu weite Latzhose entgegen. Ich schlüpfte hinein, ohne meine Alltagskleidung abzulegen. Meine Mutter würde begeistert sein. Nun reichte mir der Mann ohne Eigenschaften einen viel zu großen Schutzhelm und eine zerlöcherte Wattejacke. Meine Arbeitsschutzkleidung war komplett, bis auf die Gummistiefel. In einer Ecke standen welche. In diese Gummistiefel hatten Generationen von Meininger Schülern ihre Füße hineingesteckt. Ich versuchte, ein Paar in meiner Größe zu finden. Ich fand aber nur ein Paar linke Stiefel, auf denen alte Zementkrusten wuchsen.

»Moment mal!«, empört sich mein Imperialist, »du willst mir jetzt aber nicht sagen, dass du zwei linke Gummistiefel angezogen hast?«

»Doch. Ich weiß, wie verrückt das klingt. Aber auch Gummistiefel waren in der DDR Mangelware. Man ging nicht einfach in einen Laden, um Gummistiefel zu kaufen. Und schon gar nicht brachte man eigene Stiefel zur ESP, weil man sicher war, dass die Stiefel nach Gebrauch ruiniert waren. Die guten Stiefel ließ man zu Hause. Die DDR war mein Land, ich akzeptierte ihre Schwächen und ihre Stiefel.«

»Hier buddeln!«, befahl der Glatzkopf. »Schacht graben!«, erklärte die Warzennase. Es regnete in Strömen. Wir standen im Matsch und schaufelten und gruben bei Eiseskälte, stundenlang, bis wir taube Hände bekamen, und auch dann noch arbeiteten wir weiter. Der Chef, die Warzennase und der Mann ohne Eigenschaften steckten im warmen Bauwagen. Sie sahen zwischendurch immer mal vorbei, was denn so los sei, ob schon jemand verunglückt sei oder ob alles gut laufe. Dann gingen sie sofort wieder zurück ins Warme. Während wir zur selben Zeit einen Graben ausheben mussten, den kein Mensch brauchte. Für einen Schornstein, dessen Schicksal es war, abgerissen zu werden. Dann, als unsere Betreuer gerade in der Stadt wichtige Einkäufe erledigten, sagte ich: »Jetzt ist Pause!« Wir drängelten uns zum Frühstück in den Bauwagen. Die Mädchen saßen auf der einen Seite, die Jungs auf der anderen. Ich zog meine nassen Sachen aus, stellte mich in die Mitte und hielt eine längere Ansprache: »Ich gehe da nicht mehr raus. Ich kann nicht einsehen, warum wir ausgerechnet heute diesen Graben ausheben müssen, wo es so in Strömen regnet. Diesen dusseligen Schacht kann man bei trockenem Wetter viel besser ausheben. Ich habe keine Lust mehr, bei dem triefenden Matsch mit der Schippe hoch und runter zu langen. Und am meisten ärgert mich, dass ich draußen in der Kälte stehen muss, während das Aufsichtspersonal in der beheizten Bude sitzt und sich die Eier schaukelt. So stelle ich mir den Sozialismus nicht vor.«

»Wow! Und …?«

»Die erste Reaktion der Mädchen war: Genau, die hat recht, wir gehen da nicht mehr raus. Die Jungs freuten sich, schaut euch die Mädchen an, die rebellieren. Die Pause war also vorbei, und wir blieben sitzen.«

Zwanzig Minuten später kamen die ESP-Pädagogen von ihrer Einkaufstour zurück. Große Verwunderung, ärgerliches Gebrummel. Dann riss Warzennase die Tür auf. »Aber Dalli, was'n hier los?« Ich machte ihm klar, dass hier heute keiner mehr arbeiten würde. Warzennase keuchte, machte kehrt und beriet sich draußen mehrere Minuten lang mit den anderen. Dann flog die Tür erneut auf, herein kam die Glatze. Alle saßen, ich stand immer noch in der Mitte des Bauwagens. Wie ein Gladiator kam Glatze auf mich zu. Sein kalter, nasser Kopf begann wieder zu dampfen und wurde rot und röter. SO dicht stand er vor meinem Gesicht. Ich blickte auf Halsschlagadern, so dick wie die Tampen auf unserem Ostseeboot. Die Glatze begann zu schreien: »WAS FÄLLT DIR EIN? WENN DU NICHT AUF DER STELLE SOFORT RAUSGEHST, DANN …« Glatze drohte mir alles Mögliche an, zog alle Register. Gleich knallt er mir eine, dachte ich, blieb aber regungslos stehen.

»Und die anderen Schüler?«

»Zur Wirkung hatte es, dass von sieben Mädchen in meiner Klasse fünf gleich wieder zur Arbeit gingen. Bei diesem Schreikommando zogen die gleich ihre Sachen wieder an. Drei Schülerinnen blieben übrig, ich, meine Freundin Karola und noch jemand anders. Die beiden standen aber in der Schule auf der Kippe. Ich musste ständig auf sie einreden und ihnen klarmachen, dass sich trotz des schreienden Mannes nichts an der Situation geändert hatte. Nur, weil der uns hier anschreit, ist doch die Situation keine andere. Darauf beschlossen unsere Aufseher, dass wir nun zurück in die Schule müssen. Sofort beim Direktor melden.«

Vor mir stand Direktor Heinzel. Er war noch kleiner als der Mann ohne Eigenschaften, aber dafür konnte er lauter brüllen als Glatze. Er kam sich unheimlich wichtig vor und schrie immer wieder das Wort »Arbeitsverweigerung«. »Arbeitsverweigerung ist es eben gerade nicht«, erklärte ich dem Heinzel seelenruhig, »ich lehne es nur ab, bei diesem kalten Wetter ohne ausreichende Schutzkleidung zu arbeiten. Ich weise darauf hin, dass es meine Gummistiefel nur zweimal in links gibt. Sie sind viel zu groß. Es regnet rein. Ich habe Matsch in den Schuhen. Die Wattejacken sind triefend nass. Die Sturzhelme fallen uns vom Kopf. Das ist keine Arbeitsschutzkleidung.« »ZURÜCK ZUR BAUSTELLE!«, schrie Heinzel. »DAS IST EIN BEFEHL!«

»Und, hast du dem Befehl Folge geleistet?«

»Ich ging erst einmal nach Hause und erzählte alles meiner Mutter. Mein Vater war auch da. Meine Eltern bestätigten mich in meiner Haltung. Ich hätte mich vollkommen richtig verhalten. Du gehst da heute Nachmittag wieder hin, sagten sie. Du wirst dir alles ansehen, und wenn es vernünftige Arbeitskleidung gibt, dann arbeitest du. Wenn das aber nicht der Fall ist, dann haust du wieder ab. Ich ging also wieder hin. Als ich an der Arbeitsstelle ankam, hatte es aufgehört zu regnen. Wir drei Mädchen, die rebelliert hatten, kamen da also an. Die Aufseher erwarteten nun, dass wir sofort loslegten. Meine beiden Freundinnen waren schon sehr weich geklopft. Sie zogen sofort ihre Sachen an und stellten sich in den Graben. Ich aber sagte: ›Ich will mir das erst angucken … Sind jetzt Gummistiefel da? … Gibt es eine ordentliche Wetterjacke? … Eine Jacke, die man zuknöpfen kann? … Bleibt der Helm beim Bücken auf dem Kopf?‹ Das war natürlich alles nicht der Fall. Wie sollte es auch? Wo sollte die bessere Arbeitskleidung denn in der kurzen Zeit hergekommen sein? ›Aha, Sie haben das also nicht? Dann gehe ich jetzt wieder.‹ Ich ging. Hinter mir begann die Glatze wieder zu toben. Ich machte mir keine Sorgen, derartige Situationen hatte ich ja schon öfter erlebt. Ohne Konsequenzen. Mein Vater hat das immer gedeichselt. Aber diesmal war es ein bisschen anders.«

»Inwiefern?«

»Meine Eltern wurden in die Schule vorgeladen. Aber mein Vater war unterwegs, er drehte fast nur noch in Berlin, ›Polizeiruf‹, meine Mutter musste das allein managen. Die Angelegenheit ging bis zum Schulrat. Sie wurde sogar auf Kreisebene diskutiert. Alles ganz hoch angebunden. Dabei stellte sich heraus, dass der Glatzkopf wegen Körperverletzung vorbestraft und zu uns strafversetzt worden war. Das muss man sich klarmachen: Ein brutaler Gewaltmensch war strafversetzt worden zur Beaufsichtigung von Kindern und Jugendlichen. Es stellte sich heraus, dass es aus dem ganzen Kreis Meiningen Beschwerden gegeben hatte. Es kam also einiges ans Licht, das mir zur Ehrenrettung hätte reichen sollen. Trotzdem wurde meine Mutter vorgeladen. Man wollte mich auf jeden Fall bestrafen. Meine Mutter handelte aus, dass man mir die Fünf nicht im Fach ›Einführung in die sozialistische Produktion‹, also ESP, gibt, sondern nur in ›Betragen‹. Ich sollte also im Zeugnis keine schlechte Note bekommen. Als die Zeugnisse schließlich verteilt wurden, sah ich es dann. Es war das Halbjahreszeugnis. Ich bekam auch im Schulfach eine Fünf. Diese Fünf drückte meinen gesamten Notendurchschnitt nach unten.«

»Zum ersten Mal bist du mit deinem Querkopf gegen die Wand gelaufen …«

»Ich habe das einfach unter Pech abgelegt.«

»Du hast dein konsequentes Verhalten nicht geändert?«

»Nein.«

Tabus und Rituale

Allerdings wuchs, wiederum beinahe unmerklich, die Erkenntnis, dass sich nicht nur beim Klassenfeind menschliche Abgründe auftaten. Der Mensch an sich war schlecht, auch der sozialistische. Aber die DDR bestritt das. Im Sozialismus durfte es keine bösen Menschen geben. Schon gar nicht in der Familie. Ich glaubte das solange, bis ich meine Klassenkameradin Michaela[113] kennenlernte. Sie war für eine Schulklasse ein dankbares Opfer für Spott und Häme. Wenn Michaela im Deutschunterricht einen Text laut vorlesen musste, versuchte sie es zunächst tapfer, um dann unweigerlich in Tränen auszubrechen. So war es immer, jahrelang. Immer wenn der Lehrer sie aufrief, bekam sie schweißnasse Hände. Natürlich spottete sofort die ganze Klasse. Auch ich war kein Kind von Traurigkeit, wie ich zugeben muss, und zunächst gar nicht erfreut, neben ihr zu sitzen. Bald aber kamen wir ins Gespräch, Michaela fasste Vertrauen zu mir und begann zu erzählen: Nicht nur in der Schule war sie das Opfer. Auch zu Hause. Ihr Vater fiel regelmäßig über sie her und vergewaltigte sie. Michaela nahm mir das Versprechen ab, niemandem etwas von dieser Tragödie zu erzählen. Ich hielt mich lange daran, bis sie eines Tages im Unterricht wieder zu weinen begann. Dieses Mal ließ sich der Strom ihrer Tränen nicht mehr eindämmen, und nun, nach Jahren zum ersten Mal, ging der Lehrer der Sache auf den Grund. Bisher hatte der Mann sich über Michaela eher geärgert, richtig gekümmert jedenfalls hatte er sich nie. In diesem Augenblick fragte er endlich nach. Michaela hatte am Morgen das Schlafzimmer ihrer Mutter betreten und sie tot

113 Name geändert.

im Bett vorgefunden. Erst jetzt erzählte ich meinen Eltern von den Hintergründen. Mittlerweile hatte der Lehrer das Jugendamt eingeschaltet, um Michaela vor weiterem Schaden zu bewahren. Ich weiß nicht, was aus ihr geworden ist, aber ich frage mich bis heute, ob es in diesem Fall richtig war, mein Versprechen zu halten.

»Inzest, Vergewaltigung«, sagt mein Imperialist, »das waren Tabuthemen in der DDR ...«

»Ja. Ich war schockiert und begriff, dass der Sozialismus die völlig falschen Methoden hatte, mit Tabus umzugehen. Meine Schulkameradin Silke war auch so ein Fall. Silke war alles andere als ein Opfer. Sie war lustig, selbstbewusst und sah gut aus. Sie nahm an DDR-Meisterschaften teil, und zwar im Fach Schreibmaschine. Sie konnte unglaublich gut Maschine schreiben. Das beherrschte sie. In der Schule war sie gut, man mochte sie. Etwas besonders Auffälliges gab es nicht an Silke. Niemand wusste, wie sehr sie unter ihrer familiären Situation litt. Ihre leiblichen Eltern waren geschieden. Sie lebte bei ihrer Mutter, und die hatte einen Freund, der immer mal über Nacht blieb. Zwischen Silke und dem Freund der Mutter gab es immer öfter Streit. Silke haute von zu Hause ab. Niemand wusste Einzelheiten, niemand wusste, mit wem sie weggelaufen war oder wo sie sich aufhielt. Irgendwann habe ich das zu Hause erzählt. Das muss 1983 gewesen sein. In dieser Zeit wurde mein Vater neu in das ›Polizeiruf‹-Team aufgenommen. Die Dreharbeiten fanden in Berlin statt, wir wohnten aber noch in Meiningen. Zur Vorbereitung für diese Rolle besuchte er eine Polizeistation in Friedrichshain. Er musste dort richtig Dienst mit der Kriminalpolizei schieben und Judo lernen. Ich erwähne ihm gegenüber Silke, und – nach meiner Erinnerung – mein Vater antwortete: ›Ja, das ist richtig, mit diesem Mädchen befasst sich die Polizei gerade.‹ Er habe gehört, dass sie in Berlin sei. Zumindest auf der Polizeiwache in Friedrichshain war Silke also eine bekannte Größe. Einige Wochen später, mitten im Physikunterricht, geht plötzlich die Tür auf, und man bringt das Mädchen hinein. Sie hatte immer wunderschöne lange Haare, die reichten ihr bis zum Hintern. Wir erschraken alle, denn plötzlich hatte sie nur noch Stoppeln auf dem Kopf. Begleitet wurde sie vom Direktor und einer unbekannten Person. Silke wurde vor die Klasse gestellt, und man verlangte von ihr, dass sie sich vor allen entschuldigte. Die Klasse habe ein Recht darauf zu wissen, wo sie gewesen sei. Sie sollte sich für ihr unsozialistisches Benehmen bei uns entschuldigen. Sie habe die Gruppe geschädigt. Ich persönlich fand diese Aktion peinlich. Bei mir musste sich Silke nicht entschuldigen. Sie war zwei Monate nicht in die Schule gegangen, die Gründe waren mir egal. Sie selbst hat doch den Unterricht verpasst, mir hat sie nicht geschadet. Mir tat das leid. Silke hat diesen schrecklichen Haarschnitt bekommen, weil sie im Jugendwerkhof war, also im Jugendgefängnis. Irgendwann muss man sie aufgegriffen haben. Wir Schüler haben Silke anschließend aber behandelt wie immer. Niemand von uns wollte in ihrer Lage sein, niemand von uns wollte sich demütigen lassen müssen. Wir waren damals in der neunten Klasse, also etwa fünfzehn Jahre alt.«

»Silke wurde Opfer eines kommunistischen Rituals«, entrüstet sich mein Imperialist.

»Ja, das Ritual der Selbstkritik. Es war wie ein Schauprozess. Es ging nicht um Ehrlichkeit, sondern um Unterwerfung. Die wollten das Mädchen brechen. Haben sie auch geschafft.«

»Und? Hat dir das keine Angst gemacht?«

»Nein, ich habe weiter mein Ding durchgezogen, noch eine ganze Weile lang.«

»Polizeiruf 110«

»Der Mörder ist immer der Klassenfeind« – bis 1971 war dies das Motto von DDR-Kriminalfilmen.[114] Zwar gab es auch in der DDR Verbrecher, aber sie kamen alle von »drüben«, um die sozialistische Gesellschaftsordnung zu unterwühlen; es handelte sich quasi um eingeschleppte Kriminalität, wie es sie nur im Westen geben durfte. Es ist das Verdienst des »Polizeirufs«, sich zumindest krimi-technisch vom Kalten Krieg verabschiedet zu haben. Auch im Arbeiter- und Bauernstaat trieben also Bösewichte ihr Unwesen. Im Mittelpunkt standen seit der ersten Folge die Verbrechen von DDR- und nicht mehr von Bundesbürgern. Auf welchem Weg hätten die »Wessis« das kriminelle Virus auch einschleppen sollen? Schließlich stand seit 1961 die Mauer!

Der »Polizeiruf« brach mit einem weiteren Tabu, indem er Missstände und Konflikte dramaturgisch verarbeitete, die in der DDR sonst totgeschwiegen wurden, zum Beispiel Alkoholismus, Vergewaltigung, Jugendkriminalität. Zum ersten Mal konnten die Zuschauer im Fernsehen Menschen sehen, die gegen die Normen der sozialistischen Gesellschaft verstießen. Die Krimimacher durften also den Vorhang etwas anheben und ein bisschen Realität zeigen abseits von Planerfüllung und Klassenkampf-Propaganda. Andererseits galt für den »Polizeiruf«, was für das gesamte DDR-Fernsehen und alle gleichgeschalteten Medien, ja für die Kunst insgesamt zu gelten hatte: Die führende Rolle der SED durfte nicht infrage gestellt werden, selbst konstruktive Kritik war verboten, auch der »Polizeiruf« hatte der Herausbildung sozialistischer Persönlichkeiten und als ideologische Waffe der Partei zu dienen. Dabei hatte es schon zu bleiben: Das Ver-

114 Torsten F. Barthel, Das Fernsehen als Mittel der Staatskommunikation und der ideologischen Apologetik in der DDR. Am Beispiel der Krimiserie »Polizeiruf 110«, Magisterarbeit, Johannes-Gutenberg-Universität Mainz 2009, veröffentlicht Norderstedt 2009, S. 10.

Lutz Riemann als Oberleutnant Zimmermann 1986. Rechts: Friederike Aust
Foto: DRA/Szenenfoto aus »Polizeiruf 110: Kein Tag ist wie der andere«.

brechen war dem Sozialismus wesensfremd. Es war gewissermaßen ein Sonderfall, ein Relikt des Imperialismus. Die Autoren, Regisseure, Dramaturgen und Schauspieler des »Polizeirufs« bewegten sich daher in dem schwierigen Spannungsfeld von Tabubruch und Partei-Hörigkeit. Natürlich setzte sich in allen Streitfragen immer die SED durch, indem sie die komplette Produktion der Krimi-Reihe unter die Kontrolle der »gesellschaftlichen Partner« stellte, also unter das Ministerium des Innern, die Generalstaatsanwaltschaft und – die Stasi.

1983 kam ein neuer Ermittler zum »Polizeiruf«-Team: Oberleutnant Lutz Zimmermann, gespielt von Lutz Riemann.

»Das war die Rolle«, fragt mein Imperialist, »die deinen Vater endgültig zum Star machte?«

Lutz Riemann als Oberleutnant Zimmermann 1986. Links: Andreas Schmidt-Schaller. »Mit dem Rücken zur Wand«: Erich Honecker
Foto: DRA/Szenenfoto aus »Polizeiruf 110: Kein Tag ist wie der andere«.

»Ja. Der ›Polizeiruf‹ war super erfolgreich und konnte mit West-Krimis konkurrieren, jedenfalls in puncto Quote. Mein Vater war dermaßen populär, dass viele ihn für einen echten Polizisten hielten. Die folgende Geschichte klingt unglaublich, ist aber so passiert: Meine Eltern kommen gerade aus der Sparkasse. Überall auf dem Gehweg und der Straße Menschentrauben, Unfall, zerbeultes Auto, im Laufschritt kommt ein Verkehrspolizist auf meinen Vater zu und nimmt Haltung an: ›Genosse Oberleutnant Zimmermann, ich melde …‹ Der Verkehrspolizist dachte allen Ernstes, dass er seinem Vorgesetzten Bericht erstatten muss. Viele Zuschauer haben meinen Vater vollkommen identifiziert mit seiner Rolle.«

Die Männerrunde

Berlin-Adlershof 1983. Ein dunkler Konferenzraum im Hauptgebäude des DDR-Fernsehens. 1,75 groß, wohlproportioniert, dichte, lange, braune, lockige Haare, ich bin 15 Jahre alt, sehe aus wie 20 und fühle mich wie 12. So trete ich ein. Zwei Dutzend Männeraugen docken an. Von Meiningen aus hatte ich ein Bewerbungsschreiben abgeschickt. Das DDR-Fernsehen suchte Lehrlinge im Bereich Filmkopierfacharbeiter. »Möchten Sie, dass Ihr Vater während des Gespräches anwesend ist?«, fragt ein älterer Herr. Er hat öliges Haar und blickt emotionslos durch die quadratischen Gläser einer dicken Hornbrille. »Ja, bitte.«

Wir setzen uns an einen rechteckigen Tisch. Rechts Männer, links Männer, dazwischen sammelt sich bläulicher Zigarettendunst. Ich, das Opfer, sitze ganz vorne. Die Hornbrille beginnt das Gespräch. »Wer gibt die ›Junge Welt‹ heraus?« Die Männerrunde guckt mich erwartungsvoll an. Sie gibt mir sehr viel Zeit, über die Frage nachzudenken. Wer um Himmels Willen gibt die »Junge Welt« heraus? Jeder Schüler in der DDR hatte das zu wissen. Es gehörte zum Ersten, was man in Staatsbürgerkunde lernte. Ich weiß nur, dass Rudolf Augstein den »Spiegel« herausgibt, behalte es aber für mich. »Ich weiß es nicht«, antworte ich. Die Männerrunde beginnt, mir alle möglichen Brücken zu bauen. Die Zigarettenschwaden werden dichter. »Ich weiß es nicht!«, bekräftige ich und denke, da geht ja jetzt alles voll in die Hose. Die Hornbrille wendet sich mir zu, sagt tonlos: »Die ›Junge Welt‹ wird herausgegeben vom Zentralrat der FDJ.« – »Ach so. Danke.«

»Wer gibt denn das ›Neue Deutschland‹ heraus?« Das weiß ich. Daran kann ich mich erinnern. Wenn mein Vater mir beim Frühstück gegenübersitzt und die Zeitung liest, dann habe ich genau die erste Seite vor Augen. Dort steht fett und unübersehbar der Herausgeber. Eigentlich liest mein Vater auch die »Junge Welt«, aber da habe ich offensichtlich nicht genau hingesehen. Ich sage: »Herausgeber des ND ist das Zentralkomitee der Sozialistischen Einheitspartei Deutschlands.« Gute Antwort.

Und dann die Frage aller Fragen: »Was würden Sie machen, wenn Ihr Freund fünfundzwanzig Jahre zur Volksarmee gehen würde?« – »Ich habe keinen Freund.« Ganz schlechte Antwort. Die Männer sehen mich mit ihren kalten Fischaugen an. »Ja«, sagt die Hornbrille, »aber WENN, was würden Sie machen, wenn Sie einen Freund HÄTTEN?« Ich muss an meinen Cousin Alexander denken, der beim Angeln immer fragt: »Onkel Luuhuutz, was machst du denn, wenn du so viele Fische fängst, dass das Boot untergeht?« Die Männerrunde lässt nicht ab von mir, insistiert immerfort wie mein Cousin. »Ich habe aber keinen Freund.« Die richtige Antwort wäre gewesen: »Ich würde es befürworten, dass mein Freund fünfundzwanzig Jahre zur Armee geht, um den Frieden zu bewahren und den Sozialismus zu verteidigen.« Als wir die Männerrunde wieder verlassen, blickt mich mein Vater freundlich an. Kein Vorwurf liegt in seiner Stimme. Im Gegenteil. Er tröstet mich, so wie er mich tröstet, wenn ich Grippe habe.

Zwei Wochen später bekam ich die Ablehnung. In der Rückschau treten die negativen Aspekte meiner liberalen Erziehung deutlich zutage. Ich war auf den Realsozialismus nicht vorbereitet. Sorglos und unbelastet von jeder Ideologie durfte ich mein Leben führen. Vor der simplen Frage »Was würden Sie machen, wenn Ihr Freund 25 Jahre zur Volksarmee gehen will?« kapitulierte ich. Trotzdem gelang wenig später eine weitere Bewerbung. Das DEFA-Studio für Synchronisation in Berlin-Johannisthal bildete ebenfalls zum Filmkopierfacharbeiter aus. Dieses Gespräch verlief entschieden freundlicher, und ich stellte mich bedeutend intelligenter an. Ich bekam die Lehrstelle. 1984 beendete ich die Schule in Meiningen mit der Mittleren Reife. Im Sommer folgten wir, also meine Mutter, mein Bruder und ich, meinem Vater Richtung Ost-Berlin.

Grüne Lichter und gutes Wissen

»Deine letzte Erinnerung an Meiningen?«, fragt mein Imperialist.

»Spontan? Auf jeden Fall dieses Bild: Meine Mutter, mein Bruder und ich sitzen zwischen unfassbar vielen Umzugskisten. Mein Vater war schon wieder in Berlin, wegen der Dreharbeiten … Dachten wir. Wir mussten alles allein managen. Das wuchs uns manchmal über den Kopf.«

»Und wie war die Umstellung von Meiningen in die große Stadt?«

»Wie hübsch Meiningen war, wie schön die Natur, das kam mir erst zu Bewusstsein, als wir nach Hennickendorf zogen. Das lag am Stadtrand von Ost-Berlin, noch im Bezirk Frankfurt/Oder. Da war dieses Zementwerk Rüdersdorf in der Nähe. Wenn der Wind ungünstig stand – und er stand oft ungünstig –, dann war alles grau von diesem Staub. Den konntest du von deiner Wäscheleine runterwischen. Selbst die Bäume waren grau. Und im Winter sah das ganz bizarr aus, wenn die Zementschicht auf den nackten Bäumen lag. Je näher man an Rüdersdorf herankam, umso heftiger wurde das. Es sah gespenstisch aus.
Und dann die gewaltigen Entfernungen. In Meiningen ging man zu Fuß. Wenn ich gewusst hätte, was das für ein Aufwand ist, von Hennickendorf bis zum Kopierwerk in Johannisthal zu kommen. Anderthalb Stunden mit Bus und S-Bahn, und nochmal anderthalb Stunden zurück. Und wehe, der Bus hatte Verspätung! Dann stand man vor der geschlossenen Schranke am Bahnübergang und sah seine S-Bahn davonfahren. So verschob sich mein ganzer Zeitplan. Ich war nie irgendwo pünktlich. Die ganze Lehrzeit über kam ich immer zu spät, obwohl ich mit dem ersten Bus wegfuhr. Manchmal ging ich auch die letzten Stationen zu Fuß zur Lehrstelle, denn ich sagte mir, jetzt bist du schon so sehr zu spät,

dass es auf ein paar Minuten mehr oder weniger nicht ankommt. So konnte ich wenigstens noch etwas frische Luft schnappen.«

Die frische Luft war nötig, weil die Arbeit im Kopierwerk aufs Gemüt schlug. Meine erste Station war die »Rohfilm-Kleberei«. Man betrat den Raum und sah – nichts. Fünf Minuten brauchte man zur Orientierung. Dann passten sich die Augen an und erfassten die schwach leuchtenden grünen Lämpchen. Meine Aufgabe war es, von morgens bis abends 35mm-Filmrollen zusammenzukleben. Die Klebestellen mussten nicht schön sein, sie mussten halten. Eine Arbeit für jemanden, der Vater und Mutter erschlagen hat. Bei Dienstbeginn morgens um sechs war es im Winter noch stockdunkel draußen. Nach Feierabend hatte man gerade noch zwei Stunden Tageslicht, bis schon wieder die Dämmerung einsetzte. Du kommst im Dunkeln, sitzt im Dunkeln, gehst im Dunkeln, dachte ich, und das soll ich jetzt mein Leben lang machen? Meine Panik war unbegründet. Nach vier Wochen war der Spuk vorbei. Gott sei Dank würde ich später für das DEFA-Synchronstudio als Sprachsynchron-Schnittassistentin arbeiten. So war es geplant. Ich bedauerte die Kollegen, die ihr Leben in der Dunkelkammer verbringen mussten.

Die DDR belästigte auch ihre Lehrlinge mit sozialistischer Agitation. Es reichte nicht, seinen Beruf zu beherrschen. Noch wichtiger war die erzwungene Entwicklung zum sozialistischen Menschen. Die galt für alle Berufe. Der Chirurg zum Beispiel sollte sich zwar im menschlichen Körper auskennen und einigermaßen sicher mit dem Skalpell hantieren, allem übergeordnet aber war seine entschieden sozialistische Haltung, nach dem Motto: Loyalität vor Kompetenz. Davor wurden auch die angehenden Filmkopierfacharbeiter nicht verschont: Gesellschaftspolitischer Unterricht war Pflicht. Nachdem es meiner Lehrmeisterin, Frau Hoppe, nicht gelungen war, mich von der Wühlarbeit des Agenten Orange zu überzeugen, versuchte sich nun Herr Rube.[115] Seit eigentlicher Beruf war es, uns in Fotochemie

115 Name geändert.

und Fotophysik zu unterrichten. Das machte er auch ganz gut. Im gesellschaftspolitischen Unterricht aber wandelte er sich zum Agitator. Er stellte uns eine Aufgabe zur »Erlangung des Abzeichens für gutes Wissen«. Das gab es in Gold, Silber und Bronze. Wir sollten für den Unterricht der folgenden Woche einen Aufsatz schreiben. Thema: »Je stärker der Sozialismus, umso sicherer der Frieden«. Natürlich verschlampte ich die Terminarbeit. Sie fiel mir erst am Abend vor dem Abgabetermin wieder ein. Nun hatte ich aus der Schulzeit schon Erfahrungen mit derartigen Aufgaben. Gewöhnlich musste man sich damit keine Mühe geben, sondern es genügte, zum Thema aus dem »Neuen Deutschland«, der »Jungen Welt« oder einer der anderen SED-gesteuerten Zeitungen irgendetwas abzuschreiben. Einmal lautete das Aufsatzthema: »Städtebau und Architektur sind Bestandteil unserer Nationalkultur«. Ich schnappte mir also einige Zeitungen, überflog die Artikel zum Thema »Bauen« und schrieb: »Das Bauwesen und seine Leistungsfähigkeit haben weitreichende Bedeutung für die Stärkung der materiell-technischen Basis der Volkswirtschaft und auch für den Wohnungsbau, das Kernstück unseres sozialistischen Programms. Das bisher Erreichte verleiht Kraft und Optimismus für die zu lösenden höheren Aufgaben des Architekturschaffens in Durchführung der Beschlüsse des X. Parteitages der SED.«

Ich hatte nicht die geringste Ahnung von den Beschlüssen des X. Parteitages, ich tat nur so, aber das war dem Lehrer völlig egal, er zeigte sich heftig begeistert von meinem Plagiat und gab mir eine glatte eins. Ich hatte vor, für Herrn Rube einen ebensolchen Quatsch zu Papier zu bringen und mich damit der unbequemen Aufgabe schnell zu entledigen. Eben stand ich vor dem reich bestückten Bücherregal meines Vaters, im Begriff, ein zweibändiges Werk über die SED herauszuziehen, um skrupellos daraus abzuschreiben, da erhaschte ich aus dem Augenwinkel die kopfschüttelnde Gestalt meines Vaters. Nein, sagte er. Du setzt dich jetzt hin und schreibst, was du denkst. Wie bitte? Ich war entgeistert. Ich sollte schreiben, was ich dachte? Ok, vielleicht gar keine schlechte Idee. Ich ließ mir den Satz durch den Kopf gehen und drehte ihn einfach um: »Je stärker der Frieden, umso sicherer der Sozialismus.« Ich bekam Spaß an der Sache, gab mir richtig Mühe und begann zu philosophieren. Doch weil ich ernsthaft über den Satz nachdachte und eigene Gedanken entwickelte, kam ich nur auf etwa eine eng beschriebene Din-A4-Seite. Ich fand mich trotzdem super. Mein Vater war auch zufrieden. Als ich am folgenden Morgen das Klassenzimmer betrat, wurde mir schlecht. Mit einem Blick sah ich, dass alle anderen Dutzende von Seiten geschrieben hatten. Berge von Din-A4-Seiten stapelten sich auf dem Lehrerpult. Wo um Himmels Willen hatten die das alles abgeschrieben? Ich legte mein Blatt dazu. Eine Woche später hatte Herr Rube die Pamphlete durchgearbeitet und las nun Seite für Seite daraus vor. Es war nahezu wörtlich jedes Mal dasselbe. Und für jede Arbeit verlieh er das »Abzeichen für gutes Wissen« – in Silber. Dann kam meine Seite an die Reihe. Herr Rube hielt das Blatt angeekelt mit spitzen Fingern, fuchtelte damit herum und grollte: »Was ist das denn für eine Unverschämtheit? EINE lächerliche Seite. Du bekommst nur Bronze.« Ich war wild entschlossen, gegenüber Herrn Rube genauso wenig nachzugeben wie gegenüber Frau Hoppe und ihrem Agenten Orange. Ich grollte zurück: »Es sind meine eigenen Gedanken!«

»Eine Unverschämtheit …!«

»Meine Gedanken!«

»EINE Seite!«

»Seien Sie doch ehrlich, Sie wissen doch ganz genau, dass alle anderen einfach aus irgendeinem Buch abgeschrieben haben.«

»Du unverschämtes …«

»Das DU verbitte ich mir. Und Ihr Bronze können Sie behalten.«

»Du unverschämtes …«

»Ich will mein Abzeichen für gutes Wissen, und zwar in Silber.«

Was mir nicht klar war: Mein Trotz brachte Lehrer Rube in arge Bedrängnis. Beim »Abzeichen für gutes Wissen« handelte es sich um eine hohe sozialistische Auszeichnung. Wenn ein Lehrer das Ding an seine Schüler nicht vergab, musste er sich vor einer Parteikommission rechtfertigen.

»Und wieder einmal hast du Rückendeckung von deinen Eltern bekommen?«, fragt mein Imperialist.

»Nein.«

»Aber dein Vater war doch einverstanden mit deinem Aufsatz«.

»Ja. Trotzdem redeten beide auf mich ein: Ich sollte das Abzeichen für gutes Wissen in Bronze annehmen.«

»Und, hast du es gemacht?«

»Ja. Ich habe nachgegeben.«

»Das erste Mal ...«

»Ja. Das war ein Einschnitt, eine Grenzmarkierung. Bis hierher und nicht weiter. Der Einfluss meines Vaters hatte wohl doch Grenzen.«

»Hatte deine Renitenz Konsequenzen?«

»Ja. In meiner Beurteilung stand später: ›Petra fügt sich nicht ins sozialistische Kollektiv ein.‹ In der DDR konntest du einem kaum etwas Schlimmeres in die Akte schmieren. Nicht das Zeugnis selbst war schlecht. Sondern die Beurteilung meiner Persönlichkeit und meiner politischen Haltung. Das Perfide war: Man musste das unterschreiben. Das wollte ich auf keinen Fall. Aber meine Eltern warnten mich auch hier. So habe ich unterschrieben. Mit der Bemerkung ›Zur Kenntnis genommen‹. Aber das war Frau Hoppe egal, Hauptsache ich unterschrieb. So hat sie sich für meine Aufmüpfigkeit gerächt. Ich wusste damals nicht, dass die negative Beurteilung an mir kleben würde wie Pech, mein Leben lang. Jedenfalls mein Leben in der DDR.«

Das Abzeichen und die negative Beurteilung waren zwei Niederlagen in kurzer Folge, die ich weder schönreden noch ignorieren konnte. Ich merkte mehr und mehr, dass mich die DDR-Wirklichkeit einholte. Immerhin: Ich merkte auch, dass ich mir den richtigen Beruf ausgesucht hatte. Die Einarbeitung, die im letzten halben Jahr meiner zweijährigen Lehrzeit begann, machte mir Spaß. Für die Synchronarbeiten der Schauspieler mussten Film-Takes vorbereitet und zusammengestellt werden. Die ausländischen Kinofilme aus den »sozialistischen Bruderstaaten« kamen auch auf unseren Schneidetisch. Sie wurden komplett ohne Ton angeliefert. Ein Fall für die Geräuschemacher, die sich etwas einfallen lassen mussten. Türenschlagen, Blätterrauschen, vorbeifahrende Autos, alles wurde vor meinen Augen und Ohren reproduziert, bisweilen mit den seltsamsten Hilfsmitteln. Um etwa Schritte im Schnee zu imitieren, drückte der Geräuschemacher auf einer Mehltüte herum. Es hörte sich täuschend echt an. Nicht nur der Synchron-, auch der Filmschnitt faszinierte mich mehr und mehr. Im Frühjahr 1986 erfuhr mein Vater von einer Filmschnittmeisterin, sie brauche dringend eine Assistentin. Als er mir das erzählte, fackelte ich nicht lange, stellte mich vor und bekam den Job. Zum Ende meiner Lehrzeit im Sommer 1986 wechselte ich nur ein paar Häuschen weiter auf demselben Gelände zum Fernsehen. So war ich auf Umwegen dort gelandet, wo mich die Hornbrille zwei Jahre zuvor aussortiert hatte.

Der Galgen

Die erste Arbeitswoche liegt hinter mir. Gerade will ich meine Jacke anziehen und zur Bushaltestelle gehen, als die Schnittmeisterin beiläufig sagt: »Halten Sie das mal eben.« Sie hängt einige Filmausschnitte, die sie am Nachmittag aussortiert hat, über meinen ausgestreckten Arm. Nicht benötigte Filmsequenzen sind kostbar, habe ich gelernt, manchmal werden sie später verwendet, in jedem Fall archiviert. Es ist fünf Minuten vor Feierabend. Eine Viertelstunde später stehe ich noch immer da. Sie benutzt mich als Galgen, denke ich. »Galgen«, so wird beim Filmschnitt eine besondere Vorrichtung genannt: In ein Holzbrett sind kleine Nägel eingeschlagen, von denen Filmstreifen herabhängen. Mithilfe eines darüber angebrachten Lichtkastens kann man die Einzelbilder betrachten. Über meinen ausgestreckten Arm baumeln die Filmschnipsel herunter, und ich warte auf weitere Anweisungen.

Insgeheim denke ich: Scheiße, jetzt ist mein Bus weg! Aber soll ich deswegen mit meiner Chefin Streit anfangen? Ich habe meine Lektion gelernt und begonnen, taktisch zu denken. Die Schnittmeisterin kramt in Kisten, holt Filmbüchsen hervor, die sie dann in ein Regal einordnet, alles betont in Zeitlupe. Ich nutze die Gelegenheit, sie zu beobachten. Sie ist klein, linkisch, ihr Kittel wirft Falten und lässt ihren Körper noch gedrungener erscheinen. Ihr Gesicht spiegelt die Physiognomie einer Unke. Doch nicht ihre Erscheinung lässt mich schaudern, denn ich mag Kröten sehr. Es ist ihr Verhalten.

Ich lasse die Woche Revue passieren. Das eine oder andere war seltsam. Warum dreht sie mir den Rücken zu, wenn sie am Schneidetisch arbeitet? Warum schaltet sie den Schneidetisch immer dann aus, wenn ich ihr beim Montieren des Filmes zusehen will? Was soll das Verbot, mit den anderen Filmschnittmeisterinnen zu sprechen? Oder mich mit den anderen Assistentinnen zu unterhalten? Je mehr ich darüber nachdenke, desto klarer wird mir, dass sie mich weniger als Assistentin betrachtet denn als Sklavin, nur dazu da, den Schneideraum sauber zu halten. Auf keinen Fall will sie mich in die Geheimnisse ihrer Kunst einweihen. Und sie ist wahrlich eine Künstlerin ihres Metiers, sie beherrscht weit mehr als nur ihr Handwerk. Ich hatte mich darauf gefreut, von ihr zu lernen. Wenn mein Traum, selbst einmal Schnittmeisterin zu werden, in Erfüllung gehen soll, das wird mir in diesem Augenblick klar, dann muss ich mir die notwendigen Kenntnisse anderswo aneignen.

Mein Arm beginnt zu schmerzen. Lange kann ich es in dieser unbequemen Position nicht mehr aushalten. Ich nehme all meinen

Mut zusammen und frage höflich: »Möchten Sie die Filmausschnitte jetzt wiederhaben?« Wie vom Blitz getroffen wirbelt die Unke herum, blickt mich an, schnappt nach Luft und sagt heuchlerisch: »Ja, haben Sie die denn nicht längst weggeräumt? Ich brauche sie doch jetzt gar nicht.« Nun weiß ich, woran ich bin.

Die täglichen stundenlangen Fahrten mit Bus und S-Bahn nutzte ich zum Lesen. Ich studierte die Aufsätze im DDR-Kino- und Fernseh-Almanach und verschlang die Drehbücher von Ingmar Bergmann, die im Verlag »Volk und Welt Berlin« publiziert wurden. Wenn die Arbeit im Schneideraum erledigt war, versuchte ich mich anderweitig nützlich zu machen. Dabei verstieß ich bewusst gegen das strenge Kontaktverbot, das die Unke erlassen hatte. In jeder freien Minute fragte ich die Kollegen: »Kann ich helfen? Soll ich die Töne trennen und sortieren? Darf ich Muster für dich anlegen?« Ich ging von Raum zu Raum, und die Kollegen freuten sich natürlich über mein freiwilliges Engagement. Bald schon kam Frau Wünsch, die erste Schnittmeisterin, auf mich zu, um mir eine Gehaltserhöhung in Aussicht zu stellen. Die Unke musste die Niederlage schlucken. Das Kontaktverbot hatte sich erledigt. Aber die Gehaltserhöhung verhinderte sie. Was sie nicht wissen konnte: Die Kollegen revanchierten sich bei mir mit einer Belohnung, die wertvoller war als Geld. Sie nahmen mich unter ihre Fittiche und ließen mich teilhaben an der Kunst des Filmschnitts. Was ich bei ihnen lernte, ebnete mir den Weg für meine spätere berufliche Laufbahn. Mein Selbstbewusstsein, das die Unke zu vernichten trachtete, und auch mein Ehrgeiz wuchsen.

Immer wenn ich im Schneideraum allein war, holte ich mir die aussortierten Muster aus dem Schrank und begann damit zu arbeiten. Reichlich Material fand ich im Ablagefach »Stunde der Wahrheit«. Das war ein Film von Regisseur Jurij Kramer. Aus vollständig erhaltenen Szenen versuchte ich, sinnvolle Sequenzen zusammenzuschneiden. Stundenlang übte ich in meiner freien Zeit das selbstständige Montieren. Diese künstlerische Arbeit faszinierte mich, ich hatte ein natürliches Gespür für Bilder, Töne und Geschichten. Plötzlich wusste ich, dass ich mein berufliches Leben nicht als Assistentin verbringen wollte, sondern als Filmschnittmeisterin.

Einzug ins Paradies

Mein Blick fiel auf den Panzerschrank. »Was ist denn da drin?«, fragte ich die Unke. Erstaunlicherweise antwortete sie nicht so gallig wie sonst, sondern mit Schmalz in der Stimme: »Ein Film, den man leider aus politischen Gründen auf Eis gelegt hat.«

»Wie heißt er denn?«

»Einzug ins Paradies. Ein Mehrteiler.«

»Darf ich ihn ansehen?«

»Wenn Sie Ihre Arbeit erledigt haben, von mir aus. Die ersten drei Teile liegen im Schrank, der Rest nebenan bei den Kollegen.«

Ein aktuelles Filmprojekt stand gerade nicht an, ich hatte alle aussortierten Filmstreifen archiviert, der Raum war geputzt. Sobald ich allein war, öffnete ich den Panzerschrank. Er war nicht abgeschlossen. Ehrfürchtig blickte ich auf drei große Filmbüchsen. Drei von insgesamt sechs. Das war also ein sozialismuskritisches Werk. Meine Spannung wuchs. Ich sah mir alle drei Teile hintereinander an und amüsierte mich köstlich. Am folgenden Tag holte ich mir die Büchsen aus dem Nachbarraum.

»Einzug ins Paradies« spielt in Berlin-Marzahn und erzählt von fünf Familien, die in einen gerade fertiggestellten Wohnblock einziehen. Das heißt, eigentlich ist das Gebäude nur halbfertig. Auf den Balkons z. B. fehlen die Trennwände, riesige Löcher klaffen, durch die man bequem hindurchkriechen kann. Die Nachbarn kommen sich auf diese Weise schnell näher. Eine Geschichte aus dem Leben von fünf Familien an sieben aufeinanderfolgenden Tagen. Freud und Leid, persönlich und beruflich, liegen in dem Plattenbau dicht beieinander. Hans Weber hat 1979 die Romanvorlage geschrieben. Achim und

Wolfgang Hübner verfassten das Drehbuch und führten Regie. Die Fernsehserie wurde 1984 produziert und sollte pünktlich zum 35. Jahrestag der DDR-Gründung ausgestrahlt werden. Doch daraus wurde nichts. Was als positive Serie über das Wohnungsbauprogramm gedacht war, stieß der Partei negativ auf, weil nicht das Programm im Mittelpunkt stand, sondern die Menschen. Und die hatten Probleme, die es in der DDR nicht geben durfte. Der Film wanderte in den Giftschrank.

Ich verstand das überhaupt nicht. Was war das doch für eine großartige Geschichte! Diese wunderbaren Schauspieler! Welch ein Humor! Das war großes Fernsehen. »Warum um Himmels Willen hat man das verboten?«, fragte ich die Unke, die zu meinem Erstaunen immer noch freundlich reagierte. Sie freute sich über meine Ansicht. »Sie glauben ja gar nicht, was die hier im Raum bei der Abnahme für einen politischen Schwachsinn veranstaltet haben: Die 7-Tage-Dramaturgie war ihnen zu biblisch, und die Löcher in den Balkonmauern, naja, das können Sie sich ja denken …« Die Unke schüttelte mit dem Kopf. Man merkte ihr die Betroffenheit an.

Wenige Wochen später, im Herbst 1986, waberte ein Gerücht durchs DDR-Fernsehen. »Der Einzug ins Paradies« stand erneut zur Diskussion. Die Regisseure hatten keine Ruhe gegeben. Sie argumentierten, hier sei nicht etwa Systemkritik im Giftschrank gelandet, sondern ein Kunstwerk. Ausgerechnet in unserem Schneideraum sollte der Disput neu geführt werden.

Ich durfte einem Stück DDR-Fernsehgeschichte beiwohnen. Als die Tür aufging, spazierte als erster der Dramaturg herein, ein guter Bekannter meines Vaters, der uns auch schon privat besucht hatte. Wir begrüßten uns herzlich. Das Gesicht der Unke begann sich wieder zu verfinstern. Sie konnte meinen lockeren Umgang mit renommierten Künstlern, die ich schon seit Kindertagen kannte, nicht leiden. Es folgten der Chefdramaturg Hans-Jürgen Faschina, der Roman-Autor Hans Weber und schließlich die Regisseure Achim und Wolfgang Hübner. Mehrere Tage hintereinander kamen diese wichtigen

Fernsehschaffenden im Scheideraum zusammen, um den Film nochmals zu überprüfen. Die Front war eindeutig: Hans Jürgen Faschina gegen den Rest. Was nun folgte, war derart absurd, dass ich noch am selben Abend ein Gedächtnisprotokoll anfertigte. Dieser Disput sollte der Nachwelt erhalten bleiben:

»Hört euch doch nur die Hauptfigur an«, ereiferte sich Faschina.

»Ja, was ist denn mit der Hauptfigur?«

»Der Mann soll das Wohnungsbauprogramm loben, stattdessen sieht er betrügerische Machenschaften.«

»Die soll es geben, auch im Sozialismus, lieber Genosse Faschina.«

»Aber ich bitte euch, im Sozialismus klaut doch keiner eine Ladung Kies. Kies ist Volkseigentum.«

»Genosse, jetzt mach aber mal einen Punkt.«

»Selbst wenn es das gibt, dass einer Kies klaut und Mauscheleien vorkommen, dann kann sich die Hauptfigur doch nicht einfach vom Sozialismus abwenden.«

»Auch das soll es schon gegeben haben, Genosse Faschina.«

»Aber doch nicht bei uns! Das sind doch alles ganz falsche Aussagen zur Politik der Partei. Der Film strotzt ja nur so vor negativen Klischees. Das ist ja ein richtiger Angriff …«

»Ein Angriff??«

»Jawohl, auf das Wohnungsbauprogramm! Auf die Politik der SED.«

Ich saß still auf meinem Stuhl und beobachtete fassungslos den Affentanz des Chefdramaturgen. Faschina verlangte substanzielle Änderungen, biss aber auf Granit, denn derartige Änderungen hätten den Film amputiert. Ein Wort gab das andere. Die am Werk beteiligten Künstler ließen sich nicht unterkriegen. Einige Tage später wiederholte sich das Schauspiel, dieses Mal in Anwesenheit von Erich Selbmann, dem stellvertretenden Vorsitzenden des Staatlichen Komitees für Fernsehen und Leiter des Bereichs Dramatische Kunst. Also ein hohes Tier. Wieder wurden die Filmrollen zum Abspielen in den Schneidetisch eingelegt, was nicht ohne Risiko war, denn die Filme waren auf Umkehrmaterial gedreht, das heißt, es handelte sich um Originale. An den politisch heiklen Stellen rief Faschina: »Da, da, da, siehst du es nun?«

»Nein«, sagte Selbmann und legte seinem Genossen beschwichtigend die Hand aufs Knie. »Ich sehe gar nichts. Also ich würde das so durchgehen lassen.« Da explodierte Faschina und forderte eine weitere Abnahme mit dem höchsten aller Tiere: Heinz Adameck. Allein der Klang des Namens gebot Ehrfurcht und kurzes Schweigen im Raum. Heinz Adameck: ZK-Mitglied, von 1954–1968 Intendant des Deutschen Fernsehfunks, Präsident des Verbandes der Film- und Fernsehschaffenden, Vorsitzender des Staatlichen Komitees für Fernsehen, Mitglied der Abteilung Agitation und Propaganda, zuständig für die politische Ausrichtung des DDR-Fernsehens. Heinz Adameck also sollte endgültig über den Einzug ins Paradies entscheiden. Das konnte man durchaus als Drohung verstehen. Faschina war sich seiner Sache sicher. Doch die Künstler ließen es darauf ankommen und machten keine Zugeständnisse.

Die Nachricht vom bevorstehenden Besuch Adamecks verbreitete sich mit Lichtgeschwindigkeit. In der Abteilung Schnitt herrschte große Aufregung: »Die Stühle! Mein Gott, die Stühle!« kreischten die Schnittmeisterinnen verzweifelt. »Die sind doch schon so alt und diesem Besuch gar nicht angemessen. Und was machen wir nur, wenn es Herrn Adameck in den Sinn kommt, die ganze Abteilung anzusehen? Wir brauchen ÜBERALL neue Stühle! Wo sollen wir die nur herbekommen?« Im Handumdrehen kam die komplette Abteilung Schnitt in den Genuss neuer Stühle.

»Und dann …«, sagt mein Imperialist, »… kam der Tag der Entscheidung.«

»Wir standen alle Spalier. Ich hatte Herrn Adameck noch nie gesehen. Die Tür des Schneideraums war geöffnet. Die Leibwächter waren schon vorher da. Die Nachricht, dass Herr Adameck das Haus betreten hatte, verbreitete sich. Alle Verantwortlichen standen im Raum, auch die Unke und auch ich. In kühnem Schwung um diese Tür gebogen kommt Herr Adameck, betritt den Raum und lacht. Sein erster Blick trifft mich, er sieht mich, glaubt wohl, ich sei eine wichtige Schnittmeisterin. Was auch immer er dachte … wahrscheinlich dachte er nur: Frauen begrüßt man zuerst. Herr Adameck lässt die Unke links liegen und stürzt mit beiden Händen auf mich zu, ergreift meine Hand und sagt ›Guten Morgen‹. ›Guten Morgen‹, gebe ich zurück, sehe die Unke an. Die war stinksauer. Sie platzte vor Wut. Ich wusste: das gibt nachher eine ordentliche Abreibung. Herr Adameck setzte sich auf die Gott sei Dank neuen Stühle.«

»Wurden die Stühle hinterher eigentlich wieder eingesammelt?«

»Nein, sie blieben der Abteilung erhalten. Herr Adameck begutachtete die Filme. Ich sehe den kleinen Mann noch heute vor mir, wie er auf den Stühlen herumrutschte. Es wäre frech, würde ich behaupten, er habe noch mit den Beinen gebaumelt, so klein war er. Er saß die ganze Zeit aufrecht am Schneidetisch und guckte den Film. Der Mann amüsierte sich köstlich. Er wusste offensichtlich überhaupt nicht, was er herausschneiden lassen sollte. Vielleicht war er vorbereitet worden. Es gab noch ein paar kleinere Diskussionen, ein paar kleinere Kompromisse wurden gemacht, aber die Essenz des Filmes blieb erhalten. Am Ende konnten auch der Dramaturg, die Regisseure und der Autor damit leben. Man muss sich wirklich fragen: Wozu der ganze Aufwand? Der Film wurde Ende 1987 im DDR-Fernsehen gesendet.«

Erschütterungen in der DDR

»Die Mauer wird so lange bleiben, wie die Bedingungen nicht geändert werden, die zu ihrer Errichtung geführt haben. Sie wird auch noch in 50 und auch in 100 Jahren noch bestehen bleiben, wenn die dazu vorhandenen Gründe nicht beseitigt sind.«[116]

Als Erich Honecker im Januar 1989 diesen Satz sagte, lachte niemand. Die Welt nahm ihn immer noch ernst, auch die Politiker und die Journalisten der Bundesrepublik. Aus heutiger Sicht ist es bemerkenswert, dass die Veränderungen, von denen die DDR seit Anfang der 1980er-Jahre erschüttert wurde, niemandem wirklich bewusst waren: 1981 rührte sich die Opposition, zum ersten Mal wurde die Forderung nach einem »Sozialen Friedensdienst« für Kriegsdienstverweigerer laut. Im selben Jahr veröffentlichte Pfarrer Rainer Eppelmann einen Brief an Honecker, in dem er ein Verbot des Wehrunterrichts forderte. 1983 vermittelte Franz Josef Strauß einen Milliardenkredit für die DDR. Dennoch merkte kaum jemand, dass die DDR faktisch pleite war. Zwischen 1985 und 1988 schossen Bürgerrechtsgruppen wie Pilze aus dem Boden. Der Liedermacher Stephan Krawczyk und Freya Klier übten offensiv Kritik am Staat, in Theaterstücken nahm das Duo kein Blatt mehr vor den Mund und sagte offen, was ihm stank. Tabuthemen kamen auf die Bühne: Staatssicherheit, Militarisierung, Republikflucht und das Thema Ausreiseantrag. Die Anzahl derjenigen, die verfassungsmäßig garantierte Rechte einforderten, wurde immer größer. Die bekanntesten Namen: Vera Wollenberger, Mitbegründerin der sogenannten »Kirche von unten«; Bärbel Bohley, Wolfgang Templin, Mitglieder der Initiative Frieden und Menschenrechte. In einem Ost-Berliner Gemeindehaus der evangelischen Kirche richtete sich eine »Umweltbibliothek« ein. Ihr Ziel: die Beseitigung von Informationsdefiziten. Umweltdaten unterlagen in der DDR

116 Erich Honecker, zit. nach Klaus Schroeder, Der SED-Staat. Partei, Staat und Gesellschaft 1949–1990, München 1998, S. 296.

Geheimhaltungsvorschriften. Im ganzen Land fanden unter dem Schutz der evangelischen Kirche kritische Versammlungen statt. Eine neue Oppositionszeitung, der »Grenzfall«, entstand im Untergrund und berichtete über Menschenrechtsverletzungen in der DDR. Einer der Herausgeber: Ralf Hirsch. Was hier passierte, war nichts Geringeres als die »Wende vor der Wende«.

»Und dabei«, sagt mein Imperialist, »hast du noch gar nicht erwähnt, was um die DDR herum passierte: Breschnew stirbt …«

»Ja, es gibt Menschen, von denen man denkt, die sterben nie. Zu diesen Menschen gehört auch Leonid Breschnew. Mit diesem Mann bin ich aufgewachsen, von dem dachte ich, dass er ewig lebt, der kann nicht sterben, das ist unmöglich. Das war ein echter Schock für mich. Und dann diese bombastischen Bilder. Die Beerdigung wurde ja im Fernsehen übertragen. Es war unheimlich, diesen Toten im Fernsehen zu sehen, mit diesen vielen Blumen. Wir hatten ja nur Schwarz-Weiß Fernsehen. Ich war regelrecht gefangen von diesen Bildern, heute würde ich sagen, es war Voyeurismus.«

»Helmut Kohl wird Bundeskanzler …«

»Als Helmut Schmidt abgelöst wurde durch Helmut Kohl, da, so meine Erinnerung, befürchtete mein Vater den Ausbruch des Dritten Weltkrieges. Als ich die Reaktion meines Vaters auf die Kanzlerschaft von Helmut Kohl sah, bekam ich Angst. Dasselbe Gefühl kam noch einmal auf, als in Polen das Kriegsrecht verhängt wurde. Die Ereignisse um die polnische Gewerkschaft Solidarität lösten bei mir Angst aus.«

Als dann, vor dem Hintergrund all dieser Ereignisse, Gorbatschow Generalsekretär der KPdSU wurde, hätte da die politische Klasse der

Bundesrepublik nicht sehen müssen, dass die DDR zerfiel, die Mauer bröckelte, der Traum von der Wiedervereinigung wahr werden könnte? Nein, niemand bemerkte es, wie auch Peer Steinbrück einräumt:

> »Ja, da war ich nicht viel anders als andere. Ich habe geglaubt, dass es diese Entwicklung nie geben könnte. Also, all das, was viele unterschätzt haben – z. B. die Bewegung Charta 77 in der ČSSR, dann Solidarność, die Erschütterungsdynamik, die da einsetzte, auch über Bürgerbewegungen, da muss ich gestehen, war ich nicht auf der Höhe der Zeit. Ich habe gedacht, dass ein friedlicher Status Quo zwischen diesen Blöcken und durchaus mit einer gewissen Trennung und jeweils Souveränität doch andauern würde. Und deshalb war ich so überrascht wie die meisten.«

Und ich sah das alles natürlich auch nicht. Zu sehr war ich damit beschäftigt, mich beim DDR-Fernsehen durchzubeißen. Außerdem hatte ich ein ehrgeiziges Ziel: Ich wollte ein Studium an der HFF absolvieren, der Hochschule für Film und Fernsehen in Potsdam-Babelsberg.

Der kalte Sommer

Wer an der HFF studieren wollte, musste zuerst eine interne Vorprüfung im DDR-Fernsehen bestehen. Nur wer diese Prüfung erfolgreich bewältigte, hatte sich die Voraussetzung erarbeitet, an der eigentlichen Aufnahmeprüfung der Hochschule teilzunehmen. Im Frühjahr 1988 begann der Vorauswahlprozess. Vier Kandidaten und Kandidatinnen bewarben sich um zwei Studienplätze, eine davon war ich. Wir bekamen das identische, ungeschnittene Rohmaterial einer Filmdokumentation und eines Spielfilmes. Die Dokumentation handelte von der Hochseefischerei. Die Aufnahmen zeigten, wie die Fische gefangen und verarbeitet wurden. Das Thema war wie für mich geschaffen. Die Erfahrungen auf dem Greifswalder Bodden, die stundenlangen Angeltouren mit meinem Vater, die Manöver mit einem Boot, all das floss in meine Interpretation des Rohmaterials ein. Die Spielfilmszene am folgenden Tag machte mir ebenso viel Spaß: Ein Paar in der Krise … der Streit eskaliert … bittere Worte … wo einst Liebe war, entsteht Hass. Ich montierte die Szene in Form eines Geschlechterkampfes und versuchte mit Großaufnahmen der Gesichter die Erotik von einst aufblitzen zu lassen. Ich war so versunken in meine Arbeit, dass ich die Prüfungssituation vollständig ausblendete. Einige Wochen später das Ergebnis: Ich hatte von allen Prüfteilnehmern am besten abgeschnitten und war zur Aufnahmeprüfung an der HFF zugelassen.

»Und was hat die Unke dazu gesagt?«, fragt mein Imperialist?

»Ihr Kommentar war: Sie haben also etwas gelernt bei mir.«

Im Januar 1989 fand die dreitägige Aufnahmeprüfung an der HHF Potsdam Babelsberg statt. Ich fühlte mich gut vorbereitet. Es sollte die merkwürdigste Prüfung werden, an der ich je teilgenommen habe. Erwartet hatte ich besonders schwierige Montageaufgaben mit Filmmaterial. Doch dieser praktische Teil entfiel. Stattdessen präsentierte man mir am ersten Tag einige Studentenkurzfilme, die theoretisch zu analysieren waren. Keine besonders komplizierte Angelegenheit. Am folgenden Tag musste ich mein Musik- und Rhythmusgefühl bei verschiedenen Übungen unter Beweis stellen. Kein Problem. Außerdem stand eine mündliche und schriftliche Prüfung in Russisch und eine weitere in Staatsbürgerkunde auf der Tagesordnung. Bei diesen Tests spielte das Thema »Filmschnitt« nicht einmal ansatzweise eine Rolle. Ich brachte das alles im Großen und Ganzen souverän über die Runden. Wenn überhaupt, machte ich mir über die Russischprüfung Sorgen. Da hatte ich nicht gerade geglänzt. Russisch mochte ich schon in der Schule nicht, es fehlte der Bezug, schließlich durften wir DDR-Bürger nicht einmal als Touristen nach Moskau fahren. Aber Russisch, fand ich, war ja auch nicht so wichtig für den Filmschnitt.

Zuversichtlich blickte ich also dem kommenden Tag entgegen. Zu meiner Überraschung war keinerlei Examen mehr angesetzt, sondern nur noch ein Abschlussgespräch. Dieses Mal fand ich mich in einer Damenrunde wieder. Etwas irritiert blickte ich von einer zur anderen. Auch weibliche Augen können Eiseskälte ausstrahlen. Nein, Moment! Der Rotschopf da, der blickte freundlich. Direkt vor mir saß eine Frau mit grell gefärbten Haaren, die sich für mich zu interessieren schien und mich offen und freundlich ansah. Ihr gegenüber hockte ein schnippisch dreinblickendes Schrapnell. Ich beschloss, alle anderen Anwesenden auszublenden und mich nur auf die beiden zu konzentrieren.

»Lesen Sie Fachzeitschriften?«, fragte der Rotschopf.

»Ja, ich lese die Veröffentlichungen des Film- und Fernsehverbandes der Film- und Fernsehschaffenden. Und auch das ›Theater der Zeit‹ und den ›Filmspiegel‹.

»Welches Buch haben Sie zuletzt gelesen?«, wollte der Rotschopf wissen.

»Das ›Parfüm‹ von Patrick Süskind.«

»Erzählen Sie uns davon.«

»Aber das interessiert uns doch hier gar nicht!«, unterbrach das Schrapnell.

»Doch, es interessiert mich sehr, was Frau Riemann über das Buch denkt«, konterte der Rotschopf mit liebenswürdiger Stimme. Also erzählte ich und blickte dabei ausschließlich in die freundlichen Augen des Rotschopfs. Dann riss das Schrapnell wieder das Gespräch an sich: »Wie erklären Sie sich Ihre schlechte Note in Staatsbürgerkunde?« Damit traf sie mich unvorbereitet, denn in diesem Fach hatte ich während der Lehrzeit immerhin eine Zwei. Das sagte ich auch. »Von dieser Note rede ich nicht!«, zischte das Schrapnell. »Ich rede von Ihrer mittelmäßigen Drei im Abschlusszeugnis der 10. Klasse.« Mit einem solchen Angriff hatte ich nicht gerechnet. Hilflos blickte ich zum Rotschopf. Der sprang mir sofort bei: »Entschuldigung, Genossin, aber ich kann die Relevanz zum Prüfungsthema nicht erkennen.«

»Dann helfe ich Ihnen auf die Sprünge. Im Abschlusszeugnis des Prüflings heißt es, Frau Riemanns politischer Standpunkt sei sporadisch, und, noch schlimmer: ›Auch im Klassenkollektiv war sie nur selten zu besonderen Aktivitäten zu bewegen‹. Verstehen Sie jetzt?«

»Nun muss ich mich nochmals entschuldigen, liebe Genossin, aber nein, ich verstehe die Relevanz zum Thema immer noch nicht. Schließlich gibt es bei Frau Riemann eine Entwicklung. Im Staatsbürgerkundeunterricht der 10. Klasse hatte sie eine Drei. Das ist richtig. Aber während der Lehre hatte sie eine Zwei. Für mich ist das eine Entwicklung.«

Ohne im Geringsten auf diese Argumentation einzugehen, schoss das Schrapnell einen weiteren Pfeil in meine Richtung ab, ich merkte nicht, wie vergiftet er war:

»Welchen Film haben Sie zuletzt im Kino gesehen?«

Endlich eine filmrelevante Frage, dachte ich und fasste Mut: »Der kalte Sommer des Jahres 53.« Das Schrapnell pumpte nach Luft und schrie mich nun an:

»Sie wissen doch wohl, dass dieser Film verboten ist.«

Ich wusste es nicht. Ich hatte ihn doch gerade erst im Kino gesehen: »Der kalte Sommer des Jahres 53«, ein sowjetisches Drama aus dem Jahr 1987, in der künstlerischen Handschrift deutlich geprägt von den neuen Freiheiten der Ära Gorbatschow. 1953 war das Todesjahr Stalins. Im selben Jahr erlässt Geheimdienstchef Beria eine Amnestie, allerdings nur für kriminelle, nicht für politische Gefangene.

Zwei dieser politischen Gefangenen sind die Hauptfiguren des Films. Die beiden müssen ihre Strafe in einem abgelegenen sibirischen Dorf verbüßen. Eines Tages wird das Dorf von amnestierten Banditen überfallen. Die Dorfbewohner sind hilflos, aber die beiden politischen Gefangenen entschließen sich zum Kampf. Ein sowjetisches Drama, das in seiner Machart an amerikanische Westernfilme erinnert. Das war nun also verboten? Ich holte gerade tief Luft, um mich zu verteidigen, da fuhr mir der Rotschopf in die Parade und brüllte:

»Ja! Verboten! Aber doch erst seit ein paar Tagen! Verdammt noch mal! Bis neulich war er noch erlaubt. Deswegen lief er ja im Kino. Das können Sie doch im Ernst nicht der Frau Riemann vorwerfen.«

Der Rotschopf hatte seine Contenance endgültig verloren. Ich bekam den Schlagabtausch der beiden Frauen nur mit halbem Ohr mit, während ich gleichzeitig darüber nachdachte, was hier eigentlich schiefgelaufen war. Ich hatte mich in den zurückliegenden Wochen und Monaten neben meiner täglichen Arbeit intensiv auf die Prüfungen vorbereitet. Mein Wunsch zu studieren war für mich so existenziell, dass ich einschneidende politische Entwicklungen nur beiläufig mitbekam. Natürlich war nicht an mir vorbeigegangen, wie sich die SED immer mehr von Gorbatschow und seiner Politik der Öffnung distanzierte. So hatte die Partei zum Beispiel im September 1988 den »Sputnik«, das sowjetische Auslandsmagazin in deutscher Sprache, verboten. Seit Gorbatschow an der Macht war, konnte man darin auch kritische Artikel lesen, etwa über die Auseinandersetzung mit dem Stalinismus. Dass aber die SED fast zeitgleich mit dem Sputnik-Verbot auch den Film »Der kalte Sommer des Jahres 53« aus den Kinos verbannt hatte, wusste ich nicht. Und jetzt war es mir auch egal. Ich hätte den Film in meinem Abschlussgespräch gerne analysiert. Aber das Schrapnell und der Rotschopf hatten sich so sehr ineinander verbissen, dass ich nicht mehr zu Wort kam. Trotz dieses absurden Zwischenfalls blieb ich optimistisch. Denn ich wusste, dass meine Prüfungs-Montagen »Hochseefischerei« und »Streit-Dialog« vom DDR-Fernsehen mit hervorragenden Beurteilungen an die HFF-Kommission weitergeleitet worden waren. Und bis auf die Russischprüfung hatte ich nichts vergeigt.

»Und am nächsten Tag«, fragt mein Imperialist, »bist du wieder ganz normal zur Arbeit gegangen?«

»Ja. Und ich merke gerade, wie ich selbst nach langer Zeit immer noch Dampf ablassen muss. Darf ich?«

»Ich bitte darum.«

»Das dauert aber.«

»Nur zu …«

»Auf dem Gang im DDR-Fernsehen kommt mir unsere erste Schnittmeisterin entgegen. Sie breitete die Arme aus, streckte sie mir entgegen und sagte: ›Frau Riemann, ich habe ja tolle Sachen von Ihnen gehört. Von den zwei vorhandenen Studienplätzen bekommen Sie einen. Das weiß ich schon. Darauf können Sie sich verlassen, den Studienplatz bekommen Sie!‹. Sie war voll des Lobes. Mir hingegen hatte überhaupt niemand etwas gesagt. Keine Reaktion! Als die Prüfung bzw. das letzte Gespräch zu Ende war, schickte man uns einfach nach Hause.
Die Begeisterung der ersten Schnittmeisterin hatte natürlich gesessen, das hatte Wirkung bei mir. Ich platzte innerlich vor Freude und erzählte es sofort zu Hause. Ich wartete und wartete, aber es meldete sich wochenlang kein Mensch. Nichts passierte, keine Nachricht. Am 19. April 1989 bekomme ich die Aufforderung, nach Adlershof zu fahren. Dort sollte die Entscheidung verkündet werden. Meine Kolleginnen waren auch eingeladen. Eine von ihnen hatte sich schon drei Mal beworben. Man bekam einen Zettel, man schaute uns nicht an. Die Frau, die schon drei Mal abgelehnt worden war, freute sich bei dem Blick auf ihren Zettel. Das war eindeutig: Ein Platz war also schon vergeben. Dann bekomme ich meinen Zettel, blicke darauf und falle beinah in Ohnmacht. Kein Wunder, nach der Begeisterung unserer Schnittmeisterin.
Auf dem Zettel stand eine Ablehnung. Es war ein Vordruck. Ich hätte ausschließlich im Fach Russisch gut abgeschnitten. Alles andere sei so schlecht, dass man mich nicht für ein Studium zulassen könne. Man wünschte mir Glück für die Zukunft und gab

mir den Rat, es in einer anderen Studienrichtung zu probieren. Das ging rein wie ein Messer. Es war der 19. April, ich habe mich sofort bemüht, einen Termin bei der Kaderleitung zu bekommen. Das klappte aber erst am 2. Mai.

Als ich dort ankam, würdigte mich der Mann keines Blickes. Immerhin gab er mir eine wahnsinnig verschwitzte Hand. Auch er selbst sah verklebt und schmierig aus, so wie man sich Kaderleute vorstellt. Ich sprach ihn an und erklärte, worum es ging. Er antwortete, ich könne ja beim Rektor der HFF Einspruch einlegen. Das war damals Lothar Bisky. Allerdings müsse der Einspruch mit dem Poststempel des heutigen Tages eingehen. Das sagte er sehr süffisant. Er wusste ja, dass ich noch arbeiten musste. Ich war verzweifelt. Wie konnte ich denn auf die Schnelle diesen Einspruch schreiben, und zwar mit dem heutigen Poststempel? In diesem Moment wurde mir klar, warum man mich so lange hingehalten hatte. Vom 19. April bis zum 2. Mai bekam ich keine Nachricht. Die wollten verhindern, dass ich Einspruch einlege. Irgendwie schaffte ich es trotzdem, den Brief zu schreiben, und trug ihn zur Post. Etwa vier Wochen später kam ein an mich persönlich gerichteter Brief von Lothar Bisky. Darin stand, dass auch nach nochmaliger Prüfung nur festgestellt werden könne, dass ich in Russisch gut abgeschnitten hätte. Es tue ihm leid, dass er keine andere Aussage treffen könne. Er habe meinen Fall in allen zuständigen Abteilungen nochmals prüfen lassen. Keiner sei zu einem anderen Schluss gekommen. Das war die Chuzpe einer Vertuschung.

So, Dampfablassen beendet!«

»Was hat denn dein Vater zu all dem gesagt?«

»Er hat gesagt, das seien eben die Dinge, durch die man sich durchkämpfen müsse im Leben.«

Es gibt nichts Gutes …

Sie begannen mich zu bearbeiten. Die verschiedensten Abteilungen des DDR-Fernsehens luden mich zu Gesprächen ein. Es war klar, was sie wollten. Ich sollte FDJ-Sekretärin werden, eine gute Sozialistin. Bewähren sollte ich mich. Dies, sagten sie, sei der einzige Weg zum Studium. Sie wollten mich politisch auf Linie bringen. Ich wollte studieren, das war mein Traum. Ich war bereit, mich dafür durch die sozialistische Mühle drehen zu lassen, obwohl ich wusste, dass dies bei meiner Sozialisation nur nach hinten losgehen konnte. Dennoch gab ich nach, ich wollte »Ja« sagen. In diesem Moment öffnete sich die Tür meines Schneideraumes, eine nette Kollegin steckte den Kopf herein und flüsterte, so leise, als sei es Gotteslästerung: »Erich Honecker ist zurückgetreten«.

»Und damit warst du dein FDJ-Problem los«, sagt mein Imperialist.

»Ja, alles ging plötzlich rasend schnell. Tagsüber ging ich zur Arbeit. Abends sah ich zu Hause in den Nachrichten die Informationen über die Montags-Demonstrationen.«

»Hast du mit deinem Vater über die Entwicklung gesprochen?«

»Erstaunlicherweise habe ich mit meinem Vater nicht über die Veränderungen in der DDR gesprochen. Für mich selbst dachte ich nur: Endlich macht sich die DDR daran, woran die Menschen am Anfang geglaubt haben, nämlich einen echten Sozialismus zu schaffen. Jetzt war der dritte Weg in aller Munde. Jetzt wird endlich praktisch gelebt, was vorher theoretisch gelabert wurde.«

»Wart ihr auf der großen Kundgebung auf dem Alexanderplatz am 4. November?«

»Ich und mein Vater, zusammen mit Kollegen vom Fernsehen. Mein Vater war gerade erst fest ins Schauspieler-Ensemble aufgenommen worden. Wir hatten ein Plakat dabei mit einem Ausspruch von Erich Kästner: Es gibt nichts Gutes, außer man tut es.«

»Wie hast du den 9. November erlebt?«

»Ich saß mit meiner Mutter vor dem Fernseher, wir wohnten inzwischen in Karow, und guckten die Nachrichten. Zum ersten Mal interessierten wir uns für die Aktuelle Kamera.«

»Und wo war dein Vater?«

»Das weiß ich nicht.«

... außer man tut es

Am 14. November 1989 sitze ich an meinem Arbeitsplatz, als das Telefon klingelt. Eine Stimme sagt:

»Abteilungsleitung Bild, guten Tag Frau Riemann.«

»Guten Tag.«

»Kommen Sie in einer Stunde zu uns rüber nach Adlershof. Wir wollen uns mit Ihnen unterhalten.«

»Worum geht es denn?«

»Das werden Sie dann schon erfahren.«

»Aber ich kann hier gar nicht weg, meine Schnittm ...«

»Sie werden das einrichten.«

Ich nahm den Shuttle-Bus, der regelmäßig zwischen den Standorten Johannisthal und Adlershof pendelte. In einem Besprechungsraum saßen die Abteilungsleiterin und eine Parteisekretärin. Ohne große Umschweife kamen sie zum Punkt.

»Wir entschuldigen uns bei Ihnen.«

»Aha, wofür?«

»Wir haben Sie aus politischen Gründen nicht studieren lassen. Wir bitten Sie, die Entschuldigung anzunehmen.«

»Ja, also …«

»Wir bieten Ihnen an, in das laufende Studienjahr an der HFF einzusteigen. Sind Sie damit einverstanden?«

Ich saß auf meinem Stuhl und schnappte nach Luft. Ich fragte: »Was heißt denn ins laufende Studienjahr? Ab wann denn?«

»So früh wie möglich. Eigentlich sofort.«

»Und meine Arbeit?«

»Das lassen Sie mal unsere Sorge sein. Man kann Ersatz beschaffen, das ist nicht Ihr Problem.«

Am 22. Dezember 1989 erhielt ich ein Schreiben der Hauptabteilung Personalwesen des DDR-Fernsehens:

> »Werte Jugendfreundin Petra Riemann!
> Ab 1. Januar 1990 delegiert Sie das Fernsehen der DDR zum Direktstudium in der Fachrichtung Filmschnitt an den Fachschulbereich der Hochschule für Film und Fernsehen. Sie schaffen sich damit die besten Voraussetzungen, um neuen höheren Anforderungen in Ihrer künftigen Tätigkeit im Fernsehen der DDR gewachsen zu sein.«

Zum Abschied überreichte ich der Unke einen Wetterfrosch aus Schokolade. Sie flippte komplett aus und schrie mich an: »Sagen Sie doch gleich, dass es eine Kröte ist!« Sie hatte recht.

Sambal Oelek oder warum sich die Revolution gelohnt hat

»Hast du der DDR eine Träne nachgeweint?«, fragt mein Imperialist.

»Es gab für mich damals Gründe, der DDR nachzuweinen, ja. Ich erwähnte bereits meine Angst vor Arbeitslosigkeit. Über vieles andere habe ich mir keine Gedanken gemacht. Zum Beispiel über alles das, was man heute über die DDR weiß, und inwieweit die Stasi darin involviert war.«

»Und Ostalgie, hattest du so was?«

»Ja, bestimmt hatte ich in der Anfangszeit so etwas wie Ostalgie. An meine Probleme mit ›Wessis‹ kannst du dich ja noch erinnern. Ich spürte, wie mir Arroganz und Überheblichkeit entgegenschlägt. Die Leute aus dem Westen gaben mir das Gefühl, dass meine Biografie eigentlich eine Schande sei, nach dem Motto: ›Die Ossis, das sind alles kleine Honeckers!‹ Ich glaubte, gebrandmarkt zu sein, nichts mehr gut machen zu können. Die Tatsache, dass man im Osten aufgewachsen war, dass man dort sozialisiert war, blieb wie Pech an einem kleben. Dieses Gefühl hat einige Jahre angehalten. Dann konnte ich damit beginnen, einen anderen, objektiven Blick auf die DDR zu werfen.«

Am 19. April 1994 erhielt ich von der Hochschule für Film und Fernsehen »Konrad Wolf« Potsdam-Babelsberg mein Diplom als Filmschnittmeisterin. Dem DDR-Fernsehen konnte ich meine Fähigkeiten nicht mehr zur Verfügung stellen. Es war bereits abgewickelt. An seine Stelle waren die öffentlich-rechtlichen Rundfunkanstalten der alten und neuen Bundesländer getreten. Die DDR war passé, es gab nur den Weg nach vorn ins Neue Deutschland. Und das war, rückblickend betrachtet, gut so, auch wenn die Neuorientierung einen Ossi wie mich manchmal vor kuriose Probleme stellte: Ich hatte zu lernen, dass »Super 95« einen Wartburgmotor zum Klirren bringt, und ich sollte schmerzhaft erfahren, dass es sich bei Sambal Oelek nicht um Ketchup handelte, sondern um eine dickflüssige, aus Indonesien stammende, ganz scharfe Soße auf Chili-Basis. Den Westen musste man in kleinen Portionen genießen, dann schmeckte er unvergleichlich gut. »Gemüseplatte Shaolin« oder griechischer »Retsina« – dafür allein hätte sich die Revolution gelohnt.

Aber nicht nur kulinarisch entdeckte ich die Welt neu. Ich absolvierte ein Praktikum bei der »Nordisk Film Production« in Kopenhagen, fuhr zum Schnorcheln auf die Malediven, machte einen Sprachkurs in San Francisco und beobachtete fließende Lava auf Hawaii. Warum hatte die DDR ihren Bürgern all das nur vorenthalten wollen? Beruflich verankerte ich mich beim öffentlich-rechtlichen Fernsehen. 1989 war ich 21 Jahre alt. Man könnte sagen, dass für mich der Mauerfall zur richtigen Zeit kam.

Gilt das auch für die Generation meiner Eltern? Ich kann diese Frage natürlich stellvertretend nicht beantworten. Aus meiner Sicht darf ich ohne jeden Vorbehalt sagen: Meine Familie gehörte zu den Gewinnern der Einheit. Mein Vater konnte es sich sogar leisten, zahlreiche Rollenangebote, die ihm die neuen Produktionsfirmen unterbreiteten, abzulehnen. Ob »Traumschiff«, »Schwarzwaldklinik« oder »Für alle Fälle Stefanie«, meinen Vater, so meine Wahrnehmung, schien das nicht zu interessieren. Er hätte ein gefragter Star im neuen Deutschland sein können. Stattdessen zog er mit meiner Mutter nach Stralsund, streckte seine Fühler zum Norddeutschen Rundfunk aus und arbeitete als Journalist und Moderator für Radio und Fernsehen. Er baute ein Haus, und Mitte der 1990er-Jahre erfüllte er sich einen seiner größten Wünsche: Im Stralsunder Hafen lag nun sein eigenes Zeesenboot vor Anker, mit Kombüse und Kajüte, ein Traum aus edler Eiche. Bei der Realisierung dieses Traumes habe ich ihn auch finanziell gern unterstützt. Statt Trabbi und Wartburg fuhren wir kapitalistische

Auf dem Zeesenboot im neuen Deutschland

Karossen wie Mercedes, Volvo und Passat. Der Schauspieler Lutz Riemann bewies sein breitgefächertes Talent auch als Buchautor. Unter dem Titel »Der Untergang der Beluga« veröffentlichte er ein kritisches Buch über den mysteriösen Untergang eines Fischkutters auf der Ostsee. Drei Fischer waren dabei ums Leben gekommen. Während das Seeamt von einem selbst verschuldeten Unfall ausging, versuchte mein Vater zusammen mit seinem Co-Autor Michael Schmidt zu beweisen, dass sowohl die Nato als auch die Deutsche Marine ihre Finger im Spiel hatten, denn in der Nähe des Unglücksortes wurde zur gleichen Zeit ein Manöver abgehalten. Das Buch ist ein Paradebeispiel für die Möglichkeiten freier Meinungsäußerung in der Bundesrepublik. Man stelle sich nur vor, wie es zu Ostzeiten einem Journalisten ergangen wäre, der versucht hätte, die DDR-Volksmarine für den Tod dreier Seeleute verantwortlich zu machen. Er wäre ein Fall für die Stasi gewesen.

Vor dem Hintergrund dieser erfreulichen persönlichen und beruflichen Entwicklungen hatte ich objektiv keinen Grund zur Klage. Ich war im Begriff, all das Neue zu verarbeiten, die DDR als Teil meines alten Lebens ad acta zu legen und die Bundesrepublik als mein neues Land anzunehmen, als im September 1999 mein Telefon klingelte.

Im Schatten der Vergangenheit

Ich nahm den Hörer ab, einer Intuition folgend sagte ich nicht meinen Namen, sondern nur: »Ja bitte?« Unvermittelt schnatterte jemand auf mich ein. Es war eine junge Mädchenstimme:

»Ja, hallo, ist da die Petra Riemann?«

»Wer will denn das wissen?«

»Ich heiße Therese Rudolf.[117] Ja, äh, und wenn sie die Petra Riemann sind, die Tochter von Lutz Riemann, dann möchte ich nur sagen, dass ich auch eine Tochter von Lutz Riemann bin.«

Ich war vollkommen platt, antwortete sehr rabiat:

»Einen solchen Schwachsinn will ich hier nicht am Telefon besprechen!«

Der barsche Ton machte das Mädchen sprachlos. Ich legte auf.

»Meinst du etwa, sie hat mit einer Ablehnung nicht gerechnet?«, fragt mein Imperialist.

»Nein. Sie hat wohl gedacht, dass ich mich am anderen Ende der Leitung freuen würde. Nach dem Motto: Mensch, schön, dass du anrufst, ich habe mir schon immer gewünscht, eine Halbschwester zu haben. Heute weiß ich, dass das Mädchen dachte, ich wüsste genauestens über sie Bescheid, so wie auch sie über mich Bescheid wusste.«

117 Name geändert.

»Und was dann?«

»Für mich brach eine Welt zusammen. Ich war natürlich krachsauer, weniger auf das Mädchen als auf meinen Vater. Dann habe ich sofort bei meinen Eltern angerufen. Ich hatte bereits gewählt und hörte das Freizeichen, als ich darüber nachdachte, was wohl passieren würde, wenn ich meine Mutter am Telefon hätte. Ich konnte sie ja schlecht fragen, ob mein Vater noch eine Tochter hatte. Und auch, wenn mein Vater jetzt ans Telefon ginge, dachte ich, dann kann ich ihn doch genauso wenig fragen, denn meine Mutter steht ja daneben. Diese Gedanken durchzuckten mich in Bruchteilen von Sekunden. Meine Mutter war am Telefon. Ich fragte, ob der Vater zu Hause sei. Ich versuchte, mich selbst zur Ruhe zu bringen, mich runterzufahren. Ich versuchte, so neutral zu tun, wie es ging. Ich machte also zunächst einmal auf Smalltalk. Mein Vater war nicht zu Hause. Ich sagte, das macht nichts. Ich legte auf und rief meinen Vater sofort auf dem Handy an, er ging ran: ›Du Vati, ich hatte gerade einen ganz komischen Anruf. Hier hat gerade ein Mädchen mit dem Namen Soundso angerufen. Sie hat mich gefragt, ob ich deine Tochter bin, und wenn ich es sei, dann wolle sie mir sagen, dass sie auch eine Tochter von dir sei. Ist das richtig? Stimmt das?‹ Am anderen Ende der Leitung war Stille. In diesem Moment bereits war mir klar: Die Geschichte ist wahr.«

»Und du hast dich wieder gefühlt wie damals, wie als Kind, als der Schauspieler auf dem Bildschirm fremde Frauen küsste …«

»Ja, und sein Scherz kam mir wieder in den Sinn: ›Du bist meine liebste Tochter, aber ob du die einzige bist, weiß ich nicht.‹ Jetzt weiß ich es. Und ich weiß jetzt auch, warum wir die Umzugskisten 1984 in Meiningen alleine packen mussten.«

Das Wissen wurde mir zur Bürde. In jenem Jahr 1999 war eine ganze Menge passiert. Erst schob mir mein Vater diesen Zettel rüber mit der Mitteilung, er habe für die HV A gearbeitet. Dann rief unvermittelt ein fremdes Mädchen an, das behauptete, meine Schwester zu sein. Und schließlich verliebte ich mich in einen Anti-Kommunisten, der mir dauernd erzählte, dass die DDR, das Land, in dem ich aufgewachsen war, ein Unrechtsstaat war. Das musste ich erstmal verdauen.

Was die ganze Sache zusätzlich belastete: Meine Eltern erklärten mir unisono die außereheliche Beziehung meines Vaters auf eine Weise, die bei mir den Eindruck erwecken konnte, dass die Stasi möglicherweise ein Interesse an dieser Verbindung hatte, ja, dass ein Auslandseinsatz des Paares geplant war, ein Einsatz in der Bundesrepublik. Tatsächlich sind in anders gelagerten Fällen derartige Aufträge der Stasi mittlerweile nachgewiesen. Der inoffizielle Begriff dafür lautete zu DDR-Zeiten: »Ficken fürs Vaterland«. Im Rahmen solcher Operationen verführten Stasi-Männer westdeutsche Frauen in wichtigen beruflichen Positionen, um sich ihr Vertrauen zu erschlafen und Informationen abzuschöpfen. Hier schien der Fall doch aber anders zu liegen. Ich kannte nun den Namen des Mädchens. Es wäre ein Leichtes gewesen, mit der Mutter in Kontakt zu treten. Aus Loyalität zu meinen Eltern schloss ich diesen Schritt aus. Bis zum 18. August 2013. An diesem Tag erschien der Artikel in der WELT am Sonntag, der meinen Vater öffentlich als Stasi-IM enttarnte. An diesem Tag entschied ich auch, mich endgültig frei zu machen von den Schatten der Vergangenheit.

Gespräch mit Peer Steinbrück – III.

»Peer, der Artikel in der WELT AM SONNTAG erschien mitten in deinem Bundestagswahlkampf gegen Angela Merkel. Darin stand, mein Vater habe dich ausspioniert, Berichte verfasst. Und du selbst wurdest von der WELT geradezu in die Nähe der Stasi und des KGBs gerückt. Als seist du selbst ein Spion …«

»Es war ganz klar die Tendenz, wenige Wochen vor der Bundestagswahl einen SPD-Spitzenkandidaten so zu diskreditieren, dass darüber Einfluss genommen werden sollte auf das Wahlergebnis.«

»Weißt du noch, wie du davon erfahren hast?«

»Ich werde es nie vergessen! Es war der Deutschlandtag hier in Berlin, riesig, Straße des 17. Juni, ich rede vor 150 000 bis 200 000 Leuten, anschließend gehe ich mit Gertrud, mit Steinmeier und auch mit Gabriel zu den einzelnen Ständen, immer von einer riesigen Medienmeute begleitet – und da sagt mir plötzlich eine Journalistin, die ganz anständig ist, auch von Springer: ›Sie müssen damit rechnen, dass morgen die WELT AM SONNTAG dick mit Ihnen aufmacht, und zwar mit Blick auf eine eventuelle Stasi-Verkettung.‹ Und ich habe nach einem Stuhl gesucht! Und gesagt: ›WAS?‹ Und in DIE Lage gebracht worden zu sein durch dieses Verhalten der beiden, das ist schon starker Tobak.«

»Das Verhalten meiner Eltern?«

»Dein Vater ist ja offenbar kontaktiert worden von den WELT-Leuten, weit oder mindestens sieben Tage vor der Veröffentlichung, zunächst in der WELT AM SONNTAG und dann in der WELT. Also hätte es genügend Zeit gegeben für deine Eltern, nach dem Motto: ›Die Journalisten haben offenbar etwas ausgegraben … sind zu uns gekommen … Lutz hat sich bereitgefunden, sich mit denen zusammenzusetzen, unter Begleitung eines Anwalts … und das musst du unbedingt wissen, die sind an dem Thema dran‹.«

»Aber sie haben dich nicht gewarnt. Die Nachricht traf dich also aus heiterem Himmel?«

»Absolut, aus völlig heiterem Himmel. Vollkommen.«

»Hast du versucht, meinen Vater oder auch meine Mutter – deine Cousine – zur Rede zu stellen?«

»Ich wollte damit nichts mehr zu tun haben, aber meine Frau Gertrud, die ist darüber völlig empört gewesen und hat deiner Mutter einen Brief geschrieben. Und die Antwort deiner Mutter ist eine uns irritierende – mehr als das – einfach nur noch entgeisternde Antwort nach dem Motto: Das hätten wir doch alles wissen müssen! Eine völlige Verharmlosung dessen, was dort stattgefunden hat.«

»Du hast also nicht geahnt, dass dich da während deiner Besuche bei uns in Meiningen vielleicht jemand aushorchen will?«

»Mir war völlig klar, dass ich einer besonderen Beobachtung und Neugier unterlag. Mir war auch klar, dass dein Vater anschließend berichten musste. Aber es hat mich erkennbar nicht weiter umgetrieben und beschäftigt. Was sollte der schon berichten? Zumal ich über Einzelheiten meiner Tätigkeit ja gar nicht Auskunft gegeben habe. Ich habe dem da nicht irgendwie erzählt, wie die Bundesregierung tickt. Oder dergleichen. Das konnte ich gar nicht, ich war ja ein kleines Licht. Ich war ja grün hinter den Ohren. Mehr oder weniger. Es hat mich nicht umgetrieben. Ich wusste, dass das stattfindet, und dass die beiden anschließend garantiert Besuche kriegen oder irgendwo erscheinen müssen. Ich habe Lutz sogar konzediert, dass er dabei ein bisschen was erzählen muss, was ihn selber absichert. Danach habe ich mich nie erkundigt. Aber da war ich nicht naiv. Die Vorstellung hatte ich ziemlich klar. Alles, was ich später darüber erfuhr, ging weit über meine damalige, durchaus nicht unterentwickelte Fantasie hinaus.«

»Z. B. dass laut deiner Stasi-Akte, die du ja im Internet veröffentlicht hast, der IM ›Richard König‹ gegenüber seinem Führungsoffizier die Einschätzung abgegeben haben soll, die Korrespondenz mit Familie Riemann sei dir nach 1980 von staatlicher, also bundesrepublikanischer Seite verboten worden …«

»So ein Quatsch, mir hat keiner was verboten.«

»… oder dass du dich in den Gesprächen mit meinem Vater als Marxist bezeichnet haben sollst. In einer ersten Stellungnahme hast du 2013 gesagt, der IM ›Richard König‹ habe vor allem Übertreibungen, Fehlerhaftes oder Wichtigtuereien geliefert. Ich glaube, das ist so ziemlich das Schlimmste, was man dem IM ›Richard König‹ vorwerfen kann, nichts trifft ihn mehr als wenn man sagt, er sei ein Wichtigtuer.«

»Aber exakt das ist er. Er hat sich immer – wie soll ich sagen? – in der Selbstdarstellung, wie ich finde, eine Oktave zu hoch dargestellt. In meinen Augen war er immer ein Wichtigtuer. Wenn ich es tiefenpsychologisch erklären sollte, weiß ich es nicht ganz genau, aber es kann auch mit seiner Herkunft zu tun haben. Er ist da ja erkennbar aus sehr proletarischen Verhältnissen gekommen, aus Familienverhältnissen, die nicht so ganz geordnet gewesen sind. Und er hat mir immer den Eindruck gemacht, er habe keinen, sagen wir mal bürgerlichen Schulablauf gehabt. Er ist nicht der Erste, es gibt andere, die ich dann kennengelernt habe, die insbesondere über die Kenntnisse und das Wissen, das sie autodidaktisch erworben haben, sich besonders stark versuchen darzustellen nach dem Motto ›Ich bin auf Augenhöhe mit dir‹.«

»Was hast du empfunden, als du deine Stasi-Akte und über den IM ›Richard König‹ gelesen hast?«

»Es war einer der größten Vertrauensbrüche, die ich im Verhältnis zu anderen Menschen erlebt habe. Denn deine Eltern kannten ja meine Lage und wussten, welche Spuren und welches Feuerwerk darüber medial abgeschossen werden kann! Und mich davon nicht zu informieren und geradezu zu warnen und zu sagen: Das kommt auf dich zu! – das hat zu einem Bruch geführt und zwar zu einem definitiven Bruch, der auch nicht mehr zu kitten ist. Ich habe kein Vertrauen mehr zu ihnen.«

Zweiter Versuch

Meine Halbschwester ist ein hartnäckiger Mensch. Viele Jahre nach ihrer ersten Kontaktaufnahme versuchte sie es erneut, nicht per Telefon, sondern mit einer E-Mail. Dieses Mal war es kein junges Mädchen, das mich kennenzulernen wünschte, sondern eine erwachsene Frau, die genau wie ich ihr Päckchen zu tragen hatte. Ihre Gedanken waren voller Ernsthaftigkeit, voller Zweifel, aber auch voller Neugierde:

»Hallo Petra,
Schreibe ich? Schreibe ich nicht? Ich schreibe.
Ich kann nicht nachempfinden, was das für Dich bedeutet, weiß nicht, ob ich Dich damit kränke. Ich hoffe es nicht. Ich denke alle halbe Jahre mal daran, dass ich (rein biologisch betrachtet) eine Halbschwester und einen Halbbruder habe, zu denen es keinen Kontakt gibt. Ich versuche es noch einmal. Wenn auch mit sehr mulmigem, unsicherem Gefühl.
Es ist wirklich schwer, ohne Familie aufzuwachsen. Man wird es einfach nicht los, und ich würde so gern wissen, wer Du bist.
Hast Du Dich nie gefragt, wer ich bin, und wie es mir geht?
Auf Lutz musste ich verzichten. Das war schwer, ist aber mittlerweile überwunden. Ich frage mich immer, ob es nicht die Möglichkeit gibt, wenigstens mit Dir Kontakt zu haben.

Ich weiß nicht so recht, was ich noch schreiben soll – und bevor ich anfange, wieder etwas zu löschen oder umzuformulieren, schicke ich die Mail schnell ab.

Ich würde mich freuen, wenn du antwortest.

Therese«

Nun war ich bereit zu antworten. Ich lernte eine junge Frau kennen, freundlich, intelligent, selbstbewusst und ganz und gar kein Kind der DDR. Mitte der 1980er-Jahre in Ost-Berlin geboren, konnte der Sozialismus keine Spuren bei ihr hinterlassen. Wohl aber erinnerte sie sich lebhaft an ihren Vater. Während sie von ihm erzählte, sah ich mich selbst als kleines Mädchen auf seinem Schoß sitzen, zu ihm aufblickend, wie er ulkige Grimassen zog, mit den Augen klapperte, dabei mit der Zunge lustig schnackelte wie in der »Sendung mit der Maus«, sah mich, wie ich mein Ohr an seinen gewaltigen Brustkorb legte, um das Vibrieren zu spüren, wenn er mit seinem warmen Bariton Geschichten erzählte. Meine Halbschwester hatte denselben Geschichten gelauscht und über dieselben Grimassen gelacht. Das tat weh. Noch mehr aber schmerzte, dass ich nichts über meine Halbschwester wusste, sie hingegen alles über mich: über meine Vorlieben, meine Abneigungen, sogar über meine Krankheiten. Unser Vater hatte offenbar alle Einzelheiten über mich ausgeplaudert. Ich fühlte mich gedemütigt und verraten. Über alle Einzelheiten unserer Familienverhältnisse war meine Halbschwester im Bilde. Das war ein schwerer Vertrauensbruch und Verrat. Aber ich war entschlossen, es zu ertragen, entschlossen auch, die Mutter meiner Halbschwester persönlich zu treffen. Da sie alles über mich wusste, wollte auch ich nun mehr über sie erfahren. Vor allem wollte ich herausfinden, ob ich die Andeutungen meiner Eltern richtig verstanden hatte: War die Parallelfamilie von der Stasi initiiert worden? Sollte es einen Einsatz beim Feind im Westen geben?

Eine Stunde im Garten

Als ich eines Nachmittags im Süden Berlins aus der S-Bahn steige, ist mir mulmig zumute. Ich gehe schmale, nicht asphaltierte Sandstraßen entlang, die mich an Lubmin erinnern. Auch der Kiefernduft fehlt nicht. Frau Rudolf[118] öffnet die Tür, und mein erster Gedanke ist: hübsch, aber nicht schöner als meine Mutter. Freundlich-distanziert bittet sie mich herein. Wir sitzen im Garten, trinken Kaffee, essen Kuchen. Es gibt keine Tabus. Wir haben vereinbart: Ich darf alles fragen, und sie versucht, so ehrlich wie möglich zu antworten.

Es sei Liebe gewesen. Sie habe meinen Vater geliebt. War sie auch bei der Stasi? Nein, sagt sie mit fester Stimme, aber sie verurteile niemanden, der für die Staatssicherheit gearbeitet hat. Wann hat sie meinen Vater kennengelernt? 1980 bereits, in Prenzlauer Berg, auf der Fete einer gemeinsamen Bekannten. Sie war 21 damals, mein Vater 40. »Dein Vater war meine erste große Liebe«, sagt sie. Wer wusste von der Beziehung? »Vielleicht wollen Sie das alles gar nicht wirklich wissen«, wendet Frau Rudolf ein. Doch, will ich. »Nun gut, alle wussten es! Es war kein Geheimnis in Berlin, wir haben uns nicht versteckt, wir haben uns ganz normal bewegt.« Und die Stasi?, frage ich. »Keine Ahnung, ich weiß nur«, sagt sie, »dass man uns hinterhergerannt ist, dass man uns fotografiert hat auf offener Straße, wochenlang.« Es sei um einen Thälmann-Film gegangen, erinnert sie sich, da habe es Zoff gegeben, Egon Krenz habe sich eingeschaltet. Genaues wisse sie nicht. »So wart ihr also als Paar ein Opfer der Stasi?« Schulterzucken. »Was sollte die Zukunft für euch bringen?«, frage ich. Die habe er sich offengehalten, sagt sie. »Wann war die Beziehung zu meinem Vater vorbei?« »Als deine Mutter mit euch Kindern von Meiningen nach Berlin zog«, sagt sie, »da wurde mir klar, es wird sich nie etwas ändern.« »Und als das Kind kam?«, frage ich »Er wollte kein Kind mit mir«, sagt sie, »das war schmerzhaft, da war es bald vorbei«.

118 Name geändert.

Da war auch unser Gespräch vorbei. »Ficken fürs Vaterland?« »Ehrenvolle Mission für den Sozialismus?« Vielleicht. Oder einfach nur eine »haltlose und unmoralische« Affäre, die der Stasi »Sorgen« machte? Wer weiß? Wem kann ich schon glauben? Jedenfalls hatte ich keinen Grund zu zweifeln, dass diese Frau meinen Vater einst aufrichtig geliebt hat.

Mit meiner Halbschwester bleibe ich in Kontakt. Ich mag sie. Bisweilen treffen wir uns in einem Café. Zwar selten, aber besser als nie. Wir sind sehr unterschiedlich. Eines aber haben wir doch gemeinsam: Manchmal sitzen wir abends vor dem Fernseher, jede für sich im eigenen Wohnzimmer, und schauen zu, wie Oberleutnant Zimmermann in der DDR Verbrecher jagt.

Von nun an ging's bergab

Mitte der 1980er-Jahre geht Roger Nastoll nach Ost-Berlin. Mittlerweile ist er geschieden und lebt mit einer anderen Frau zusammen, der Autorin Regina Scheer.[119] Trotzdem bleibt der Kontakt zu seiner Familie in Ilmenau bestehen. Sein ältester Sohn, Thomas, hat sich zu einem stattlichen Teenager entwickelt, der neugierig ist auf das neue Leben seines Vaters und auf Berlin. Erleichtert stellt Thomas fest, dass die Partnerin an der Seite seines Vaters eine intelligente, einfühlsame Frau ist: »Regina Scheer war für mich fast schon eine zweite Mutter.

119 Regina Scheer, 1950 in Berlin geboren, studierte Theater- und Kulturwissenschaft an der Humboldt-Universität zu Berlin. Später arbeitete sie bei der DDR-Wochenzeitschrift »Forum«, bis diese wegen »konterrevolutionärer Tendenzen« aufgelöst wurde. Danach veröffentlichte sie mehrere Bücher zu deutsch-jüdischer Geschichte. »Machandel« ist ihr erster Roman, für den sie 2014 den Mara-Cassens-Preis erhielt. »Machandel« ist ihr vielleicht bekanntestes Buch. Sie erzählt darin in Form eines Generationenromans die Geschichte der DDR und deren Untergang. Regina Scheer widmete das Buch Roger Nastoll, der zum Zeitpunkt der Niederschrift bereits verstorben war.

Ich war oft in Berlin, wir hatten guten Kontakt zu ihr.« Die Stasi stellt Roger Nastoll weiter nach, eröffnet 1982 sogar einen neuen Fall: die »Operative Personenkontrolle Literat«:

> »Eröffnungsbericht OPK Literat. Von mehreren offiziellen und inoffiziellen Quellen unabhängig voneinander wurden Informationen und Hinweise erarbeitet, die beinhalten, dass N. Verbindung zu Personen des politischen Untergrundes in der Hauptstadt der DDR, Berlin hat.«[120]

Tatsächlich hat Roger Nastoll durch persönliche Verbindungen seiner neuen Partnerin Kontakt zu Oppositionsgruppen, die für Demokratie und Meinungsfreiheit in der DDR kämpfen. »Opposition«, in jeder Demokratie nicht nur selbstverständlich, sondern zur Weiterentwicklung notwendig, gilt der SED als »Untergrund«. Regina Scheer erinnert sich:

> »Ich glaube, dass ich durch meinen Beruf für die Stasi interessant war. Ich war Redakteurin und Journalistin und habe als Autorin Gedichte und eigene Texte geschrieben. Ich habe das Festival des politischen Liedes mitgegründet. Daher hatte ich auch Kontakte zu vielen Leuten aus dem Ausland. Ich habe nach dem Studium bei der Zeitschrift Forum gearbeitet, wegen angeblicher konterrevolutionärer Tendenzen wurde die Redaktion aber aufgelöst. Die Stasi hat mich sogar als feindlich-negativ betrachtet.«

Kein Wunder, dass Regina Scheer einige seltsame Ereignisse auf sich und ihre eigene Biografie bezieht und weniger auf Roger Nastoll:

> »Ja, es passierte in meiner Wohnung. Vom Kinderzimmer aus ging ein kleiner Balkon zum Hof. Da hatte ich wenige Tage vorher

120 BStU, Abteilung XX der BV des MfS, Suhl, 26. Februar 1982.

Blumen frisch eingepflanzt. Und plötzlich waren die sorgfältig abgeschnitten. Spontan habe ich meine jüngste Tochter verdächtigt. Aber die war viel zu klein, die konnte das gar nicht gewesen sein. Und meine große Tochter hat mir nur den Vogel gezeigt. Warum sollte sie die Blumen abgeschnitten haben? Vor allen Dingen lagen die Blumen nirgends herum. Das war einfach völlig unklar. Heute denke ich, dass das jemand gemacht hat, um uns zu verunsichern. Um Angst zu verbreiten. Damit man an sich zweifelt, damit man an seiner Wahrnehmung zweifelt. Eine Nachbarin hatte tatsächlich eine unbekannte Frau auf meinem Balkon gesehen. Und viele Jahre später habe ich erfahren, dass es so ein Programm gab: ein Programm bei der Stasi, da waren Psychologen am Werk. Roger hat davon gar nichts erfahren, weil er sonst durchgedreht wäre.«

Es sollte nicht die einzige merkwürdige Begebenheit bleiben. Da war z. B. die Sache mit dem Kuchen:

> »Das war auch eines dieser absurden Erlebnisse. Wo man denkt, man soll verrückt werden. Man kann nichts beweisen. Ich hatte einen Kuchen gebacken, einen Napfkuchen. Und ihn umgekehrt mit der Form in die Küche gestellt. Als ich am nächsten Tag den Napf wegnahm, war da kein Kuchen drunter. Sondern ein leerer Teller, nicht einmal Krümel. Meine Kinder dachten, ich hätte gar keinen Kuchen gebacken. Auch da habe ich zunächst meine Kinder verdächtigt: haben die den Kuchen geklaut? Haben sie ihn aufgegessen? Ich weiß nicht mehr, ob ich das Roger erzählt habe, ich glaube nicht.«

Ein anderes Ereignis aber konnte an Roger Nastoll nicht vorbeigehen. Wenige Wochen vor dem Untergang der DDR parkte demonstrativ ein Lada der Stasi vor dem Haus von Regina Scheer und Roger Nastoll. Der Wagen stand dort Tag und Nacht. Darin saßen drei Männer. Regina Scheer hat die Umstände noch immer deutlich vor Augen:

»Die Besatzung änderte sich, aber der Lada stand immer da, es war immer dasselbe Auto. Ich bin runtergegangen und habe die angesprochen. Ich sagte ihnen: Sie sehen so aus, als ob sie Auskunft benötigen. Können wir Ihnen irgendwie helfen? Vielleicht können wir Ihnen die Auskunft direkt geben. Die Männer antworteten: Gehen Sie weiter, erregen Sie hier kein Aufsehen. Dann sind sie weggefahren und kamen auch nicht wieder. Wir sollten das mitkriegen. Wir waren noch auf der Demonstration vom 4. November. Wir waren auch vorher in allen möglichen Kirchen und bei Mahnwachen, zum Beispiel 1988, als Wolfgang Templin verhaftet wurde, da waren wir auch in der Gethsemanekirche. Kurz danach ging es aber mit Roger bergab. Er verfiel dem Alkohol. Es war eine Krankheit, die durch die Umstände befördert wurde.«

Roger Nastoll nimmt an politischen Diskussionen im privaten Kreise teil, selbst aktiv wird er jedoch nicht. Sein Sohn Thomas blickt zurück: »Wolfgang Templin, Bärbel Bohley und andere gingen ein und aus. Als die Wende sich so richtig abzeichnete, hatte Roger Angst. Aufgrund seiner Vorerfahrung in der Haft hatte er Angst. Er nahm auch nicht an Versammlungen von Oppositionsgruppen teil.«

In keinem einzigen Fall gelingt es der Krake Stasi, seinem Opfer staatsfeindliches Verhalten nachzuweisen. In der Rückschau ist es unfassbar, wie viele personelle Ressourcen die jahrelange sinnlose »Zersetzung« und Bearbeitung seiner Person gebunden hat. Was bleibt, ist der – man kann es nicht anders ausdrücken – erbärmliche Versuch der Stasi, den Schriftsteller persönlich zu diffamieren:

»In moralischer Hinsicht ist Nastoll als ein haltloser Mensch einzuschätzen. In der Vergangenheit hatte er mehrfach und über längere Zeit intime Beziehungen zu anderen Frauen.«[121]

121 BStU, Abteilung XX der BV des MfS, Suhl, 26. Februar 1982: Eröffnungsbericht OPK Literat.

Auch IM sollen bisweilen intime Beziehungen zu Frauen gehabt haben, und zwar nicht nur zu den eigenen. Doch für die Mitarbeiter der DDR-Staatssicherheit gelten besondere Maßstäbe: Was moralisch ist, bestimmt die »Firma«. Und die hält Roger Nastoll weiter fest im Griff. Als Objekt jahrelanger Zersetzungsarbeit wird er in seiner künstlerischen Entwicklung bis zu seinem Tod massiv behindert und fortwährend beobachtet. Sein enormes schriftstellerisches Talent kann er nicht mehr zur Entfaltung bringen. Roger Nastoll stirbt an einem eisigen Novembermorgen 1990 bei einem Autounfall, wenige Monate nach dem Fall der Mauer. Er wurde 46 Jahre alt. Für Thomas Nastoll ein schwerer Tag: »Ich war in Viernau und habe dort im Rahmen eines diakonischen Jahres ein Praktikum gemacht. Es war Totensonntag, ich hatte den Auftrag, neben dem Pfarrer zu stehen und alle Kerzen anzuzünden. Und eine von den Kerzen wollte um keinen Preis angehen. Was ich auch anstellte, sie brannte einfach nicht. Das war ganz komisch. Am Abend hat man mir gesagt, dass mein Vater gestorben sei. Diese Nachricht war sehr schockierend.« Roger Nastoll hat nie erfahren, wer ihn bespitzelte.

Kein letzter Gruß

»Frau Scheer, haben Sie meinen Vater, Lutz Riemann, persönlich kennengelernt?«

»Ja. Das war in Meiningen, zusammen mit Roger. Wir haben einen Tagesausflug gemacht und sind wandern gegangen. Bei der Gelegenheit habe ich Lutz Riemann gesehen. Die Männer haben ein Bier zusammen getrunken. Vielleicht habe ich ihn auch in Berlin einmal getroffen. Aber ich war bestimmt sehr unfreundlich zu ihm. Weil ich wusste, dass diese Treffen immer von Alkohol begleitet waren. Und weil ich das schädlich fand, weil ich davon ausging, Lutz Riemann sei bestimmt kein Alkoholiker, und weil ich das so verantwortungslos fand, dass Leute, die ihr Leben gut im Griff haben, jemand anders zum Trinken animieren. Roger ahnte wohl nichts von der Bespitzelung. Er hatte immer Angst vor der Stasi, aber er hat das nicht personalisiert. Ich glaube, auf den Riemann wäre er nicht gekommen.«

»Haben Sie Lutz Riemann über Rogers Tod informiert?«

»Ja.«

»Wie hat er auf den Tod von Roger reagiert?«

»Er hat mir sein Beileid ausgesprochen und sich entschuldigt, dass er nicht zur Beerdigung kommen kann. Er sei beruflich verhindert gewesen. Er hat angekündigt, dass er mich anrufen wird, gefragt, ob ich dann mit ihm zum Grab gehen würde. Ich habe gesagt, ja, das können wir machen. Aber er hat sich nicht gemeldet. Das war mein letzter Kontakt zu ihm.«

»Er hat nie versucht, diesen letzten Abschied nachzuholen?«

»Nein.«

Rehabilitierung

Posthum sollte Roger Nastoll aus dem Kampf mit dem übermächtigen Gegner Stasi eines Tages doch als Sieger hervorgehen. Thomas Nastoll: »Aus den Gesprächen mit meiner Mutter wusste ich, dass Unrecht geschehen war. Irgendwann einmal, ich war etwa 18 Jahre alt, hat sie den Satz zu mir gesagt: ›Dein Vater ist als gebrochener Mann aus dem Gefängnis gekommen.‹ Als er aus der Haft kam, war ich noch ein Kleinkind. Ich hatte nie Gelegenheit, ihn nach seinen Erlebnissen zu

Thomas Nastoll
Foto: privat, mit freundlicher Genehmigung von Thomas Nastoll

fragen. Später wollte Roger darüber schweigen. Die Gelegenheit war verpasst.«

Umso wichtiger war es Thomas Nastoll, seinen Vater nachträglich zu rehabilitieren: »Ich wusste ja, dass er unschuldig im Knast gesessen hat. Daraufhin habe ich alles unternommen, um ihn zu rehabilitieren. Es war mir ein inneres Anliegen.« Beim Landgericht Gera initiierte Thomas Nastoll ein entsprechendes Verfahren und beantragte zum Nachweis der Unrechtmäßigkeit des Urteils gegen seinen verstorbenen Vater Einsicht in die Unterlagen des DDR-Staatssicherheitsdienstes. Die Behörde des Bundesbeauftragten für die Unterlagen des Staatssicherheitsdienstes der ehemaligen Deutschen Demokratischen Republik (BStU) gewährte die Einsicht. Am 10. 7. 2001 rehabilitierte das Landgericht Gera Roger Nastoll. Die 6. Strafkammer erklärte das Urteil aus dem Jahr 1967 für rechtsstaatswidrig. Roger Nastoll hatte sich, nun auch offiziell, zu Unrecht in Haft befunden. In dem Beschluss heißt es unter Bezugnahme auf die Stasi-Akten wörtlich: »Aus alledem wird deutlich, dass der Betroffene, der nur von seinem Recht auf freie Meinungsäußerung Gebrauch gemacht hat, ob seiner Einstellung zum politischen System in der DDR gemaßregelt werden sollte.«

Das Urteil kann Roger Nastoll nicht mehr lebendig machen. Es kann auch den Schriftsteller nicht ersetzen, der die deutsche Literatur sicher mit vielen Geschichten bereichert hätte. Doch es hat einem Menschen, der unter der DDR-Staatssicherheit gelitten hat, nachträglich seine Würde zurückgegeben. Ein Grund mehr, die Akten der Stasi weiter zugänglich zu machen, denn viele Menschen, deren Namen nicht Eingang in die Geschichtsbücher gefunden haben, denen aber gleichwohl Unrecht widerfahren ist, haben Anspruch auf Rehabilitierung. Und zwar so lange, bis die letzte Akte gelesen und der letzte IM enttarnt ist.

Für Thomas Nastoll war die Rehabilitierung seines Vaters Trost und Linderung, Balsam auf seelische Wunden, die nun verheilen können. Noch immer empfindet er Bitterkeit beim Lesen der Stasiberichte, aber, sagt Thomas Nastoll heute: »Ich bin froh, dass es so lange her ist, dass es mich heute nicht mehr emotional aufwühlen kann. Es tut heute nicht mehr weh.«

Gespräch mit Peer Steinbrück – IV.

»Peer, Ich weiß, dass du meine Eltern nach dem Mauerfall ab und zu getroffen hast. Hattest du das Gefühl, sie freuten sich über die Deutsche Einheit?«

»Immer wenn ich die beiden in den Jahren vor 2013 sah – vielleicht alle vier oder fünf Jahre –, dann gab es von ihrer Seite einen sehr kritischen Blick auf die Wiedervereinigung. Der Hinweis war eigentlich, dass sie bestimmte Verlustgefühle hatten gegenüber der alten DDR. Sie schwebten nach meiner Wahrnehmung, das war offensichtlich, in einer nostalgischen Wolke, was diese DDR betrifft; und bemühten natürlich alle klassischen Klischees der Machtübernahme durch die Bundesrepublik, die ›Einverleibung‹, die ›feindliche kapitalistische Übernahme‹. Das kam alles deutlich vor, sodass mir klar war: Sie gehören zu dem Teil der DDR-Bevölkerung, der diese ganze Entwicklung 1989/90 wirklich schwer bedauert. Und die zaghaften Hinweise von mir, dass ich aber wüsste, wie es bis 1989 in der DDR ausgesehen hatte, und zwar auch in dieser Stadt Stralsund, die fast zusammengebrochen wäre wie alle anderen Ostseestädte auch, und dass diese Wiedervereinigung gerade rechtzeitig kam, um ein gewisses kulturelles Erbe, von Wismar angefangen bis zu anderen Städten, dort einigermaßen zu erhalten und dass die Möglichkeiten sich ja dadurch nun eher erweitert hätten – das kam bei ihnen nicht an.«

»2013, nach dem Erscheinen des WELT-Artikels, hast du, wie du sagst, endgültig mit meinen Eltern gebrochen. Aber ich hatte immer das Gefühl, dass sich dein Verhältnis, insbesondere zu meinem Vater, eigentlich schon früher abgekühlt hat. Stimmt das?«

»Der eigentliche Riss geschah bei einem Besuch, den Lutz in Westdeutschland bei uns machte, in Bonn.«

»Das war zu DDR-Zeiten?«

»Ich vermute, das war 1983/84 oder so.«

»Aus welchem Grund hat mein Vater euch besucht?«

»Dass er in Westdeutschland zu tun hätte. Daraus ergab sich die Frage, ob er uns besuchen kann.«

»Wie oft hat er euch besucht, und wie lange ist er geblieben?«

»Einmal, über zwei oder drei Tage. Wir hatten da oben im Dach so ein kleines Gästezimmer. Dort schlief er.«

»Und was meinst du mit Riss?«

»Er spielte sich derartig auf! Wir wohnten damals in einem Haus in der Nähe des Rheins in Bonn-Mehlem. Er war einfach von einer derartigen Unsensibilität und derartig auf Darstellung bedacht, ja getrimmt, dass er Gertrud noch viel mehr als mir auf den Senkel ging. Und er vergaloppierte sich vollständig im Haus meiner Schwiegermutter, wo er quasi sich miteingeladen hatte.«

»Auf Darstellung bedacht? Inwiefern? Politisch? Künstlerisch? Hat er rezitiert?«

»Nein, er hat nicht rezitiert. Es ging schon um Debatten. Im Haus meiner Schwiegermutter hat man das so empfunden: Da ist jemand aus der DDR, der sonst willkommen ist. Aber der einen politischen Agitationsschwall losließ. Ich suche nach dem richtigen Adjektiv, wie das auf uns wirkte … Es war ein sehr dominantes Verhalten. Überhaupt kein Sensorium dafür, was da angesagt ist und was man nicht macht. Und dieser Auftritt führte zu einem eindeutigen Einfrieren der Beziehung. Das reduzierte sich dann nachher ziemlich stark auf Weihnachtsgrüße. Bis hin zu gelegentlichen Treffen, wieder nach 1989. Da traf man sich dann noch mal wieder, aber es wurde kein – wie soll ich sagen? – entspannter, warmer Kontakt mehr daraus.«

»Ich hatte keine Ahnung, dass mein Vater 1983 oder 1984 in Westdeutschland war, geschweige denn bei euch in Bonn. Hat er irgendwas Genaueres gesagt, was er zu tun hatte?«

»Gertrud hat sich immer gewundert. Sie hatte eine feine Nase dafür. Ohne dass wir je eine Bestätigung bekamen, hatten wir den Eindruck, dass er unter konspirativen Rahmenbedingungen nach Köln wollte. Und sie hat ihn gefragt, wie er dahin kommen würde, etc. Und da wich er mehrere Male klar aus. Gertrud erschien das alles ausgesprochen merkwürdig.«

Einsatz im Operations-Gebiet

Ein Akten-Vermerk von Hauptmann Timmler vom 25. 9. 1984 unter der Überschrift »Kampfprogramm 1984«:

> »Übergabe des IMB »Richard König« an Aufklärungs-Diensteinheit zum sofortigen Einsatz im Operations-Gebiet. April 1984 realisiert.«[122]

Mit Operationsgebiet bezeichnete das MfS alle Länder, in denen bzw. gegen die es geheimdienstliche Aktionen durchführte. Zumeist waren damit die Bundesrepublik Deutschland und West-Berlin gemeint.[123]

»Richard König« war, laut Karteikarte der Hauptverwaltung Aufklärung mit der Registriernummer XI/244/66, mindestens seit 1966 als IM für die Geheimpolizei der DDR tätig, und zwar in verschiedenen Funktionen: als IMA (Inoffizieller Mitarbeiter für besondere Aufgaben), IMV (Inoffizieller Mitarbeiter mit vertraulichen Beziehungen zur bearbeiteten Person), IME (Inoffizieller Mitarbeiter im bzw. für einen besonderen Einsatz) und als IMB (Inoffizieller Mitarbeiter der

122 BStU, Akten-Vermerk von Hauptmann Timmler vom 25. 9. 1984 unter der Überschrift »Kampfprogramm 1984«.

123 Das MfS-Lexikon. Begriffe, Personen und Strukturen der Staatssicherheit der DDR, 3. Aufl., Berlin 2016, http://www.bstu.bund.de/SharedDocs/Glossareintraege/DE/O/operationsgebiet.html [20. 3. 2019].

Abwehr mit Feindverbindung bzw. zur unmittelbaren Bearbeitung im Verdacht der Feindtätigkeit stehender Personen). Soweit es sich aus der Karteikarte ersehen lässt, arbeitete »Richard König« bis 1984 für die HA (Hauptabteilung) XX/7 in Suhl, die für die Bekämpfung von potenziell »negativ-feindlichen« Künstlern zuständig war.

Anschließend wurde er von der Auslandsspionageabteilung HV A II/4 in Ost-Berlin geführt, die für die operative Bearbeitung der SPD verantwortlich und darum bemüht war, SPD-Politiker abzuschöpfen.[124]

Nach Aktenlage offenkundig

War »Richard König« nun ein durchschnittlicher Schnüffler oder ein wichtiger Kundschafter, der im Auftrag der HV A im Operationsgebiet Bundesrepublik spionierte? Es ist schwierig, eine eindeutige Antwort zu geben. Denn die HV A agierte auch im Inland, also in der DDR, und richtete sich damit, ebenso wie die anderen Abteilungen der Stasi, gegen das eigene Volk. Wäre ich heute zufrieden gestellt, wenn ich durch neue Aktenfunde erfahren würde, dass »Richard König« für die HV A auch im Ausland spionierte und dort den Sozialismus verteidigte? Nicht wirklich. Denn entscheidend ist, was am Ende geschah. Insofern hat sich meine früher naive Vorstellung vom edlen Kundschafter längst erledigt. Eine deutliche Abgrenzung zwischen der HV A und den übrigen Abteilungen der Stasi gab es nicht, weil es immer darum ging, die SED zu stützen und gegen den Widerstand im Inneren abzuschirmen.

124 Thomas Auerbach/Matthias Braun/Bernd Eisenfeld/Gesine von Prittwitz/Clemens Vollnhals (Hrsg.), Hauptabteilung XX: Staatsapparat, Blockparteien, Kirchen, Kultur, »politischer Untergrund« (MfS-Handbuch). Berlin 2008, http://www.nbn-resolving.org/urn:nbn:de:0292-9783942131343 [20. 3. 2019].

Auch wenn »Richard König« die Berichte über seinen »Freund« Peer Steinbrück nicht persönlich verfasst haben sollte, wie er es in der WELT behauptete, so ist es nach Aktenlage doch offenkundig, dass er zumindest den Zugang zum Inhalt privater Gespräche mit ihm befördert hat. Formulierungen in Peer Steinbrücks Akte lassen diesen Schluss zu, wie etwa: »Der IM schätzt ein« oder »Aus persönlichen Unterhaltungen zwischen St. und dem IM ›Richard König‹ sowie aus Gesprächen mit der Ehefrau [...] ist folgendes über den St. bekannt ...«. Ich benötige daher keine weiteren Informationen über etwaige Aufträge »Richard Königs« im Operationsgebiet, um zu erkennen, dass es seine Hauptaufgabe war, unschuldige Menschen zu »zersetzen« oder durch Verhaftung »liquidieren« zu lassen, wie es in der Stasi-Sprache heißt. Mehr muss ich nicht wissen. Oder, wie ein Freund über die Mitarbeit bei der Stasi sagte: Es gibt Dinge im Leben, die macht man nicht!

Epilog

Ich gehöre zu einer Generation von Ostdeutschen, die gleichermaßen von der DDR wie von der Bundesrepublik geprägt ist. Manche nennen sie die »Wendegeneration«,[125] andere die »Dritte Generation Ost«.[126] Ich nenne uns die »89er«. Ich war 21, als die Mauer fiel und hatte das Privileg, zwei grundverschiedene politische Systeme bewusst erleben zu dürfen, ein Privileg, das ich rückblickend als Glück und Bürde zugleich empfinde. Glück, weil ein Mensch, der zwei Systeme kennengelernt hat, seine politischen Ansichten aufgrund größerer persönlicher Erfahrungen begründen kann und nicht nur auf der Basis von

125 Sabine Rennefanz, Eisenkinder. Die stille Wut der Wendegeneration, München 2012.

126 Judith C. Enders/Mandy Schulze/Bianca Ely (Hrsg.), Wie war das für euch? Die Dritte Generation Ost im Gespräch mit ihren Eltern, Berlin 2016.

theoretischen oder historischen Abhandlungen. Eine Bürde ist dieses Privileg jedoch auch, weil ich durch meine besondere Sozialisation daran gehindert war, die DDR im Innersten zu verstehen, und weil nur eines der beiden Systeme faktisch noch existiert. In den Köpfen der jüngeren Generation wird die Deutsche Demokratische Republik bald nur noch theoretisch und historisch vorhanden sein. Mittlerweile habe ich den größten Teil meines Lebens in der Bundesrepublik verbracht. Es fällt immer schwerer, sich an dieses seltsame Land DDR zu erinnern.

Ich könnte mir vorstellen, dass die »68er-Generation« ähnlich empfand wie ich, als sie ihre Eltern über die Zeit des Nationalsozialismus befragte: Warum warst du Mitglied der Partei? Wusstest du von den Verbrechen? Hast du aktiv mitgemacht? Hast du dich in einer Nische versteckt? Hast du wirklich und wahrhaftig an die Ideologie geglaubt? Nicht alle 68er machten ihren Vätern oder Müttern Vorwürfe, viele wollten »nur« verstehen. Wir »89er« wollen das auch. Dabei ist ein Vergleich zwischen dem SED-Regime und der Nazi-Diktatur gar nicht notwendig. Die Verbrechen des kommunistischen sogenannten Arbeiter- und Bauernstaates reichen völlig aus, um uns jedes Anrecht auf Fragen zu geben. Auch ich suchte den Dialog mit meinem Vater. Ich schrieb ihm einen Brief, in dem ich ihn über mein bevorstehendes Buchprojekt informierte und um ein Gespräch bat. Ich wollte dabei nicht den moralischen Zeigefinger schwingen, sondern Fragen stellen und mich bemühen zu verstehen:

Warum hat »Richard König« Menschen bespitzelt, von denen er wusste, dass sie unschuldig waren? Schließen sich Kunst und Konspiration nicht gegenseitig aus? Hat also »Richard König«, indem er für den DDR-Geheimdienst gearbeitet hat, nicht nur Künstler verraten, sondern eigentlich auch die Kunst selbst? Stellt sich »Richard König«, oder vielmehr sein Alter Ego, die Frage, wie es den Menschen erging, die er zersetzen sollte? Hat er Schuldgefühle? Bereut er? Wie konnte man aus »weltanschaulicher Überzeugung« handeln, wenn man von den Verbrechen Stalins wusste? Wenn man den 17. Juni 1953 und den Mauerbau 1961 erlebt hat? Wenn man mitansehen musste, wie DDR-Truppen 1968 einmarschbereit an der Grenze zur Tschechoslowakei standen, um den »Prager Frühling« niederzuschlagen? Heiligt der Zweck denn wirklich alle Mittel? Und welcher Zweck sollte das eigentlich sein?

In der Erwiderung auf meinen Brief brachte mein Vater zum Ausdruck, dass er meine Fragen nicht beantworten will. Seine schriftliche Antwort hat viele meiner Freunde, denen ich dieses Schreiben zu lesen gab, schockiert. Unabhängig voneinander reagierten sie mit etwa gleichen Formulierungen: »erschütternd«, »nichts Menschliches mehr«, »Realitätsverlust«, »Gefühllosigkeit«, »einem Fernsehfilm entsprungen«. Ich war dankbar für diese Außen-Wahrnehmung. Denn als Tochter hat man es schwer, derartige Empfindungen gegenüber den eigenen Eltern auch nur zuzulassen – geschweige denn zum Ausdruck zu bringen. Aktuelle Zeugnisse aus der Generation meiner Eltern zeigen beispielhaft, dass es der sogenannten Einheitspartei in nur vier Jahrzehnten gelungen ist, zu spalten und den Menschen Hass einzupflanzen, so tief und so nachhaltig, dass er noch heute wie ein Schatten über vielen Familien liegt.

Verständlich wird dieser »Niedergang einer Familie« übrigens auch vor dem Hintergrund eines Umstandes, den ich an dieser Stelle gestehen möchte: Ein einziges Mal habe ich das Versprechen gebrochen, das ich meinem Vater 1999 gegeben hatte. Entgegen seiner dringenden Bitte erzählte ich meinem Mann von »dem Zettel«; denn als meine Halbschwester beschloss, in mein Leben zu treten, zerstörte sie damit unwissentlich meine bedingungslose Loyalität. Ich fühlte mich an mein Versprechen nicht mehr gebunden. War ich nicht ungefragt in die Tätigkeit meines Vaters bei der HV A eingeweiht worden? Hatte ich um dieses Wissen etwa gebeten? Alle um mich herum durften ihr Innerstes preisgeben, aber ich nicht? Mit der belastenden Kenntnis von der Existenz einer Halbschwester und einer parallelen Familie, noch dazu angeblich von der Stasi initiiert, wuchs mein Bedürfnis, mich dem Mann mitzuteilen, dem ich vertraute. Mein Vater hat mir das nie verziehen. Für einen Stasi-Mitarbeiter war mein Verhalten wohl ein Verrat. Ich aber fühle, dass ich reinen Gewissens sein darf.

Wir, die »89er«, waren zu jung, um uns schuldig zu machen, gleichzeitig aber auch zu jung, um nachträglich selbstgerecht behaupten zu können, dass wir im Zweifel standhaft geblieben wären. Ich jedenfalls kann das nicht. In der Rückschau frage ich mich: Wie wäre es gekommen, wenn ich meinen Weg in der DDR hätte weitergehen müssen und nicht in der Bundesrepublik? Ob ich – wäre die DDR nicht untergegangen – widerstanden oder mich angepasst hätte? Wäre aus mir eine gute FDJ-Sekretärin geworden? Oder gar ein IM? Es sind spekulative Fragen. Meine Generation empfinde ich als Zwischengeneration. Nicht Fisch, nicht Fleisch, nicht DDR-Bewohner, nicht Bundesbürger, sind wir »89er« emotional vielfach in einem Niemandsland stecken geblieben. Berichte über »unseren« Gemütszustand, über unsere Erfahrungen und Orientierungsprozesse gibt es noch viel zu wenige. »Ich glaube, dass das Erzählen über die DDR eine Chance sein kann«, sagt Roland Jahn, »es steckt noch viel Ungesagtes in dieser Vergangenheit. Offen zu erzählen kann befreiend sein.«[127] In diesem Sinne möchte ich die »89er« ermuntern, ihre Geschichten zu erzählen.

127 Roland Jahn, Wir Angepassten. Überleben in der DDR, 2. Aufl., München 2014 (E-Book-Ausgabe, zitiert aus dem Vorwort).

Abkürzungen[1]

ABF	Arbeiter-und-Bauern-Fakultät
BRD	Bundesrepublik Deutschland
BStU	Die Behörde des Bundesbeauftragten für die Unterlagen des Staatssicherheitsdienstes der ehemaligen Deutschen Demokratischen Republik
BV	Bezirksverwaltung
DDR	Deutsche Demokratische Republik
DRA	Deutsches Rundfunkarchiv
EOS	Erweiterte Oberschule
ESP	Einführung in die sozialistische Produktion
FDGB	Freier Deutscher Gewerkschaftsbund
FDJ	Freie Deutsche Jugend
GMS	Gesellschaftlicher Mitarbeiter für Sicherheit (MfS) – besondere Form der inoffiziellen Zusammenarbeit. Trat offen staatsloyal auf.
HFF	Hochschule für Film und Fernsehen »Konrad Wolf«, heute Filmuniversität Babelsberg
IM	Inoffizieller Mitarbeiter
IMA	Inoffizieller Mitarbeiter/Ausländer – ausländischer Staatsangehöriger, der als inoffizieller Mitarbeiter tätig war
IMB	Inoffizieller Mitarbeiter der Abwehr mit Feindverbindung bzw. zur unmittelbaren Bearbeitung im Verdacht der Feindtätigkeit stehender Personen

1 (Abkürzungen und Begriffe des Ministeriums für Staatssicherheit zitiert nach: Abkürzungsverzeichnis. Häufig verwendete Abkürzungen und Begriffe des Ministeriums für Staatssicherheit. Hrsg. BStU. Berlin 2015, https://www.bstu.de/assets/bstu/de/Publikationen/Abkuerzungsverzeichnis_Auflage_11_barrierefrei.pdf)

IME	Inoffizieller Mitarbeiter im besonderen Einsatz
IMK/KW	Inoffizieller Mitarbeiter zur Sicherung der Konspiration und des Verbindungswesens/Konspirative Wohnung
IMV	Inoffizieller Mitarbeiter mit vertraulichen Beziehungen zur bearbeiteten Person, 1979 abgelöst durch die Kategorie IMB
LPG	Landwirtschaftliche Produktionsgenossenschaft
MfS	Ministerium für Staatssicherheit (DDR)
ND	Neues Deutschland – Tageszeitung; 1950–1989 Zentralorgan des ZK der SED
OPK	Operative Personenkontrolle (MfS) – konspirativer Vorgang zur Aufklärung und Überwachung von Personen; meist angelegt bei Verdacht auf politisch nicht konformes Verhalten bzw. zur Überprüfung von Funktionären; auch Vorlauf für eine inoffizielle Tätigkeit in der Auslandsspionage
SED	Sozialistische Einheitspartei Deutschlands
STASI	Staatssicherheit(sdienst) – ugs. für: MfS
VAO	VA-op Vorlaufakte operativ – bis 1976 Vorstufe der Bearbeitung von Personen in einem operativen Vorgang
VAR Ägypten	Vereinigte Arabische Republik Ägypten
VEB	Volkseigener Betrieb
WB	Westberlin – Berlin(-West)
WD	Westdeutschland – ugs. für die Bundesrepublik Deutschland bzw. die westlichen Besatzungszonen

Literatur

Auerbach, Thomas/Braun, Matthias/Eisenfeld, Bernd/Prittwitz, Gesine von/Vollnhals, Clemens, Hauptabteilung XX: Staatsapparat, Blockparteien, Kirchen, Kultur, »politischer Untergrund« (MfS-Handbuch). Hg. BStU, Berlin 2008, http://www.nbn-resolving.org/urn:nbn:de:0292-9783942131343 [20. 3. 2019].

Bachelier, Heike, Ein ganz normaler Feind, München 2012.

Banse, Dirk/Behrendt, Michael, Steinbrück, Stasi und »die Freunde«, in: Die Welt, 18. 8. 2013, https://www.welt.de/print/wams/politik/article119126378/Steinbrueck-Stasi-und-die-Freunde.html [20. 3. 2019].

Barthel, Torsten F., Das Fernsehen als Mittel der Staatskommunikation und der ideologischen Apologetik in der DDR. Am Beispiel der Krimiserie »Polizeiruf 110«, Norderstedt 2009.

Behling, Klaus, Fernsehen aus Adlershof. Das Fernsehen der DDR vom Start bis zum Sendeschluss, Berlin 2016 (eBook).

Das Meininger Theater, Programmband. 16. Jahrgang, 1. 1. 1965–31. 7. 1966.

Enders, Judith C./Schulze, Mandy (Hrsg.), Wie war das für euch? Die Dritte Generation Ost im Gespräch mit ihren Eltern, Berlin 2016.

Gieseke, Jens, Die Stasi 1945–1990, 3. Aufl., München 2011.

Goldberg, Henryk, Ein unbeugsamer Kommunist. Sein großes Beispiel lebt in uns, in: Neues Deutschland, 4./5. April 1981.

Gunkel, Christoph, Verreisen in der DDR. Zwangseinweisung ins Ferienheim, in: Spiegel-Online, 9. 7. 2009, http://www.spiegel.de/einestages/verreisen-in-der-ddr-a-948359.html [20. 3. 2019].

Hocke, Wolfgang, Hinter den Kulissen. Sechsunddreißig Jahre am Meininger Theater, Sondheim v. d. Rhön, 1997.

Hoffmann, Ruth, Stasi-Kinder. Aufwachsen im Überwachungsstaat, Berlin 2012 (eBook).

Jahn, Roland, Wir Angepassten. Überleben in der DDR, Berlin 2015 (eBook).

Kożik, Christa, Moritz in der Litfaßsäule, 1. Aufl., Berlin (Ost) 1980.

Lehmann, Ernst, Neueres von den Meiningern. Hrsg. vom Meininger Theater, Leipzig 1978.

Nastoll, Roger, Wanderimpressionen aus Nordthüringen. Einem Freunde mitgeteilt in Briefen, 1. Aufl., Rudolstadt 1979.

Pawel, Sybille, Die Enkel der Meininger, in: Berliner Zeitung, Nr. 212, 3. 8. 1969.

Peters, Jan-Eric, Wie nah kam die Stasi Peer Steinbrück?, in: Die Welt, Editorial, 18. 8. 2013, https://www.welt.de/politik/deutschland/article119132828/Wie-nah-kam-die-Stasi-Peer-Steinbrueck.html [20. 3. 2019].

Rätzke, Angelika, Ein bißchen Seen-Sucht bleibt immer, in: FF dabei, Nr. 35, August 1989.

Rennefanz, Sabine, Eisenkinder. Die stille Wut der Wendegeneration, München, 2012.

Scheer, Regina, Machandel. Roman, München 2014 (eBook).

Schroeder, Klaus, Der SED-Staat. Partei, Staat und Gesellschaft 1949–1990, München, 2000.

Schwarz, Ulrich, Gift und Galle, in: Spiegel Online, 8. 1. 2008, http://www.spiegel.de/einestages/pressefreiheit-a-949004.html [20. 3. 2019].

Walther, Joachim, Sicherungsbereich Literatur. Schriftsteller und Staatssicherheit in der Deutschen Demokratischen Republik, 2. korr. Aufl., Berlin 1998.

Welsch, Wolfgang, Ich war Staatsfeind Nr. 1. Auf der Todesliste der Stasi, Berlin 2013 (Hörbuch).